广东重要考古发现概览

GUANG DONG ZHONG YAO KAO GU FA XIAN GAI LAN

广 东 省 文 物 局
广东省文物考古研究所 编著

科学出版社
北 京

内 容 简 介

本书从1949年以来广东省内的重大考古发现项目中，遴选出近百项，以图文并茂的方式，对广东省70余年文物考古工作成果进行了概括总结。时代从旧石器至明清，不仅有田野考古发掘资料，还有大量水下考古新发现，对于研究广东及周边地区的考古学文化及序列，具有重要的参考价值。

本书适合于从事考古学、人类学、历史学等方面的专家、学者以及大专院校相关专业师生参考、阅读。

图书在版编目（CIP）数据

溯本求源：广东重要考古发现概览／广东省文物局，广东省文物考古研究所编著. — 北京：科学出版社，2021.12
ISBN 978-7-03-071091-8

Ⅰ．①溯⋯ Ⅱ．①广⋯ ②广⋯ Ⅲ．①考古发现－广东 Ⅳ．①K872.65

中国版本图书馆CIP数据核字（2021）第261275号

责任编辑：雷　英／责任校对：邹慧卿
责任印制：肖　兴／书籍设计：北京美光设计制版有限公司

科 学 出 版 社 出版
北京东黄城根北街16号
邮政编码：100717
http://www.sciencep.com

北京汇瑞嘉合文化发展有限公司 印刷
科学出版社发行　各地新华书店经销

*

2021年12月第 一 版　开本：889×1194　1/16
2021年12月第一次印刷　印张：19 1/2
字数：560 000

定价：360.00元
（如有印装质量问题，我社负责调换）

前 言

习近平总书记在中共中央政治局第二十三次集体学习时指出，"考古工作是展示和构建中华民族历史、中华文明瑰宝的重要工作。认识历史离不开考古学。历史文化遗产不仅生动述说着过去，也深刻影响着当下和未来"[①]。

广东的考古活动始于20世纪初叶，在广州及粤东海丰、汕尾一带先后发现古代文化遗存。中华人民共和国成立后广东省成立专门的文物管理机构，开始了科学、系统的田野考古和研究工作。70年来，一代代广东考古人筚路蓝缕，手铲释地书，风雨筑史路，收获了蔚为壮观的一系列重要考古发现。从直立行走、渔猎采集，到文明初现、青铜古国，再到泱泱中华的南疆、文明对话的使者，这些考古发现勾勒出岭南文明进程的脉络与步迹，描绘出波澜壮阔的古代广东历史图景，"溯本求源"四字正应此意。

为了让这些考古发现更好地为公众所知晓，让这些"不仅属于我们、也属于子孙后代"的历史文化遗产得到更好的保护和传承，在广东省文物局的指导下，广东省文物考古研究所组织专业技术人员遴选70年来广东境内重要考古发现项目，以图文并茂的方式汇编成书。本书以时代早晚为序介绍各项考古发现，从猿人时代的磨刀山旧石器时代早期遗址到海上丝绸之路遗珍的"南澳Ⅰ号"明代沉船，年代跨越数十万年历史长河，遗址类型涵括山冈、洞穴、台地、贝丘、沙丘、聚落、城址、窑址、墓地、宫殿、寺庙、窖藏以及沉船，等等，类型之丰富在全国范围也是殊为难得。更为重要的是，这些发现表明，广东的古代文化与历史进程并未因偏居祖国南端一隅而失却颜色，反而因独特的地理位置和环境有了不同凡响的精彩。岭海之间的广东，从未缺席多元一体中华文明的孕育与成长，风雨兼程伴随统一多民族国家的形成与发展，始终追随人类命运共同体的呼吸与步履。

毫无疑问，这些考古发现为我们讲好广东故事提供了最真实和坚实的地下文物史料。当然也应该看到，广东的考古研究仍存在不少欠缺之处，具体到广东古代历史和社会生活的细微之处，仍需要更多、更扎实的考古资料以及敢坐冷板凳的钻研精神，需要广东考古人继续发扬不畏艰苦、不忘初心的精神，继续在田野上辛勤耕耘。正如习近平总书记所指示的，我们应该"努力建设中国特色、中国风格、中国气派的考古学，更好认识源远流长、博大精深的中华文明"[②]。

[①][②] 《习近平在中央政治局第二十三次集体学习时强调　建设中国特色中国风格中国气派的考古学　更好认识源远流长博大精深的中华文明》，新华网，2020年9月29日。

概览所列的考古发现上起远古时代，下讫明清时期，从年代上来说都是"老"的，而本书的编辑人员多为广东省文物考古研究所青年业务骨干，是广东考古"新"的力量，这是文化的传承，也是学术的传承。他们代表着继往开来的新时代广东考古人，相信他们将开创广东考古更辉煌的未来。

需要指出的是，本书遴选的考古发现以经正式考古发掘并发表有发掘报告或简报的项目为主，少许项目虽未有正式考古报告或简报但在专业报刊上发表有资料，也酌情收录，书中所涉资料和图片大部分来源于公开发表的文献，少部分则为广东省文物考古研究所及广州市考古研究院等兄弟单位的内部考古资料。因为编撰时间仓促，书中所列难免挂一漏万，同时有些重要发现因没有正式发表的资料而成为沧海遗珠，还望读者谅解。希望本书的出版，能为社会公众、相关从业人员提供了解广东古代历史与文化的一扇窗口。

曹 劲

2021 年 11 月

目 录

前言 ··· 曹劲 / i

1. 郁南磨刀山遗址 ·· / 002
2. 南江旧石器地点群 ··· / 005
3. 曲江马坝人遗址 ·· / 008
4. 英德青塘遗址 ·· / 011
5. 封开黄岩洞遗址 ·· / 015
6. 阳春独石仔遗址 ·· / 018
7. 英德牛栏洞遗址 ·· / 021
8. 南澳象山遗址 ·· / 024
9. 遂溪鲤鱼墩遗址 ·· / 026
10. 潮安陈桥遗址 ··· / 029
11. 封开籰竹口遗址 ··· / 031
12. 深圳咸头岭遗址 ··· / 033
13. 增城金兰寺遗址 ··· / 036
14. 高要蚬壳洲遗址 ··· / 038
15. 吴川梧山岭贝丘遗址 ·· / 040
16. 东莞蚝岗遗址 ··· / 041
17. 深圳大梅沙遗址 ··· / 043
18. 高明古椰遗址 ··· / 045
19. 南海西樵山遗址 ··· / 050
20. 台山新村遗址 ··· / 054
21. 珠海宝镜湾遗址 ··· / 057
22. 珠海史前、先秦沙丘遗址 ··· / 060
23. 英德史佬墩遗址 ··· / 062
24. 曲江石峡遗址 ··· / 065
25. 和平上正村古遗址群 ·· / 071
26. 连平黄潭寺遗址 ··· / 078
27. 封开乌骚岭墓葬群 ·· / 081

28. 黄埔茶岭遗址 / 083
29. 从化横岭遗址 / 086
30. 普宁虎头埔遗址 / 089
31. 龙川荷树排遗址 / 092
32. 三水银洲遗址 / 094
33. 南海鱿鱼岗遗址 / 097
34. 高要茅岗遗址 / 100
35. 佛山河宕遗址 / 102
36. 增城浮扶岭墓地 / 104
37. 增城围岭遗址 / 107
38. 珠海棠下环遗址 / 109
39. 东源龙尾排遗址 / 111
40. 东莞村头遗址 / 114
41. 深圳屋背岭遗址 / 116
42. 普宁后山遗址 / 118
43. 普宁牛伯公山遗址 / 119
44. 南海灶岗遗址 / 120
45. 和平甲子岗遗址 / 122
46. 饶平浮滨文化遗址群 / 125
47. 增城墨依山遗址 / 127
48. 南澳东坑仔遗址 / 129
49. 东源大顶山墓地 / 130
50. 揭东面头岭遗址 / 132
51. 平远水口西周陶窑 / 134
52. 博罗横岭山墓地 / 135
53. 乐昌对面山墓葬 / 138
54. 博罗曾屋岭遗址 / 140
55. 博罗梅花墩窑址 / 141
56. 博罗银岗遗址 / 143
57. 深圳叠石山遗址 / 146
58. 清远马头岗墓葬 / 148
59. 罗定背夫山墓葬 / 149
60. 四会鸟旦山战国墓 / 151
61. 肇庆北岭松山墓 / 152
62. 封开利羊墩墓葬群 / 155
63. 增城西瓜岭遗址 / 156
64. 广宁龙嘴岗墓地 / 159
65. 广宁铜鼓岗遗址 / 161

66. 博罗公庄编钟窖藏 / 162
67. 兴宁古树窝编钟窖藏 / 165
68. 五华狮雄山遗址 / 167
69. 广州秦代造船工场遗址 / 171
70. 广州南越王墓 / 174
71. 广州南越国宫署遗址 / 180
72. 澄海龟山遗址 / 187
73. 徐闻二桥遗址 / 192
74. 广州黄花岗汉唐墓地 / 196
75. 深圳铁仔山墓地 / 201
76. 肇庆康乐中路墓地 / 205
77. 广州西湖路三国钱币窖藏和唐代铸币遗址 / 212
78. 乳源泽桥山墓地 / 214
79. 乳源莱山墓地 / 221
80. 韶关小茶山墓地 / 225
81. 连州六朝隋唐墓葬群 / 227
82. 粤西六朝隋唐俚人遗存 / 231
83. 隋谯国夫人冼氏墓 / 235
84. 广州光孝寺建筑遗址 / 237
85. 梅州水车窑 / 242
86. 新会官冲窑址 / 245
87. 潮州笔架山窑址 / 249
88. 广州西村窑址 / 253
89. 湛江雷州窑 / 256
90. 广州南汉二陵 / 259
91. 阳春铁屎径（石望）铸钱遗址 / 264
92. 番禺小陵山家族墓地 / 266
93. 大埔余里窑址 / 268
94. 惠东白马窑址 / 272
95. 台山大洲湾遗址 / 276
96. "南海Ⅰ号"南宋沉船 / 280
97. "南澳Ⅰ号"明代沉船 / 288
98. 西樵山石燕岩古代采石场 / 295

附表　广东重大考古发现项目一览表 / 300

后记 / 303

1. 郁南磨刀山遗址

工作时间：2014年

工作单位：广东省文物考古研究所、北京大学考古文博学院、云浮市博物馆、郁南县博物馆

磨刀山遗址位于云浮市郁南县河口镇和都村。磨刀山地处南江盆地东北部，为南江西岸第四级阶地，顶部海拔103米，相对高度约75米（图1-1）。2013年，广东省文物考古研究所等单位在南江流域开展旧石器专项考古调查时发现该遗址，包括四处地点。2014年4~8月，广东省文物考古研究所联合北京大学考古文博学院、云浮市博物馆与郁南县博物馆对磨刀山遗址第1地点进行抢救发掘，发掘面积200平方米（图1-2、图1-3）。

磨刀山遗址第1地点的地层堆积分9层，第5~8层为南江河第四级阶地河漫滩堆积，其中第5层与第6B层分别为包含石制品的上、下文化层。根据各探方发掘揭露情况、石制品平面分布密度以及探方外采集的石器标本的空间位置，可以确定古人类在本遗址下文化层形成时期的中心活动区域范围远超1000平方米。

发掘出土近400件石制品，其中大部分发现于下文化层（图1-4）。石制品岩性以石英、砂岩与石英岩为主，少量细砂岩与变质砂岩等，类别包括石料、石核、石片、石器、断块、碎屑及使用砾石等，成形石器数量相对较少，涵盖从搬运石料、加工石器、使用石器到废弃石器的整个过程，反映出发掘区存在完整的石器生产操作链。石器多以砾石为坯材直接修理成形，部分利用断块为毛坯，偶见利用石片的现象，加工技术多为单面硬锤修理，偶见两面加工现象，有手镐（图1-5）、手斧（图1-6、图1-7）、砍砸器（图1-8、图1-9）与刮削器（图1-10）等。

图1-1 磨刀山遗址远景

图1-2 磨刀山遗址发掘区全景

图1-3 磨刀山遗址发掘现场近景

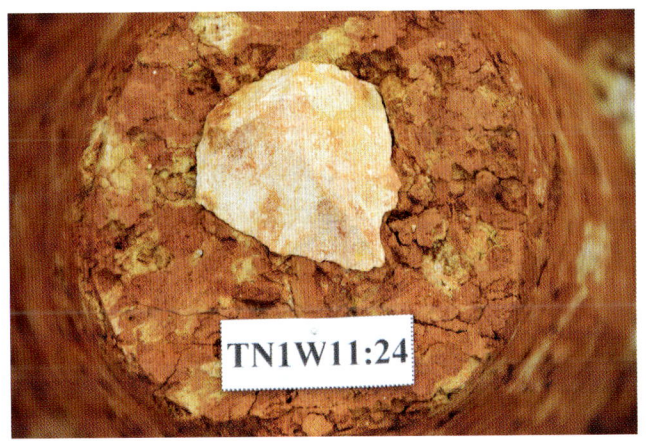

图1-4 磨刀山遗址石制品出土现场

南江干流西江的第四级阶地沉积物年代为中更新世，绝对年代在距今80万～60万年。磨刀山遗址出土石制品与邻近地区如广西、湖南等地的旧石器时代早期文化相比较，在文化面貌与石器技术方面具备相同的时代特征。综合以上证据，推断磨刀山遗址第1地点上、下文化层的整体年代可至中更新世偏早阶段，属于旧石器时代早期，绝对年代应与本区第四级阶地形成的时代相当。

磨刀山遗址第1地点文化面貌具备中国华南砾石石器工业的一般特征，与广西百色盆地旧石器时代早期文化遗存在器物形态、加工工艺、石器组合等方面较为一致，而与岭北长江流域同时期遗存具有一定差异；其石制品平面分布、古人类活动区域、石器生产操作链及古人类适应行为等方面的信息，反映出北回归线以南地区早期古人类独特的石器生产活动与适应模式，也清楚地显示出华南北部与岭南及东南亚地区早期旧石器文化与古人类行为的联系与区别。

1. 郁南磨刀山遗址

图1-5 磨刀山遗址出土手镐

图1-7 磨刀山遗址出土手斧

图1-6 磨刀山遗址出土手斧

图1-9 磨刀山遗址出土砍砸器　　图1-10 磨刀山遗址出土刮削器

图1-8 磨刀山遗址出土砍砸器

　　磨刀山遗址是广东首次发现并经科学考古发掘的旧石器时代旷野类型遗址，是广东已知年代最早的人类文化遗存，填补了广东旧石器时代早期文化的空白，将本地区最早有人类活动的历史由距今13万年左右提前至数十万年前。被评为2014年度全国十大考古新发现，2019年被公布为全国重点文物保护单位。

资料来源

［1］广东省文物考古研究所、北京大学考古文博学院、云浮市博物馆、郁南县博物馆：《广东郁南县磨刀山旧石器时代遗址发掘简报》，《考古》2017年第5期。

［2］刘锁强、李林、刘浪：《广东史前考古重大突破 南粤远古文化填补空白——广东郁南磨刀山遗址与南江旧石器地点群考古发现与收获》，《中国文物报》2015年1月30日第5版。

2. 南江旧石器地点群

工作时间：2012～2013年、2017年
工作单位：广东省文物考古研究所、云浮市博物馆、郁南县博物馆、罗定市博物馆

　　南江旧石器地点群位于云浮市南江流域中游盆地。南江地处粤西山地丘陵区，为珠江水系最大干流——西江的支流。南江流域多山地丘陵，位于郁南、罗定的南江盆地又名罗定红盆地（图2-1、图2-2），形成于第三纪，盆地内发育有数级河流阶地（图2-3、图2-4）。2012年11月～2013年1月，广东省文物考古研究所等单位在南江流域开展旧石器时代专项考古调查，首次在广东发现旷野类型旧石器地点（遗址）群；2017年7～8月的第二阶段专项考古调查，又发现石器地点40余处。

　　南江旧石器地点群发现的石器地点数量已有100余处，分布于郁南县、罗定市与云安区，主要发现于盆地东北部南江两岸二级阶地至四级阶地，密集分布在郁南县河口镇、大湾镇境内约20平方千米范围内（图2-5）。采集到旧石器时代石制品300余件。石器原料来源于古南江的河滩砾石，岩性以石英岩、砂岩与石英为主；直接利用砾石进行加工，少量利用石片为毛坯再二次加工；剥片技术多采用简单锤击法，石器修理技术以单面硬锤加工为主，部分石器刃缘使用转向与错向加工，手斧与少量手镐则可见两面加工技术；石器类型丰富，有手镐（图2-6）、手斧（图2-7）、砍砸器（图2-8）、刮削器（图2-9）、小尖状器（图2-10）、凹缺刮器等。手镐数量最多，常见舌形手镐，另有三棱手镐、矛形手镐和短刃手镐等。

图2-1　南江盆地地貌

图2-2 南江盆地地貌

图2-3 南江盆地更新世红土堆积

图2-4 南江盆地阶地堆积

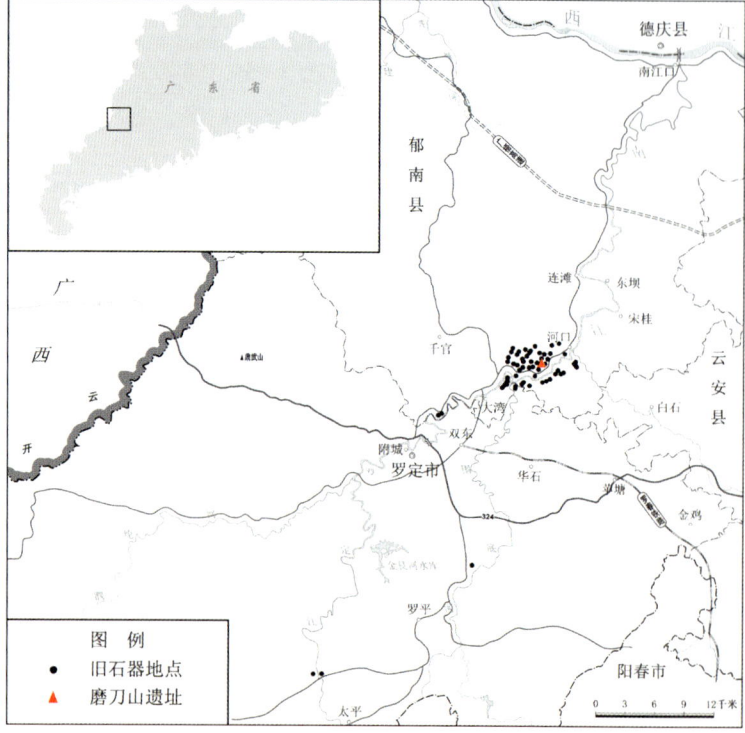

图2-5 南江旧石器地点群与郁南磨刀山遗址位置示意图

图2-6 南江旧石器地点群发现的手镐　　图2-7 南江旧石器地点群发现的手斧

图2-8 南江旧石器地点群发现的砍砸器　　图2-9 南江旧石器地点群发现的刮削器　　图2-10 南江旧石器地点群发现的小尖状器

南江旧石器地点群年代由中更新世偏早阶段延续至晚更新世晚期,可分为早中晚三期:第一期的年代在中更新世偏早阶段,第三期应至晚更新世较晚阶段,而第二期则在两者之间,南江旧石器地点群构成了从旧石器时代早期至晚期相对完整的发展序列,反映出南亚热带—热带过渡地区更新世气候环境变迁之下古人类适应模式的演进,为研究岭南乃至华南与东南亚地区的旧石器文化发展脉络,以及不同阶段的古人类适应模式提供了参考标尺,对研究华南—东南亚地区更新世古人类行为与区域古人类演化等课题具有重要意义。

资料来源

[1] 刘锁强:《广东南江流域旧石器时代考古调查取得重要突破》,《中国文物报》2013年5月24日第8版。
[2] 刘锁强、李林、刘浪:《广东史前考古重大突破 南粤远古文化填补空白——广东郁南磨刀山遗址与南江旧石器地点群考古发现与收获》,《中国文物报》2015年1月30日第5版。
[3] 广东省文物考古研究所内部考古资料。

3. 曲江马坝人遗址

工作时间：1958年、1984年
工作单位：广东省博物馆、中山大学、中国科学院古脊椎动物研究所、
　　　　　广东省文管会、曲江县博物馆

马坝人遗址位于韶关市曲江区狮子山（图3-1）。狮子山有北峰"狮头"、南峰"狮尾"两峰（图3-2），1958年5月，当地农民在狮头峰溶洞内发现人类头骨化石和大批古脊椎动物化石（图3-3）；同年8月，广东省博物馆和中山大学派员赴发现地点进行调查；9月，中国科学院古脊椎动物研究所裴文中、吴汝康和周明镇三位先生至现场进行复查；广东省文管会和广东省博物馆先后进行试掘。1984年，广东省博物馆与曲江县博物馆清理1958年农民从洞里搬至洞口的堆积物，发现两件加工痕迹不明显的石制品与大批古脊椎动物化石。其后，农民在狮子山的水洞、银岩、大口岩、飞鼠洞等地点又陆续发现人骨化石。

狮头峰溶洞由低至高分四层，马坝人化石发现于第二层溶洞裂隙堆积中。马坝人头骨化石仅有颅顶盖部分，有额骨和部分顶骨，保存大部分右眼眶和鼻骨，石化程度较深，可能属于

 图3-1　马坝人遗址

图3-2　马坝人遗址远景

中年男性个体（图3-4）。马坝人头骨具有一般早期智人的形态特征，处于直立人向现代人演化的中间阶段，保留有中国古人类的一些共同特征，又具有跟尼安德特人相似的形状，反映了存在与欧洲古人类之间基因交流的可能性。最新研究显示，马坝人头骨的外表面有动物啃咬的痕迹，很可能是当时人类之间暴力行为的结果。

图3-3　马坝人化石出土地点

在水洞、银岩等地点发现的6颗人牙化石与1段左下颌骨，产出层位皆不同于马坝人化石，可分两组：第一组较为原始，可能相当于早期智人后一阶段或晚期智人前一阶段；第二组则属于晚期智人阶段。

与马坝人化石共存的哺乳动物化石有鬣狗、熊、熊猫、獾、虎、东方剑齿象、纳玛象、巨貘、中国犀、野猪、鹿、箭猪与龟等27个种属，基本属于华南地区大熊猫—剑齿象动物群成员（图3-5、图3-6），其地质年代为中更新世之末或晚更新世之初，铀系法测年数据为距今12.9万±（1.0～1.1）万年。

3. 曲江马坝人遗址　　009

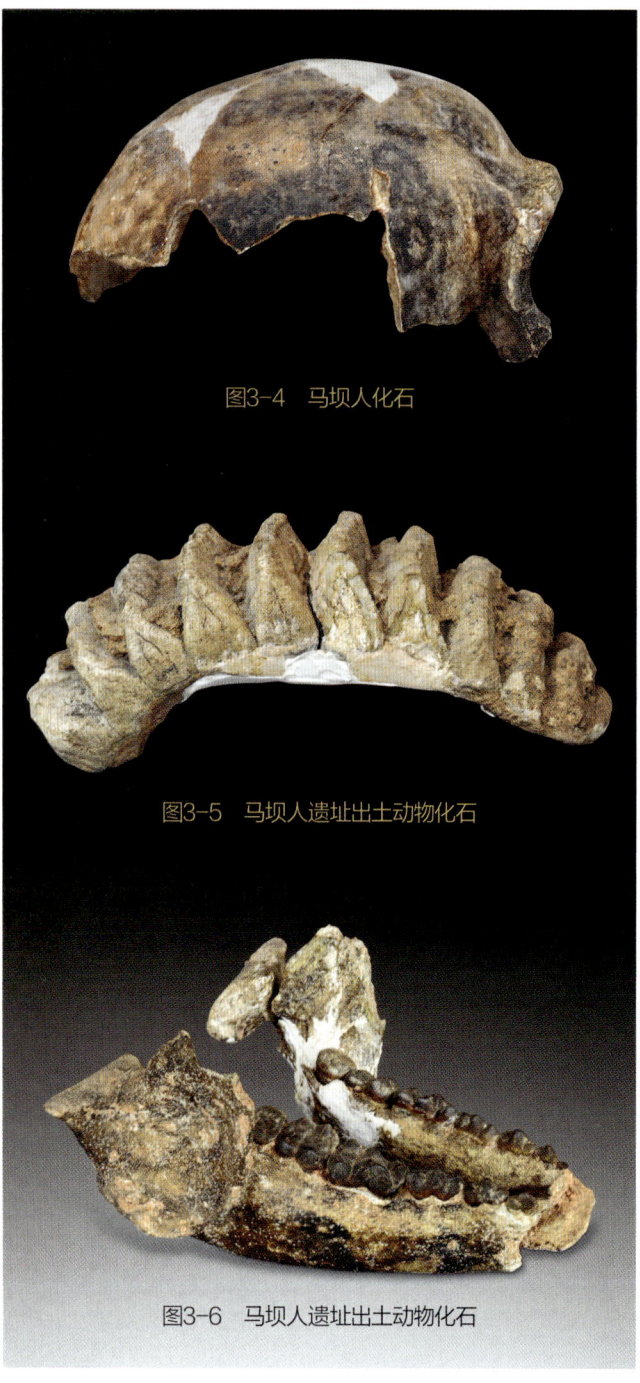

图3-4 马坝人化石

图3-5 马坝人遗址出土动物化石

图3-6 马坝人遗址出土动物化石

马坝人是广东地区目前发现年代最早的古人类化石之一,扩大了中国早期智人的分布范围,填补了华南人类进化系统的空白,其化石材料对研究本地区中更新世末期至晚更新世晚期人类演化与发展具有重要意义。2001年,曲江马坝人被收入《二十世纪中国百项考古大发现》一书中。2006年,曲江马坝人遗址被公布为全国重点文物保护单位。

资料来源

[1] 广东省博物馆:《广东马坝人类及其他动物化石地点调查简报》,《古脊椎动物与古人类》1959年第2期。
[2] 梁钊韬、李见贤:《马坝人发现地点的调查及人类头骨化石的初步观察》,《中山大学学报》1959年第1、2期合刊。
[3] 吴汝康、彭如策:《广东韶关马坝发现的早期古人类型人类化石》,《古脊椎动物与古人类》1959年第4期。
[4] 广东省博物馆、曲江县博物馆:《纪念马坝人化石发现三十周年文集》,文物出版社,1988年。
[5] 原思训、陈铁梅、高世君:《华南若干旧石器时代地点的铀系年代》,《人类学学报》1986年第2期。
[6] 吴秀杰:《马坝人头骨研究取得新进展》,《化石》2016年第4期。

4. 英德青塘遗址

工作时间：2016~2018年
工作单位：广东省文物考古研究所、北京大学考古文博学院、英德市博物馆

青塘遗址位于清远市英德市青塘镇，包括黄门岩1~4号洞、吊珠岩、仙佛岩及朱屋岩等多处洞穴地点。该遗址发现于1959年，当时属韶关市翁源县管辖，故命名为翁源县青塘遗址。20世纪60~80年代，广东省博物馆等单位曾两次对其进行复查。黄门岩为马鞍形石灰岩孤峰，其南麓分布4个洞穴，自西向东分别编号为1~4号洞（图4-1）。2016~2018年，对黄门岩四处洞穴地点进行了主动性发掘，发掘面积共计54平方米（图4-2~图4-4）。发掘结合了年代学、古人类学、环境考古、动物考古、植物考古、土壤微形态、残留物分析、石料产地分析及三维重建等多学科理念与技术手段。

黄门岩2号洞地点揭露近70个早期文化堆积单位，发现墓葬与火塘等遗迹。黄门岩1号洞地点发现距今约13500年的墓葬（图4-5），出土年轻女性人骨化石1具，其葬式为蹲踞葬，人骨旁发现骨针1枚。该墓葬是中国目前考古发现年代最早且可确认葬式的墓葬，发现的人骨也是广东1万年以前保存最为完整的古人类化石。在3个洞穴地点发现火塘遗迹7处，部分火塘底部发现有意堆砌的石块（图4-6）。

出土古人类化石、石器、陶器、蚌器、角骨器、动物骨骼化石及植物遗存等各类标本1万余件（图4-7）。石制品包括打制石器（图4-8）、使用砾石与少量穿孔石器及局部磨光石器，

图4-1 青塘遗址黄门岩地貌

图4-2　黄门岩1号洞地点发掘区

图4-3　黄门岩2号洞地点发掘区

图4-4　黄门岩4号洞地点发掘区

图4-5　青塘遗址墓葬与人骨化石

图4-6　青塘遗址火塘遗迹

图4-7 青塘遗址遗物出土现场（石器、骨器、蚌器、陶器）

以定型化生产的陡刃砾石石器最具特色。黄门岩2号洞发现距今1.7万年左右的夹砂陶片，为广东已知年代最早的陶器（图4-9）。此外，还出土距今2万余年、华南最早的穿孔蚌器（图4-10）。骨角器有铲、锥、针及骨角料等，多数以鹿角和鹿骨为原料（图4-11）。出土的动物骨骼以鹿为最大宗（图4-12），包括水鹿、斑鹿及麂子等，还有少量食肉类、鸟类及啮齿类动物。除陆生动物外，螺蚌、龟鳖、鱼等水生动物发现数量亦较多。

青塘遗址从晚更新世晚期延续至全新世初期，绝对年代在距今2.5万～1万年，从早至晚可分四期：第一期，文化遗物数量最少，类别有打制石器与骨角器，其中石器除华南传统的砍砸器等砾石石器外，还有以石英为原料加工的石片石器；第二期，遗物数量剧增，较多使用砾石做工具，开始出现陡刃石器，骨角器制作工艺较为进步，发现通体磨光的骨器，出现穿孔蚌器；第三期，陡刃砾石石器加工技术逐渐成熟，与之共存的还有典型的石片石器加工工艺，最重要的变化是出现火候较低的早期陶器；第四期，定型化生产的陡刃砾石石器占据主导地位，出现零星的穿孔石器与局部磨光石器，陶器制作工艺相对进步，该期早段出现有意识的丧葬行为。四期文化遗存反映出工具技术、人类适应行为及史前文化的发展进程，环境考古结果也显示气候环境变迁过程与史前文化演进过程较为吻合。青塘遗址系统展现了中国南方从狩猎采集社会向早期农业社会过渡的历史进程，全面反映出晚更新世华南—东南亚现代人行为复杂化的新阶段，是华南史前考古非常关键的新收获。

青塘遗址连续的地层与文化序列为华南、东南亚旧—新石器时代过渡阶段研究提供了参考标尺，并揭示出环境变迁与文化演进过程的耦合关系。青塘遗址墓葬与人类化石的发现对旧石器时代晚期原始宗教信仰、社会复杂程度、区域现代人体质演化与人群扩散等方面的研究具有

图4-8 青塘遗址出土打制石器

图4-9 青塘遗址出土早期陶器　图4-10 青塘遗址出土穿孔蚌器

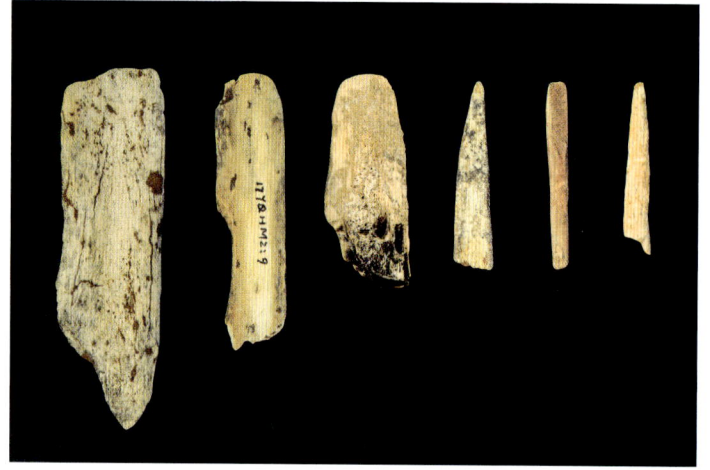
图4-11 青塘遗址出土骨角器

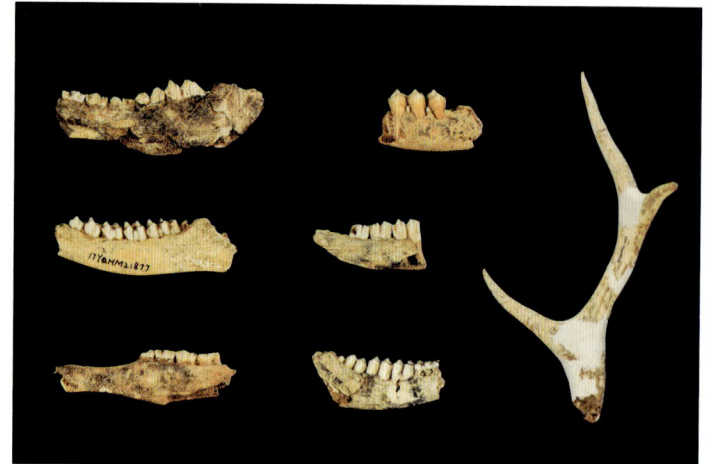
图4-12 青塘遗址出土鹿牙与鹿角

重大价值；为研究华南旧—新石器过渡阶段聚落形态、早期陶器的出现与发展、现代人行为复杂化、区域史前文化的关系等提供了重要的新材料。其考古成果对深入探讨旧大陆东部现代人出现与扩散、东亚与东南亚史前文化交流、旧石器时代向新石器时代过渡等前沿课题具有重要意义。该项目被评为2018年度全国十大考古新发现和2018年中国考古新发现。2019年，英德青塘遗址被公布为全国重点文物保护单位。

资料来源

［1］广东省文物考古研究所、北京大学考古文博学院、英德市博物馆：《广东英德市青塘遗址》，《考古》2019年第7期。

［2］广东省文物考古研究所、北京大学考古文博学院、英德市博物馆：《华南新旧石器过渡阶段考古取得重大新突破——广东省英德市青塘遗址发掘与收获》，《中国文物报》2019年1月11日。

［3］广东省博物馆：《广东翁源县青塘新石器时代遗址》，《考古》1961年第11期。

5. 封开黄岩洞遗址

工作时间：1961年、1964年、1978年、1989~1990年
工作单位：中国科学院古脊椎动物与古人类研究所、广东省博物馆、封开县博物馆、中山大学人类学系

黄岩洞遗址位于肇庆市封开县河儿口镇狮子岩，狮子岩为三叠纪石灰岩孤峰（图5-1），洞口向西南，洞内可分上、中、下三层，洞厅的西、南面各有支洞（图5-2）。1961年8月，中国科学院古脊椎动物与古人类研究所吴新智、黄万波等人在考察粤西地区岩洞时发现该遗址。1964年，广东省博物馆李始文、朱非素与封开县博物馆邓增魁在洞口发现晚期智人颅骨化石。1978年，广东省洞穴考察队对洞厅堆积进行清理，发现一批打制石器。1989~1990年，广东省博物馆等单位进行了发掘，发掘面积120平方米，发现打制石器500多件、磨制石器2件、穿孔石器2件，另发现新石器时代晚期墓葬1座和陶器多件。

图5-1 黄岩洞遗址

图5-2 黄岩洞遗址洞口

黄岩洞内主要有四类堆积：①棕黄色亚黏土堆积，胶结较硬，位于上层廊道右侧局部地方和下层洞厅、西支洞，出土大量动物化石；②黄褐色砂土堆积，分布于整个洞厅，出土大量打制石器和少量穿孔石器、磨刃石器，共出的还有动物牙齿、骨骼以及螺蚌等；③灰褐色砂土堆积，位于洞口右侧，内含炭屑、灰烬、烧土、烧骨、动物骨骼及大量螺蚌壳，出土人颅骨化石2件；④浅灰色砂黏土堆积，位于上层廊道右侧，分布面积较小，含螺蚌壳及炭屑，发现石英石片1件。

遗址共出土石器近600件，类别包括陡刃石器（图5-3）、砍砸器（图5-4）、水晶刮削器（图5-5）、石锤（图5-6）、石钻、似尖状器、砺石、磨制石器及穿孔石器等。其中陡刃石器分为单直刃、多刃、双直刃、端刃、圆刃、弧刃及盘状等不同类型。石料绝大部分来自附近河浸滩的砾石，岩性多为砂岩，次为石英砂岩，个别为石英岩、花岗岩和板岩。石器多锤击单面单向直接加工而成，少数用锤击法或加工时未见修理台面，刃部陡直。洞口发现晚期智人颅骨化石，分属两个个体，其一仅存额骨，属未成年个体，性别不明；另一个留有眶骨以上部分，左半部残缺变形，右半部保存较好，为成年男性。洞厅左壁岩壁处发现墓葬1座，打破黄褐色胶结堆积，墓圹已被破坏，残长1、宽0.6米，随葬陶釜3件、陶罐与陶鼎各1件。

遗址包含三个不同时期的遗存：①棕黄色亚黏土堆积中出土化石动物群测年数据为距今13.6万年±0.9万年，属中更新世末期或晚更新世早期；②与洞口智人头颅骨化石共存螺壳的测年数据为11930年±200年，智人化石与洞厅内出土打制石器的整体年代为晚更新世末期至全新

图5-3 黄岩洞遗址出土陡刃石器

图5-4 黄岩洞遗址出土砍砸器

图5-5 黄岩洞遗址出土水晶刮削器

图5-6 黄岩洞遗址出土石锤

世初期,属于旧—新石器时代过渡阶段遗存;③洞厅内墓葬年代则为新石器时代晚期。

黄岩洞遗址是一处典型的史前洞穴遗址,对研究华南旧—新石器时代过渡阶段文化内涵、晚更新世古人类体质演化及古环境演变,提供了宝贵而丰富的实物资料。1979年12月被公布为广东省文物保护单位。

资料来源

[1] 黄万波:《广东高要、罗定、封开等地洞穴及其堆积物概述》,《古脊椎动物与古人类》1963年第1期。

[2] 宋方义、邱立诚、王令红:《广东封开黄岩洞遗址》,《考古》1983年第1期。

[3] 宋方义、邱立诚、张镇洪、邓增魁、曾小豪、陈青松:《广东封开黄岩洞遗址综述》,《纪念黄岩洞遗址发现三十周年论文集》,广东旅游出版社,1991年。

[4] 宋方义、张镇洪、邓增魁、曾小豪、陈青松:《广东封开黄岩洞1989年和1990年发掘简报》,《东南文化》1992年第1期。

6. 阳春独石仔遗址

工作时间：1964年、1973年、1978年、1984年
工作单位：广东省博物馆、湛江地区博物馆、阳春县博物馆

独石仔遗址位于阳江市阳春市陂面镇鹿村岗西南的独石山。该洞穴为裂隙溶蚀形成的山洞，高15、宽2~8、深40米，面积约200平方米；洞口面向东南，相对高度10米（图6-1）。遗址发现于1960年，1964年和1973年先后两次进行试掘，1978年广东省博物馆和湛江地区博物馆对其进行发掘，1984年再次进行发掘，先后出土石器、骨器等遗物400余件，动物化石千余件。

独石仔洞穴堆积厚约4米，有明显的连续性，可分为5层。其中，第2层即上文化层，为胶结程度较轻的灰褐色砂土，包含大量螺蚌壳，出土打制石器、磨制石器与骨角器，以及石化程度较浅的动物化石；第3层即中文化层，为胶结坚硬的灰黑色砂黏土，包含大量螺蚌壳，出土少量打制石器和骨器，以及大量石化程度略深的动物化石；第4层即下文化层，为胶结较甚

图6-1 独石仔遗址

的灰黄色砂黏土，包含螺壳，出土石器、骨器、烧骨及烧石等，另有1枚人牙化石和大量石化较深的动物化石。

遗址出土石器分打制和磨制两类，石料有砂岩、砂页岩、泥质岩、石英砂岩、石英岩等，以砂岩最多，下文化层出土石器数量占四分之三。石器加工技术均为单面打击，器身保留大部分砾石面，上文化层出土石器少数有较好的修理面，下文化层出土石器则多无修理面。打制石器类型有陡刃石器（图6-2）、砍砸器、周边刃石器（图6-3）、刮削器、石锤（图6-4）、石砧、石片（图6-5）与石核等，磨制石器有切割器与穿孔石器（图6-6）两类。骨器有镞、锥以及半成品。动物化石中除犀与貘可能为绝灭种，余皆为现生种。出土晚期智人左侧第一下臼齿

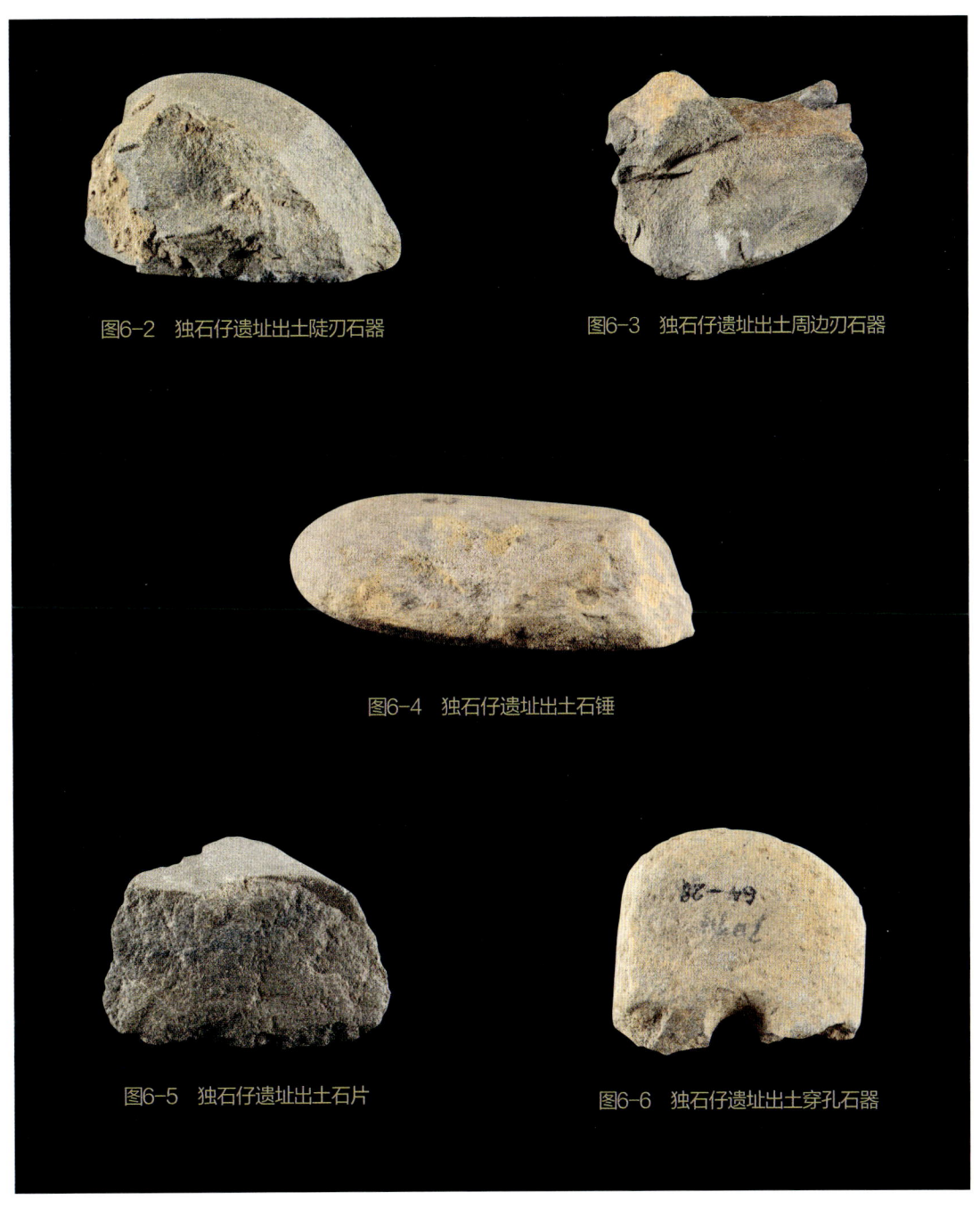

图6-2 独石仔遗址出土陡刃石器　　　　图6-3 独石仔遗址出土周边刃石器

图6-4 独石仔遗址出土石锤

图6-5 独石仔遗址出土石片　　　　图6-6 独石仔遗址出土穿孔石器

1枚，属于青年个体。

上文化层出土打制石器比下文化层规整，加工修理较细；上文化层出现了少量磨制石器；上文化层的穿孔石器为凿打后加磨穿孔，下文化层的则只经凿打穿孔而未经磨制。经 ^{14}C 测定，上文化层年代距今11500年左右，中文化层上部年代距今14260年±130年，下部年代15350年±250年，下文化层年代距今16680年±570年。发掘者认为上文化层年代早于江西万年仙人洞遗址与广西桂林甑皮岩遗址，而下文化层年代晚于广西桂林宝积岩遗址，约为新石器时代早期之初。

独石仔遗址是一处保存较好、具有连续地层堆积、出土遗物丰富的旧—新石器过渡阶段洞穴遗址，对研究史前文化演进与古人类体质特征具有重要意义。2013年3月被公布为全国重点文物保护单位。

资料来源

［1］邱立诚、宋方义、王令红：《广东阳春独石仔新石器时代洞穴遗址发掘》，《考古》1982年第5期。
［2］原思训、陈铁梅、高世君、马力：《阳春独石仔和柳州白莲洞遗址的年代测定——试探华南旧石器文化向新石器文化过渡的时间》，《纪念北京大学考古专业三十周年论文集（1952—1982）》，文物出版社，1990年。

7. 英德牛栏洞遗址

工作时间：1996年、1998年
工作单位：中山大学人类学系、广东省文物考古研究所、英德市文化局、英德市史志办、英德市博物馆

牛栏洞遗址位于清远市英德市北面约20千米处的狮石山南麓。狮石山为北江河谷平原中的石灰岩孤峰，峰顶相对高度约50米（图7-1）。溶洞的东、南面各有1个洞口，洞内高5～15、宽2.5～5米，面积约400平方米。遗址发现于1983年，1996年、1998年进行了两次发掘，面积分别为20平方米和31平方米。

文化层堆积分两类：一类贴附于洞壁，共有4处地点，均为黄色砂质黏土胶结堆积，含有石制品、陶片、螺壳、动物骨骼与灰烬等；另一类为洞内现地面以下堆积，厚度不匀，厚者超过4米，薄者约1.5米。堆积中通常含螺蚌壳、动物骨骼、人类化石、石器、炭屑及烧土等。发现灰坑与灰堆遗迹各1处，灰坑出土人前臼齿1枚和打制石器、骨针与夹砂陶片。

图7-1 牛栏洞遗址

遗址出土人类化石、打制石器、磨制石器、陶片及少量骨、牙、角、蚌制品等各类遗物1000余件。人类化石包括腓骨、上臂骨、右下颌骨残段以及臼齿4枚。打制石器311件，多数是直接用砾石打制，修理技术多为单面单向加工，器类有陡刃石器（图7-2、图7-3）、两端刃器（图7-4）、砍砸器（图7-5）、刮削器、铲形器、凿形器、斧形器、矛形器、钻、锤（图7-6）、敲砸器及砧等。局部磨制石器14件，类型有切割器、斧、穿孔器与砺石等。骨、角、牙制品20余件，主要有锥、针、铲三类。穿孔蚌器9件，类型主要有刀、坠、矛

图7-2　牛栏洞遗址出土陡刃石器

图7-3　牛栏洞遗址出土陡刃石器

图7-4　牛栏洞遗址出土两端刃器

图7-5　牛栏洞遗址出土砍砸器

图7-6　牛栏洞遗址出土石锤

等。此外，在9个堆积单位发现陶片24件，均为夹砂陶，火候低，表面多饰绳纹，器形不辨。动物种属共八目二十五科二十七属三十九种，其中东方剑齿象和中国犀出土于早于文化层堆积的棕红色亚黏土层中。发现少量水稻植硅石，形态特征属于非籼非粳的类型，可能处于向栽培稻过渡的原始状态，表明可能存在原始农业的萌芽。

发掘者将遗址的遗存从早至晚分为三期：第一期距今14000～12000年，堆积中不见螺壳，文化遗物有数量不多的打制石器和骨器，石器组合为陡刃器、砍砸器、刮削器、敲砸器与石锤，器形多不规整，制作简单粗糙；第二期距今12000～11000年，堆积中包含较多螺壳，打制石器种类和数量都较前增加，器形相对规整，石器组合中新增铲形器、穿孔石器；第三期距今10000～8000年，堆积中富集大量螺壳，器形规整的石器较多，新增盘状砍砸器、斧形器、凿形器、矛形器和钻，出现磨刃石器与陶器。

牛栏洞遗址是地层关系较为清晰、文化遗物较为丰富的旧—新石器过渡阶段洞穴遗址，为研究该阶段考古学文化和华南地区农业起源等增添了重要的新线索。2002年7月被公布为广东省文物保护单位。

资料来源

[1] 英德市博物馆、中山大学人类学系、广东省文物考古研究所：《英德史前考古报告》，广东人民出版社，1999年。

[2] 广东省珠江文化研究会岭南考古研究专业委员会、中山大学地球科学系、英德市人民政府、广东省珠江文化研究会农业文明研究专业委员会：《英德牛栏洞遗址——稻作起源与环境综合研究》，科学出版社，2013年。

8. 南澳象山遗址

工作时间：1993年2月
工作单位：中山大学人类学系、汕头市文管会、南澳县政协、南澳县文化局、南澳县海防史博物馆

象山遗址位于汕头市南澳县后宅镇东北部，象山为坐落于南澳岛西部的低矮山丘，海拔约25米，其北缘临近海港，遗址面积约9000米（图8-1）。遗址发现于20世纪80年代初；1993年，中山大学人类学系联合汕头市文管会等单位进行了考古调查，采集石制品150多件及陶片1件。

遗址的地层堆积可分3层，其中第2层为桂黄色砂质黏土层，有网状结构，厚170～200厘米，石器与陶片皆发现于该层中（图8-2）。发现的石制品包括石器、石片、石核等，原料以燧石占绝大多数，少量为石英砂岩、脉石英和水晶。石器形体细小，一般长、宽不超过3厘米，单向加工为主，也有部分采用交互打击或错向加工等方法，石器形态随意性很大。石器有刮削器、尖状器、雕刻器及石钻等，其中各种类型的刮削器数量最多，可分为单边凹刃、单边直刃、双边凹刃、凸刃、凹直刃、多边刃及圆头刮削器等（图8-3）。陶片为浅灰色夹砂陶，质地疏松，火候较低，外壁饰绳纹，内壁有浅的不连续的压印方格纹。

图8-1　象山遗址远景

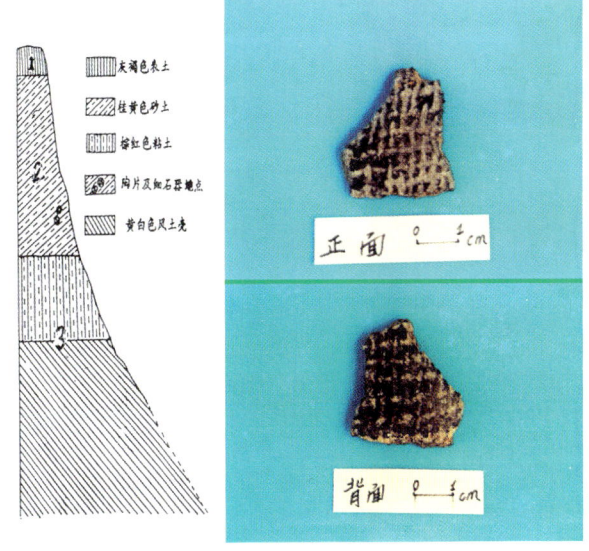

图8-2 象山遗址地层与出土陶片

图8-3 象山遗址出土石器

象山遗址的细小石片石器与"漳州史前文化"石器较为相似，发现者认为两者属于同一文化，而与西樵山细石器差别较大，年代也较后者为早；其陶片表现出明显的原始性。遗址年代暂定为距今8000年前后，早于潮安陈桥贝丘遗址。

象山遗址是目前粤东年代最早的新石器时代遗址，也是广东年代最早的新石器时代遗址之一，对于岭南先秦考古学文化、粤东闽南地区史前文化交流与早期社会历史的研究具有重要意义。1999年被公布为南澳县文物保护单位。

资料来源

[1] 南澳县海防史博物馆、中山大学韩江流域考古课题组：《广东南澳县象山新石器时代遗址》，《考古与文物》1995年第5期。

9. 遂溪鲤鱼墩遗址

工作时间：2002年11月～2003年1月
工作单位：广东省文物考古研究所、湛江市博物馆、遂溪县博物馆

鲤鱼墩遗址位于湛江市遂溪县江洪镇北草村东边角村东南部土墩，相对高度约2米，南侧200米处有小河流入北部湾，现存面积约1200平方米。1983年文物普查时发现该遗址，1986年曾做过小规模试掘，2002年11月～2003年1月进行了正式发掘，发掘面积629平方米（图9-1），清理新石器时代房址、灰坑与墓葬（图9-2）等遗迹，出土陶器、石器及骨器等遗物。

遗址可分四期：

第一期，文化层堆积为不含贝壳的黄色砂土层；遗迹包括房址1座、柱洞一批。房址F2仅余褐色砂泥质垫土，柱洞填土普遍夹杂贝壳或贝屑，少数底部垫有石块；出土少量陶片，可分两组：第1组为红衣陶，陶衣脱落严重；第2组为黑褐色夹粗砂陶，饰细绳纹。

图9-1　鲤鱼墩遗址发掘现场

图9-2 鲤鱼墩遗址墓葬清理现场

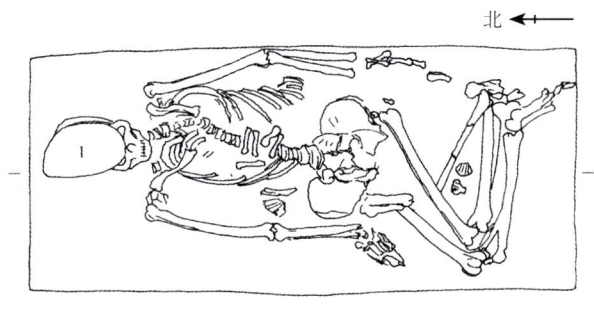

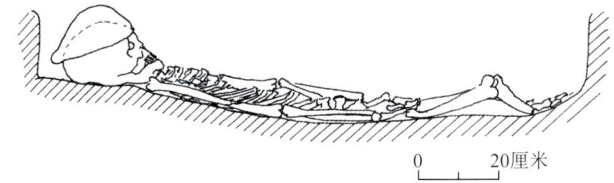

图9-3 鲤鱼墩遗址墓葬M8平、剖面图
1. 油螺

图9-4 鲤鱼墩遗址出土陶盆

图9-5 鲤鱼墩遗址出土陶钵形釜

第二期，文化层堆积包括第5层和第4层，前者为含少量贝壳的黄褐色土层，后者为灰白偏黄色密实贝壳层；遗迹有房址1座、灰坑2个和墓葬4座，房址F1的居住面上发现柱洞5个。墓葬为方形或圆形竖穴土坑墓；屈肢葬，侧身屈肢、仰身屈肢或蹲踞；基本不见完整随葬器物，仅M8遗骸头部扣有油螺1个（图9-3）。陶器较残碎，纹饰多见篮纹与条纹，个别器物素面，但口沿上饰锯齿纹，器形有盆（图9-4）和钵形釜（图9-5）；另出土凹石、石锛、刮削器、网坠等石器和少量骨器与穿孔蚌器，以及由25枚海鱼脊椎骨磨掉棘突后制成的项链（图9-6）。

第三期，文化层堆积为夹杂细碎贝壳的黑灰色土层；遗迹包括墓葬4座和灰坑1个，墓葬情况与第二期相似；新出现泥质红衣陶圈足盘，流行口沿压印锯齿纹以及口沿外侧刻划交叉纹。

第四期，文化层为混杂大量贝屑的灰色土层；陶器有明显变化，出现卷沿釜、卷沿罐、盘口罐、折肩圈足盘及器座等，流行交错绳纹、篮纹、条纹与方格纹等。

图9-6 鲤鱼墩遗址出土鱼骨项链

发掘者认为鲤鱼墩遗址与广西邕宁顶蛳山遗址有密切联系，第一期的年代与顶蛳山二期接近，距今约8000年以上。根据测年数据，第二期年代距今5000年左右，第四期则距今4660年±100年。

鲤鱼墩遗址为粤西地区考古发现年代较早的贝丘遗址，其丰富的文化遗存，为研究岭南从更新世进入全新世以后的考古学文化、生业经济与社会发展程度等提供了重要资料，对研究岭南新石器时代丧葬习俗、人类体质特征等具有重要意义。2015年被公布为广东省文物保护单位。

资料来源

[1] 广东省文物考古研究所、湛江市博物馆、遂溪县博物馆：《广东遂溪鲤鱼墩新石器时代贝丘遗址发掘简报》，《文物》2015年第7期。

10. 潮安陈桥遗址

工作时间：1956～1957年、1960年
工作单位：广东省文化局文物工作队

陈桥遗址位于潮州市潮安区陈桥村沟北的冲积台地，相对高度约5米，为韩江西岸的贝丘遗址，东西长约80、南北宽约40米。该遗址发现于1956年冬～1957年春，广东省文化局文物工作队于1957年和1960年分别进行了调查和复查。

遗址文化层堆积中夹杂有大量贝壳，含有较多陶器、石器与骨器等，另有大量动物遗存以及少量人骨。出土文化遗物包括石器（图10-1）、骨器（图10-2）和陶器。

石器以打制为主，均以砾石为原料加工而成，器形有"蚝蛎啄"、手斧状石器、砍斫器与敲砸器等，磨制石器类型单一，仅见石锛，且多为局部磨制。石器中以"蚝蛎啄"数量最多，也最具特色，根据加工部位和加工程度的不同，研究者将其分为五式，其中Ⅴ式修理最为精细，沿砾石周边进行修理，一侧边两面加工，另一侧边单面加工，汇聚成尖刃，与现代使用的铁制"蚝蛎啄"较为形似。骨器数量远超石器，在广东同时期遗址中罕见。骨器皆为磨制，除成品骨器外，还发现大量切割后的半成品、骨料及碎骨。骨器类型丰富，包括斧、两端刃器、刀、锥、镞、针及簪等。陶器皆为粗夹砂陶，部分在口沿、领部、腹部及内壁有赭红色彩绘，其上再饰以螺丝划纹与线纹，器形有罐、钵、杯等。发现人骨约有10个个体，男女老幼皆有，

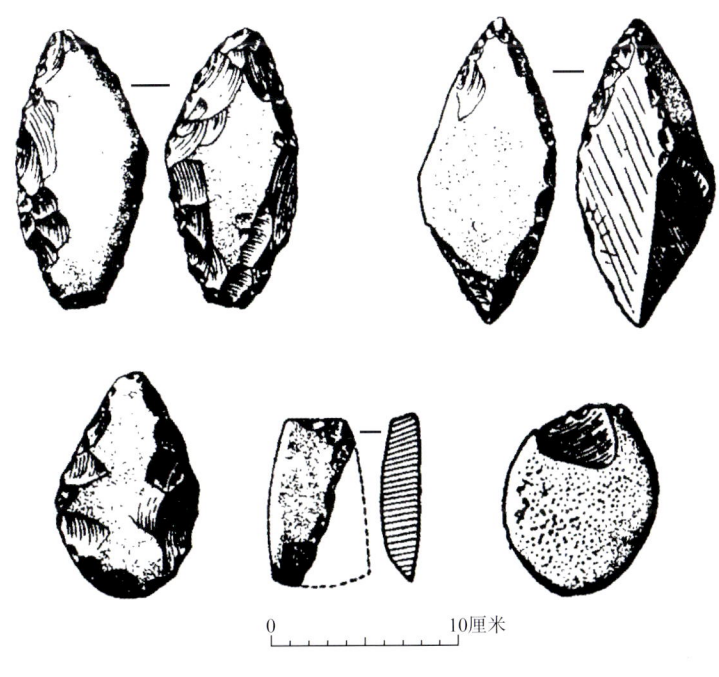

图10-1　陈桥遗址出土石器

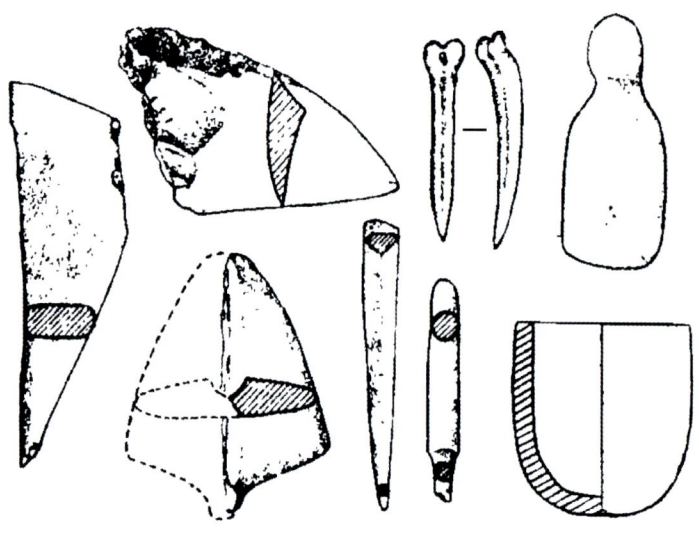

图10-2　陈桥遗址出土骨器与陶器

骨骸上多染有红色赤铁矿粉，属于墓葬的可能性较大。哺乳动物遗存有牛、鹿与猪等，另有数量较多的鱼骨和龟壳，软体动物以斧足类的牡蛎数量最多，腹足类的海螺和乌蜥数量亦较多，还有少量淡水蚬、蚌。

发掘者认为陈桥遗址处于广东新石器时代中期，其年代稍晚于广西东兴贝丘遗存，其在骨器磨制技术、制陶工艺以及家畜饲养等方面，都表现出相对进步的特点。

陈桥遗址是粤东地区考古发现年代较早的贝丘遗址，对研究岭南滨海地带新石器时代早中期文化内涵、生业经济、人类适应策略、体质特征及丧葬行为等具有重要意义，2011年被公布为潮州市文物保护单位。

资料来源

[1]广东省文物管理委员会：《广东潮安的贝丘遗址》，《考古》1961年第11期。

11. 封开䈞竹口遗址

工作时间：1995年12月
工作单位：广东省文物考古研究所、封开县博物馆

䈞竹口遗址位于肇庆市封开县江口镇䈞竹管理区办事处北约百米，贺江（西江支流）东岸的台地上，高出河床约14米。发现于1984年，后经多次复查。1995年12月，广东省文物考古研究所和封开县博物馆组成联合考古队，对遗址进行了发掘，揭露面积60平方米。

地层共9层，其中第1~6层为历次洪水的淤积层及人类扰乱层，第7~9层为文化层，以第8层最厚，且遗物最丰富。文化层距地表最浅1.2、最深5.3米（图11-1）。遗址出土了大量的石器、石料和少量陶片。

陶片以褐陶为主，约占70%，其余为红陶和灰陶，各约占15%。陶片均为夹砂陶，砂粒较粗。陶片厚薄不均，纹饰以绳纹或粗绳纹最多见，粗绳纹陶片较厚，细绳纹陶片较薄。另有极少量的篮纹和素面陶片。器形仅见釜、罐。䈞竹口遗址出土的石器，原料直接取自贺江中。遗址中发现大量的砾石石料，石器有锛、斧、刀、凿、锤、砺石及毛坯等（图11-2）。

䈞竹口遗址可以分为两期：第9、8两层为第一期，第7层为第二期。第一期所饰绳纹较粗，杂乱，纹饰及于唇缘。篮纹只见于本期。器物胎壁较厚，贴塑法造成的胎壁分层现象较多见。羼和料以石英粒为主，且较粗。第二期的绳纹较细，纹饰退至颈部以下。器物胎壁相对较薄，羼和料已极少见到石英，而代之以类似蚌壳末的白色粉砂岩粒。第二期石器数量和种类都较一期少。

䈞竹口遗址是一处石器制作点，其时代为新石器时代中期以前，距今6000年以上。

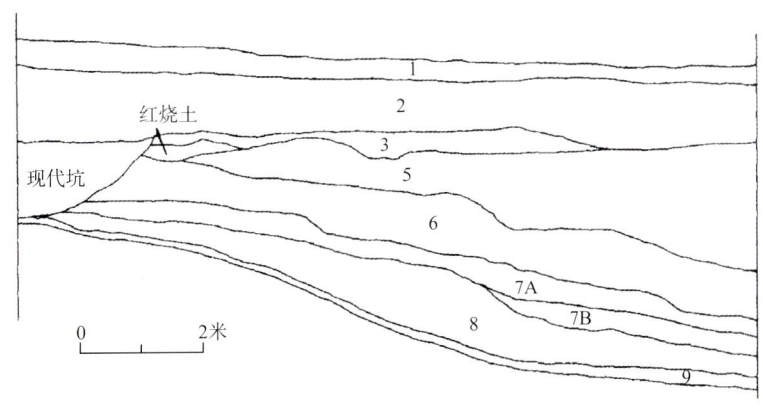

图11-1　䈞竹口遗址地层剖面图

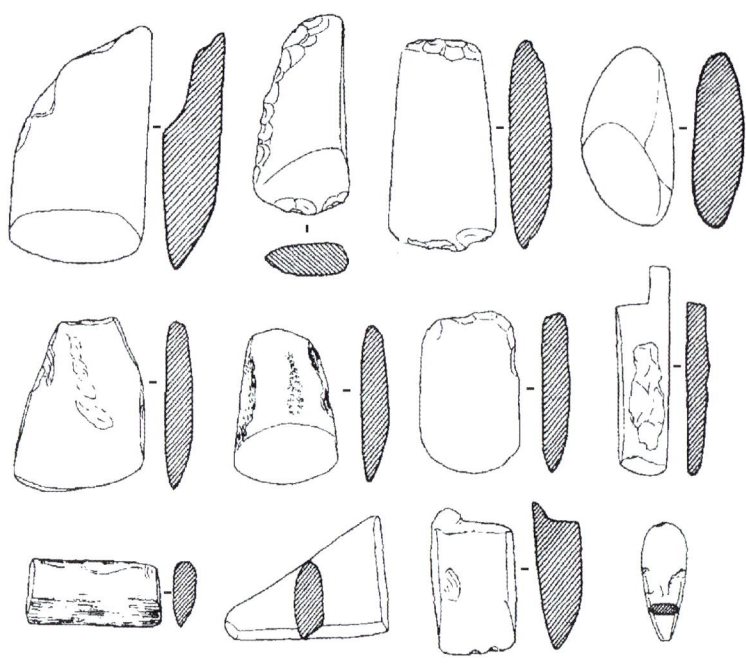

图11-2 簕竹口遗址出土石器

资料来源

[1] 冯孟钦、吴海贵：《封开县簕竹口新石器时代遗址》，《中国考古学年鉴·1996》，文物出版社，1998年。
[2] 广东省文物考古研究所、封开县博物馆：《广东封开簕竹口遗址发掘简报》，《文物》1998年第7期。

12. 深圳咸头岭遗址

工作时间：1985年、1989年、1997年、2004年、2006年
工作单位：深圳市博物馆、中山大学人类学系、深圳市文物考古鉴定所

咸头岭遗址位于深圳市龙岗区大鹏街道咸头岭村，地处珠江三角洲大鹏半岛西北岸，属分布于二、三级沙堤上的沙丘遗址，地势西北高、东南低，海拔2～7米，面积约3万平方米（图12-1）。遗址发现于1981年，1985年至今先后进行过5次考古发掘，揭露面积共2278.5平方米，出土大量新石器时代遗存，以及商、东周、汉代至明清遗存（图12-2）。其中，深圳市文物考古鉴定所和深圳市博物馆于2006年在遗址西北部发掘555平方米，通过技术创新，以斗形探方、铺板、留边、切边、喷水、划线、配胶、喷胶和补洞等成套办法防止探方垮塌，准确划分层位，取得了良好的发掘效果。

遗址堆积情况略有不同。西北区的06XTLT3地层堆积可分为9层：第3～9层为早期文化层堆积，其中第3层为商时期文化层，第4～7层及第9层为新石器时代文化层，第8层为间歇层。

图12-1　咸头岭遗址远景

图12-2 咸头岭遗址发掘区现场

新石器时代遗迹有灶、房基、红烧土面和立石等。灶的结构较为简单，平面为圆形或椭圆形，底部周围放置石块或陶支脚；房基为深约112厘米的方形或长方形基槽；红烧土面分布面积超过200平方米，范围较大，在沙丘遗址中较为罕见。新石器时代遗物有陶器、石器和石料。陶器有泥质陶和夹砂陶，泥质陶多为白陶和彩陶，还有少量磨光黑陶，器类有圈足盘（图12-3～图12-5）、豆、罐、杯（图12-6、图12-7）、钵（图12-8）等；夹砂陶器类有釜、碗、圜底盘、支脚和器座等。石器有锛、饼形器、凹石、杵、锤、拍、凿、砧和砺石。

咸头岭遗址新石器时代遗存可分5段三期：第1～3段为第一期，绝对年代上限距今约7000年，下限距今6400年前后；第4段为第二期，绝对年代距今6200年前后；第5段为第三期，推测年代距今6000年前后。以咸头岭遗址新石器时代遗存为代表的"咸头岭文化"，距今7000～6000年，广泛分布于珠江三角洲地区，以珠江口一带尤为密集。咸头岭文化的陶器形制、纹饰及组合等方面的演变序列较为清晰，从第一期到第三期，泥质彩陶和白陶器由繁盛走向衰弱，数量逐渐减少，夹砂陶器则越来越多。

咸头岭遗址的发掘，是沙丘遗址发掘技术趋于成熟的标志，为该地区新石器时代中期考古学文化研究树立了可靠标尺。咸头岭遗址是珠江三角洲地区新石器时代中期最具代表性的遗址，是珠江三角洲新石器时代中期面积大、规格高的中心聚落遗址。"咸头岭文化"的命名和研究，完善了岭南新石器时代考古学文化的区系类型体系，对深入研究岭南和长江中游地区新石器时代文化的交流与传播、东南亚至南太平洋地区南岛语族的起源等具有重要意义。咸头岭遗址被评为2006年度全国十大考古新发现，2014年被公布为深圳市文物保护单位。

图12-3 咸头岭遗址出土彩陶盘

图12-4 咸头岭遗址出土彩陶盘

图12-5 咸头岭遗址出土白陶盘

图12-6 咸头岭遗址出土白陶杯

图12-7 咸头岭遗址出土白陶杯

图12-8 咸头岭遗址出土夹砂陶钵

资料来源

［1］深圳市文物考古鉴定所、深圳市博物馆：《广东深圳市咸头岭新石器时代遗址》，《考古》2007年第7期。

［2］深圳市文物考古鉴定所：《深圳咸头岭——2006年发掘报告》，文物出版社，2013年。

13. 增城金兰寺遗址

工作时间：1961年、2020~2021年
工作单位：广东省文物管理委员会、暨南大学、广东省师范学院历史系、广州市文物考古研究院等

金兰寺遗址位于广州市增城区石滩镇金兰寺村，距增城市区约10千米，面积约4000平方米（图13-1）。1956年，广东省文物管理委员会在考古调查时发现该遗址，1961年进行了小范围发掘，发掘面积161平方米（含东莞龙江村遗址）。

地层可以分为3层：第1层堆积为黄褐色砂土，厚25~60厘米。第2层为贝壳层，厚18~95厘米。又分为上下两层，上部为灰褐色土夹杂贝壳层，编为A层；下层为黄灰色土夹杂贝壳层，编为B层。第3层为棕黄色贝壳层，厚30~60厘米。

遗迹以第3层下的窖穴、柱洞和第2A层下的4座墓葬最为重要。墓葬皆为长方形土坑墓，平行排列，方向为62°~80°，墓圹内填贝壳，骨架保存完整，经鉴定分别为成年女性2具，成年男性和小孩各1具（图13-2、图13-3）。

图13-1 金兰寺遗址全景

出土遗物极为丰富（图13-4）。第1层扰乱严重，部分探方出土新石器时代、汉唐至明时期器物。第2A层主要出土磨制石器和骨器，石器包括有段和有肩有段石锛、铲、刀、镞、矛和环等，陶器以粗砂红或黑陶为主。第2B层陶器以粗砂红或黑陶为主，少量磨光红陶和灰陶，出现几何印纹陶，器形有罐、缶、尊、豆、盘、钵、鼎等，还有杵、印模等制陶工具。第3层出土打制和磨制石器、骨器，包括斧、锛、凿等，陶器有粗砂红或黑陶、磨光红陶和彩陶等。

遗址贝壳的 ^{14}C 测年数据为距今4035年±95年，树轮校正后为公元前2495年±154年。遗址可分为三个时期：第一期以第3层为代表，属新石器时代中期，流行粗砂陶，器形单一。第二期以第2层为代表，属新石器时代晚期，红陶消失，粗砂陶比例明显下降，几何印纹陶兴起。第三期以第1层为代表，属战国至汉时期，流行印纹硬陶。金兰寺遗址首次发现了广东史前考古学文化的"三叠层"，并提出了陶质"砂、软、硬"具有不同时代特征的观点。

图13-2　金兰寺遗址M15

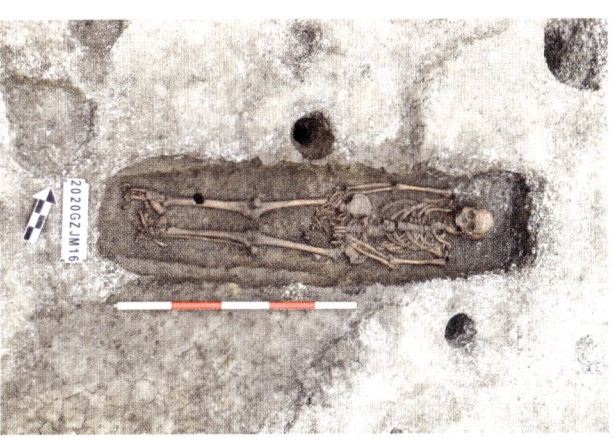

图13-3　金兰寺遗址M16

图13-4　金兰寺遗址出土陶器

资料来源

[1] 莫稚：《广东考古调查发掘的新收获》，《考古》1961年第12期。
[2] 吴新智：《广东增城金兰寺遗址新石器时代人类头骨》，《古脊椎动物与古人类》1978年第3期。
[3] 杨式挺：《试论西樵山文化》，《考古学报》1985年第1期。
[4] 广州市文物考古研究院内部资料。

14. 高要蚬壳洲遗址

工作时间：1986年、1987~1988年
工作单位：广东省博物馆、高要县博物馆、北京大学考古系、肇庆市文化局

蚬壳洲遗址位于西江北岸肇庆市高要区广利镇龙一乡村北，属分布于河谷台地的贝丘遗址，发现于1983年。1986年10月，广东省博物馆文物队会同高要县博物馆、北京大学考古系实习队进行试掘，清理3座屈肢墓葬；1987年底~1988年初，广东省博物馆文物队会同肇庆市文化局、高要县博物馆再次进行考古发掘，清理墓葬21座。

发掘新石器时代墓葬24座。墓葬布局有一定规律，可分三组；存在多组叠压打破关系。葬式大多为单人侧身屈肢葬，头向各异，躯体蜷曲极甚，似经捆缚后埋葬（图14-1）。合葬墓3例（图14-2），其中三人葬1例、双人葬2例。三人合葬者骨架相互叠置，双人合葬者并排而置，头向相反。墓圹因埋葬方式和人数多少而变化，以抹角方形和椭圆形竖穴土坑最为多见。

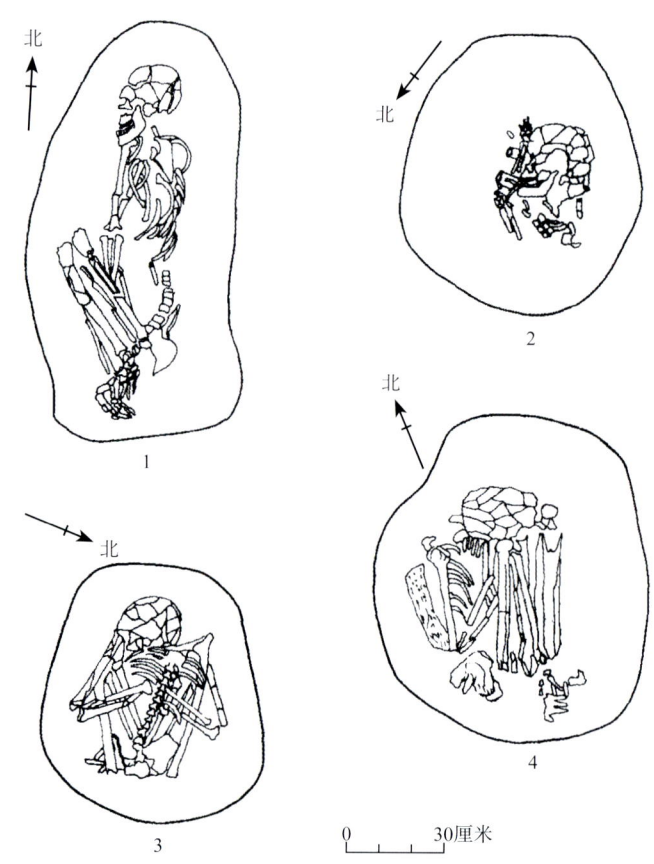

图14-1 蚬壳洲遗址单人墓
1. M15　2. M18　3. M32　4. M20

随葬品数量极少，M3出土打制石片1件，M20出土骨笄1件，M28出土多孔石刀2件。出土陶器以夹砂陶占多数，泥质陶略少。夹砂陶大部分饰粗、细绳纹，少数为素面，部分内壁涂有赭红色陶衣；泥质陶素面占大多数，少数饰有刻划连弧纹、拍印的小方格纹及彩色条带状纹，大部分饰赭红色彩并涂有白色陶衣。彩陶均为赭红色，纹饰有圆点、曲线、条带等，亦见有刻划纹和镂孔。器物以圈底、圈足器为多见，折肩器仅1件，不见三足器，可辨认器形有釜、罐、盘等。磨制石器有石锛、石斧和多孔石刀。骨器则有骨哨、骨笄及骨笄半成品。

蚬壳洲遗址属新石器时代中期，与咸头岭文化基本同期。该遗址从地层上明确了彩陶圈足盘与夹砂细绳纹陶、磨光双肩石斧的共存关系；与彩陶共存的屈肢墓葬，则对研究珠江三角洲地区新石器时代考古学文化谱系、史前人群体质特征及丧葬习俗、华南与东南亚史前人群的扩散等具有重要意义。

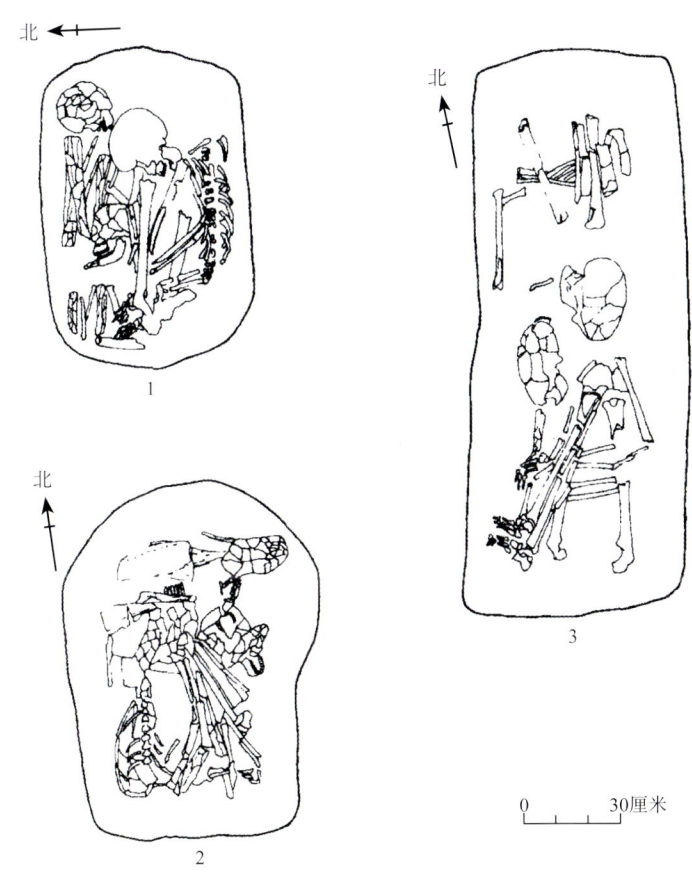

图14-2 蚬壳洲遗址三人合葬墓和双人合葬墓
1. M17 2. M28 3. M30

资料来源

[1] 广东省博物馆、高要县文化局：《广东高要县蚬壳洲发现新石器时代贝丘遗址》，《考古》1990年第6期。

[2] 广东省博物馆、肇庆地区文化局、高要县博物馆：《高要县龙一乡蚬壳洲贝丘遗址》，《文物》1991年第11期。

15. 吴川梧山岭贝丘遗址

工作时间：2002年11月～2003年1月
工作单位：广东省文物考古研究所、湛江市博物馆、吴川市文化局

梧山岭贝丘遗址位于湛江市吴川市长岐镇黎屋村梧山岭，当地俗称"蚬壳埠"。遗址西邻鉴江，距出海口不远。山体相对高度约20米。遗址贝壳分布范围南北约20、东西约18米，面积约360平方米。1986年进行试掘；2002年11月～2003年1月，广东省文物考古研究所、湛江市博物馆、吴川市文化局等单位联合对遗址再次进行试掘。

地层堆积可分4层：第1层为表土层，第2、3层为贝壳层，第4层为褐色土层。第2～4层为新石器时代文化层，厚约1米。第3层出土遗物最为丰富。出土较多陶片和少量石器。陶器以夹砂红陶和褐陶为主，不见泥质陶；纹饰有细绳纹和篮纹，绳纹施纹及于口沿（高领罐）；器形有高领罐、折沿罐、圈足盘等。石器有双肩锛、网坠等。

梧山岭贝丘遗址可分为两期：第一期以第4层为代表，纹饰细乱，有领罐颈部较短；第二期以第2、3层为代表，纹饰规整，绳纹较细，有领罐颈部较长。出土遗物与广西邕宁顶蛳山遗址第四期接近，年代应与其相当，即距今6000～5000年。梧山岭贝丘遗址的文化谱系与顶蛳山遗址相同，属于包括我国广西地区、越南北部地区在内的文化交互作用圈。吴川梧山岭是目前此交互作用圈在广东的最东界，其试掘工作具有填补空白的意义。

资料来源

[1] 冯孟钦：《吴川市梧山岭新石器时代贝丘遗址》，《中国考古学年鉴·2003》，文物出版社，2004年。

16. 东莞蚝岗遗址

工作时间：1990年、2003年
工作单位：广东省文物考古研究所、东莞市博物馆

蚝岗遗址位于东莞市南城区胜和管理区豪江（蚝岗）四队大园坊，距城区约5千米。蚝岗为珠江三角洲冲积平原上的低矮山冈，西南距东江约2千米（图16-1）。1990年，广东省文物考古研究所与东莞市博物馆对遗址进行了考古调查，2003年对遗址进行了勘探和试掘。

遗址现存面积约600平方米。2003年发掘区域包括A、B两区，A区位于山嘴外侧，B区位于山嘴内侧，揭露面积共272平方米。

A区探方揭露至文化层，为新石器时代聚落遗址，B区没有新石器时代堆积。A区堆积分6层：第1层，褐色扰乱层，厚5～45厘米。第2层，分二亚层：第2A层，灰褐色亚黏土层，厚0～15厘米。第2B层，红褐色亚黏土层，厚0～20厘米。第3层，褐色贝壳层，厚0～50厘米。第4层，黑灰色贝壳层，间杂少量的黑色炭泥层，厚0～45厘米。第5层，褐红色贝壳层，夹杂少量的褐红色黏土，厚0～45厘米。第6层，褐红色亚黏土层，厚10～15厘米。主要遗迹有灰坑（图16-2）、竖穴土坑墓（图16-3）和灰沟等，房址（图16-4）和红烧土面等未发掘。

出土遗物有陶器和石器，包括陶圈足盘、罐、釜、器座，石磨盘、牡蛎啄、刀、拍、锛、斧，以及骨铲、骨锥、穿孔蚌壳等（图16-5～图16-7）。

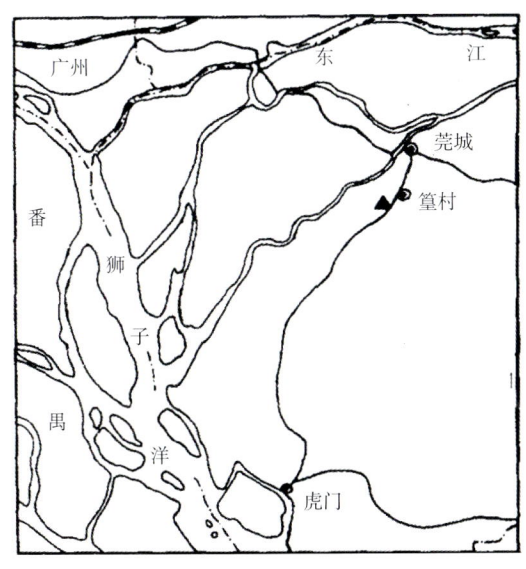

图16-1　蚝岗遗址位置示意图

图16-2　蚝岗遗址灰坑

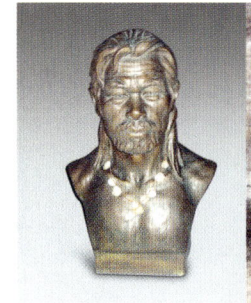

东莞蚝岗人
复原半身像
(左崇新制作)

图16-3 蚝岗遗址墓葬　　　　　　　　　　　图16-4 蚝岗遗址房址

图16-5 蚝岗遗址出土彩陶　　图16-6 蚝岗遗址出土陶器　　图16-7 蚝岗遗址出土石器

遗址分为三期。第一期器形单一，仅发现圈足盘和罐，以器表刻划、压印浅浮雕图案的白陶圈足盘为主要特征，年代为距今6000～5500年。第二期流行彩陶和夹砂陶，年代为距今5500～5000年。第三期出现火候较高的泥质磨光圈足盘、钵，夹砂陶釜（罐）流行宽折沿，年代为距今4500～4000年。

蚝岗遗址发现了"白陶—彩陶—磨光陶"的叠压关系，为研究珠江三角洲地区史前文化发展序列提供了重要的地层依据和比较基础。出土的人骨，为体质人类学研究提供了材料。2008年，东莞蚝岗遗址被公布为广东省文物保护单位。

资料来源

[1]广东省文物考古研究所：《广东东莞市蚝岗贝丘遗址调查》，《考古》1998年第6期。
[2]广东药学院基础学科部、中山大学解剖学教研室、中山大学人类学系等：《东莞新石器时代"蚝岗人"遗骸的鉴定和保存》，《解剖学研究》2004年第1期。
[3]广东省文物局、东莞市文化广电新闻出版局、东莞蚝岗遗址博物馆：《东莞蚝岗遗址博物馆》，岭南美术出版社，2007年。

17. 深圳大梅沙遗址

工作时间：1992年5～6月、1993年3～4月
工作单位：深圳市博物馆

大梅沙遗址位于深圳市罗湖区大梅沙村海边的沙滩上，距深圳市区约25千米。大梅沙海滩呈东北—西南走向，长达2千米，呈内凹半环形，东南临大鹏湾，其余三面环山，海滩有两级沙堤，遗址处在第二级沙堤离海较远的一侧，西南距海岸线约150米。遗址在1982年文物普查时发现。1992年5～6月，深圳市博物馆对遗址进行了第一次发掘，发掘面积1189平方米，分3个发掘区，其中Ⅲ区未见文化层，仅有零星陶瓷片。1993年3～4月对大梅沙遗址Ⅱ区进行第二次发掘，发掘面积1216平方米。

Ⅰ区：遗存不十分丰富，发现1个红烧土灶和2堆红烧土块。红烧土灶距地表深60厘米，呈正方形圆角马蹄状，灶口向北略偏西，灶体90厘米见方，高20、灶壁宽25～30、灶口宽15厘米。在灶北端40厘米处还有一堆呈半月形的红烧土。长75、宽40厘米。烧土呈棕红色，土质松软易碎。烧土堆与烧土灶同一深度，大致呈椭圆形。东西长1.5、南北宽1米。

陶器火候不高，陶片松软。陶器为手制，口沿慢轮修整。陶片以夹砂陶占绝大多数，羼和料为粗石英砂粒。全属灰陶，有少量陶片表层呈暗红色，个别陶片上有红色陶衣。泥质陶只有2片，属同一个体，灰白色陶胎着红色陶衣。纹饰以绳纹为主，其次为素面、划纹，少量的叶脉纹、水波纹、贝印纹、指甲印纹、附加堆纹等。仅见有圜底器和圈足器，器形有釜罐类器、碗豆类器、器座和支脚等。石器有斧、锛、刀、拍、残器、砺石及石料等。

Ⅱ区：发现长方形竖穴土坑墓10座，墓坑长2.3～4.15、宽0.8～1.71米。方向均为东北—西南向。人骨架无存。有的墓底近中间的一侧有1个直径和深度约20厘米的小洞，洞内无遗物。8座墓共出土随葬品34件，2座无随葬品。M6出土4件青铜器、3件陶器和2件石器，随葬品最多。

遗物有陶器、石器、青铜器三类。青铜器11件，有剑（图17-1）、矛（图17-2）、钺（图17-3）和矛形器，保存状况较好。陶片以泥质陶为主，多灰陶，少量呈暗红色，个别灰白色。夹砂陶较少，夹粗石英砂粒，均为灰陶。泥质陶以夔纹、重菱凸块（点）纹、"回"字凸块（点）纹和方格纹为主，还有少量方格凸块纹、重圈凸点纹、划纹、弦纹、篦点纹、曲折纹、曲尺纹、斜体勾连雷纹以及素面等，多组合纹饰。大部分豆的圈足内和个别罐的口沿上有刻划符号。夹砂陶以素面为主，其次为绳纹，还有少量曲折纹和粗方格纹。器形有瓮、罐（图17-4）、豆、钵、杯（图17-5）和纺轮等。圜底器最多，也有圈足器和圜凹底器。夹砂器火候很低，陶胎较厚，陶质松软易碎，器形有釜罐类器、小罐和器座等。

大梅沙遗址Ⅰ区遗存时代属新石器时代中期，距今约6000年；Ⅱ区遗存的年代约为春秋晚期或战国早期。两区无直接地层叠压关系。

图17-1　大梅沙遗址出土青铜剑　　图17-2　大梅沙遗址出土青铜矛　　图17-3　大梅沙遗址出土青铜钺

图17-4　大梅沙遗址出土陶罐　　　图17-5　大梅沙遗址出土圈足兽把陶杯

　　大梅沙遗址的发掘，首次在广东沙丘遗址中发现了形制较清楚的青铜时代墓葬群。遗址出土的青铜器保存较好，对研究广东青铜时代文化面貌提供了宝贵材料。1983年，大梅沙遗址被公布为深圳市文物保护单位。

资料来源

［1］深圳博物馆：《广东深圳大梅沙遗址发掘简报》，《文物》1993年第11期。

18. 高明古椰遗址

工作时间：2006年9~11月
工作单位：广东省文物考古研究所

古椰遗址位于佛山市高明区荷城街道古椰村鲤鱼岗，东距西江约1千米，其东北部为南蓬山脉，西南部为圣堂山。鲤鱼岗是南蓬山由东北向西南延伸的一处狭长台地，其东北部与南蓬山相连的山体被荷富公路切断。岗岭周边为西江支流高明河（沧江）的冲积平原，有厚度达23米的淤积层，现多为水稻田；岗顶海拔11.97米。遗址于1985年文物普查时发现。为配合广明高速公路的建设，2006年进行了抢救性发掘。遗址现存面积约4万平方米，发掘面积超过1000平方米（图18-1）。

图18-1 古椰遗址发掘航拍照

图18-2 古椰遗址远眺

发掘区域位于遗址北部鲤鱼岗岗顶、缓坡、坡脚和农田（图18-2）。岗顶发现柱洞、灰坑等遗迹单位89个（图18-3）。缓坡区文化堆积已被大量的近现代墓葬破坏殆尽。坡脚区堆积最厚的分8层，发现1处早期活动面和1处唐代路面。水田区为发掘的重点，遗存丰富（图18-4）。

出土大量人工制品和动植物遗存。人工制品有陶、石、木、骨器等。以陶器为主。陶器中多为夹砂陶，以釜为主，泥质陶主要是圈足盘、钵等（图18-5）。石器多磨制双肩石锛（图18-6），其次为砺石，另有网坠、石球、穿孔石器等。骨器多为簪，有少量骨镞、凿和蚌块等（图18-7）。首次发现一定数量有加工和使用痕迹的木质工具（图18-8）。动物遗存有淡水龟、鳖类和硬骨鱼类，其中鲶鱼科和鲈鱼科等少量种属可辨。陆生动物有野猪、鹿、牛、狗和亚洲象等（图18-9）。植物遗存有橡子、橄榄、葫芦、小葫芦、菱、南酸枣、杨梅及块根块茎等类型（图18-10）。

根据^{14}C测年，遗址年代为距今5800~5500年，可分为早晚衔接、连续发展的4段。第一阶段出土陶器以陶釜、带腰沿的陶钵、圈足盘为代表；第二阶段有陶罐、釜、钵、钵形釜、圈足盘等；第三阶段出现盘口器，同时见镂孔圈足盘，但数量很少；第四阶段陶器器形趋于简单化，以夹砂的盘口釜、罐类为主，少见其他器形，出较多的石器。

古椰遗址填补了珠江三角洲地区新石器晚期到早商以前考古学编年体系的空白，代表着该地区一个新的考古学文化类型，对探讨西江、北江、东江考古学文化之间的相互关系和完善本地区古文化谱系有重要意义；其动植物遗存的丰富程度，在岭南史前遗址中亦独占鳌

图18-3　古椰遗址岗顶的柱洞

图18-4　古椰遗址水田内的地层堆积

18.高明古椰遗址　047

图18-5 古椰遗址出土陶器

图18-6 古椰遗址出土双肩石锛

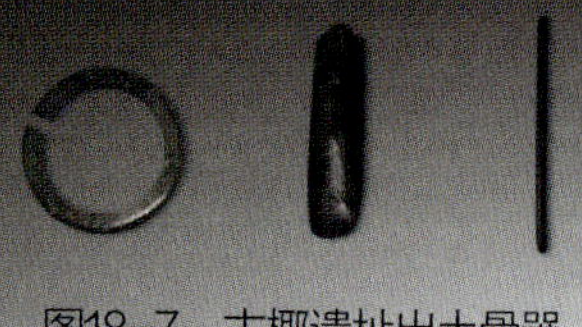

图18-7 古椰遗址出土骨器 　　图18-8 古椰遗址出土有加工痕迹的木器

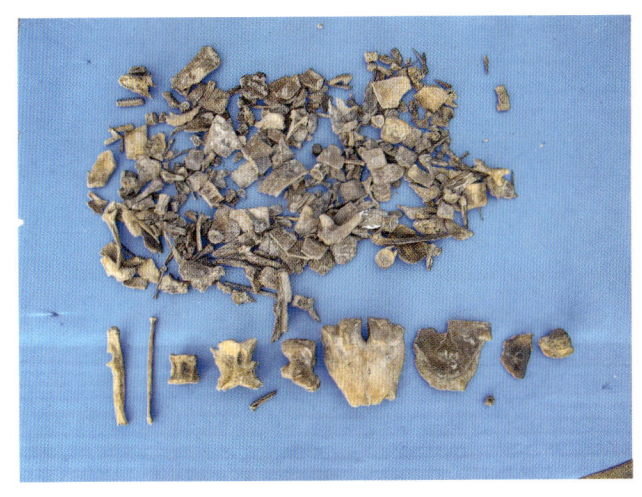
图18-9 古椰遗址出土动物遗存

图18-10 古椰遗址出土植物遗存

头,为揭示珠江三角洲乃至岭南地区食物的来源、结构,经济的多样性和古生态环境,提供了宝贵资料。

古椰遗址被评为2006年度全国十大考古新发现并获国家文物局田野考古二等奖,2013年3月被公布为全国重点文物保护单位。

资料来源

[1] 崔勇:《广东高明古椰贝丘遗址发掘取得重要成果》,《中国文物报》2007年1月12日。
[2] 杨晓燕、李昭、王维维、崔勇:《稻作南传:岭南稻作农业肇始的年代及人类社会的生计模式背景》,《文博学刊》2018年第1期。
[3] 崔勇:《佛山市古椰贝丘遗址》,《中国考古学年鉴·2007》,文物出版社,2008年。

19. 南海西樵山遗址

工作时间：1958年、1959年、1973~1974年、1977年、1974~1978年、1986年、1994年

工作单位：中山大学历史学系、广东省博物馆、南海县文教局、中山大学人类学系、南海县博物馆、广东省文物考古研究所

西樵山遗址位于佛山市南海区西樵镇。西樵山为分布于珠江三角洲平原上的古火山丘，山体由粗面岩、火山碎屑岩和石英砂岩构成。1958年秋，中山大学地理系师生在西樵山进行地质实习时发现该遗址，同年10月，中山大学历史学系梁钊韬等人对遗址进行调查，发现9处石器地点，采集细石器、双肩石器等打制、磨制石器；1958年12月和1959年5月，广东省博物馆和南海县文教局等单位三次进行复查和试掘，新发现5处地点；1973年5月~1974年4月，中山大学历史系黄慰文等人进行复查和试掘，发现7个古人开采霏细岩石料的洞穴；1977年秋，曾骐带领中山大学考古专业学生进行调查和试掘，基本弄清细石器主要分布在西樵山东麓一带；1974~1978年，中山大学、广东省博物馆及南海县博物馆等单位对第2、11、15、16、18等地点进行试掘；1986年，中山大学人类学系和南海博物馆对第4、18两处地点进行发掘；1994年8

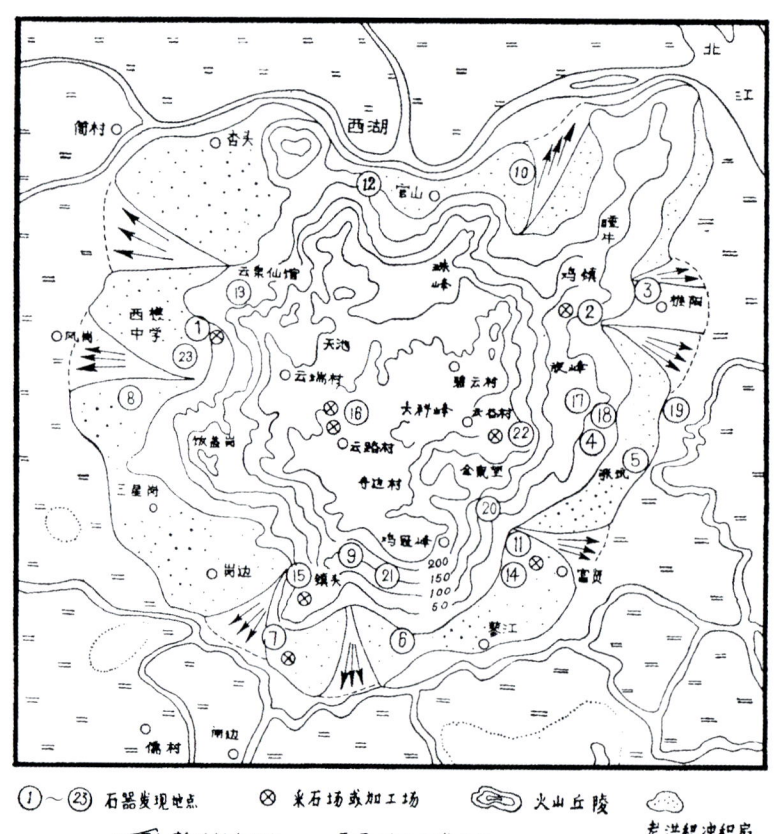

图19-1　西樵山遗址石器地点分布图

月，中山大学人类学系对第7地点（又称佛子庙遗址）进行勘探和复查，同年9~10月，广东省文物考古研究所与南海市博物馆联合对其进行发掘，揭露面积200平方米。

西樵山遗址前后共发现石器地点（遗址）20余处（图19-1），是珠江三角洲一处规模宏大的史前石器制造场，包括采石场和石器加工场两类地点，前者以锦岩地点、虎头岩地点等为代表，发现个体较大的石块、石片，还有较多的制石工具及少量双肩石器等石器产品；后者数量较多，皆发现大量石片、石器毛坯、成形石器、制石工具以及残次品。

西樵山遗址发现的石制品数以万计，其遗存分两类：第一类为细石器遗存，不含陶器（图19-2）；第二类为磨制石器遗存，以双肩石器为代表，共存陶器（图19-3）。第一类遗存主要分布于西樵山东麓，石料以燧石、玛瑙等硅质岩为主，包括细石核（图19-4）、细石叶（图

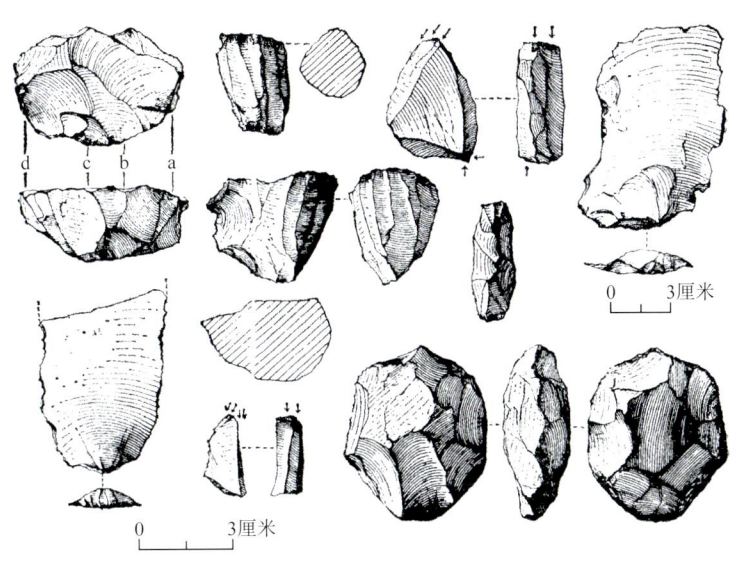

图19-2　西樵山遗址第一类石器遗存

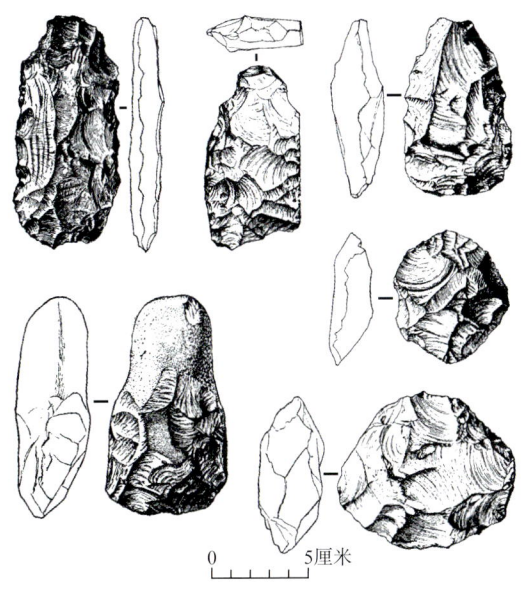

图19-3　西樵山遗址第二类石器遗存

图19-4　西樵山遗址出土细石核

图19-5　西樵山遗址出土细石叶

图19-6　西樵山遗址出土双肩石斧　　图19-7　西樵山遗址出土双肩石锛　　图19-8　西樵山遗址出土双肩石器毛坯

19-5）、石叶石核、石叶、琢背小刀、刮削器、雕刻器、石钻及石镞等，细石核类型丰富，有船底形石核、楔形石核、柱状石核与锥状石核等。第二类遗存多分布于西樵山南、西、北麓或台地，部分分布于较高的山冈以及锦岩、虎头岩等洞穴，石料绝大多数为霏细岩，器形以有肩石器为代表（图19-6～图19-8），包括斧、锛、铲等，有段的磨光石锛、凿、矛等，还有石片石器如刮削器、尖状器、砍砸器、矛形器等，共存的陶片数量相对较少，包括饰绳纹、刻划纹的夹砂陶和几何印纹陶。

对西樵山遗址年代的认识尚存在分歧。一般认为第一类遗存出现的时间早于第二类遗存，但两者具有共存的时间段。其细石器遗存的年代，有学者认为距今8000～7000年，属于新石器时代早期甚至更早；有学者则认为属于新石器时代中期，绝对年代在距今6300年左右。第二类遗存延续时间较长，有学者根据与双肩石器共存的陶器认为其年代下限可能晚至商周时期。

西樵山遗址是目前已知华南地区新石器时代规模最大的石器制造场遗址，为研究石器制造技术、石料开采技术、生业经济及社会生活提供了丰富的材料。西樵山式双肩石器颇具特色。双肩石器的发现遍及珠江三角洲和广东、广西、海南等地，形成了一个以双肩石器为特征的文化分布区，并影响到长江流域、其他东南沿海地区及台湾。此外，东南亚、南太平洋岛屿上也发现过大批双肩石器。西樵山式双肩石器不仅反映了先秦时期百越地区之间的文化交流，对研究我国东南沿海地区与东南亚、南太平洋岛屿之间早期人群的迁徙与交流，也具有重要意义。

资料来源

[1] 中山大学调查组：《广东南海县西樵山石器的初步调查》，《中山大学学报（自然科学版）》1959年第1期。
[2] 广东省博物馆：《广东南海西樵山出土的石器》，《考古学报》1959年第4期。
[3] 黄慰文、李春初、王鸿寿、黄玉昆：《广东南海县西樵山遗址的复查》，《考古》1979年第4期。
[4] 曾骐：《西樵山东麓的细石器》，《考古与文物》1981年第4期。
[5] 广东省博物馆：《广东南海县西樵山遗址》，《考古》1983年第12期。
[6] 杨式挺：《试论西樵山文化》，《考古学报》1985年第1期。
[7] 曾骐、李松生：《1986～1987年西樵山考古的新收获》，《中山大学学报》1988年第3期。
[8] 曾骐：《珠江文明的灯塔——南海西樵山古遗址》，中山大学出版社，1995年。

20. 台山新村遗址

工作时间：2008年7月～2009年5月
工作单位：广东省文物考古研究所

新村遗址属于沙丘遗址，位于江门市台山市赤溪镇以南约10千米的腰古湾第二道临海沙堤上，海拔约7米，距离现代海岸线直线距离约300米。遗址东向腰古湾、其余三面为海拔100～300米的低丘陵环绕，濒海沙堤的南北两侧分别有山溪流过，沙堤北侧有潟湖分布，淡水资源充足。2007年广东省文物考古研究所在进行台山核电站项目考古调查时发现了该遗址，2008年7月～2009年5月进行了发掘，发掘面积8000平方米（图20-1）。

清理墓葬43座、灰坑57个、柱洞102个，以新石器时代晚期的6处活动面最为重要。活动面上下叠压，每层活动面之间被厚15～40厘米的砂层分隔。活动面保存好、面积大，面积均不小于1500平方米（图20-2）。活动面上可见由石砧、石料、石核、石片、砺石、半成品和成品的

图20-1　新村遗址第Ⅰ发掘区航拍照

图20-2　新村遗址第Ⅱ、Ⅲ发掘区航拍照

图20-3　新村遗址活动面发掘场景

图20-4　新村遗址柱洞

石器等构成的石器制作单元、炊煮遗迹和遗物（图20-3～图20-10）。出土各类文物标本数万件，陶器以夹砂绳纹灰或灰褐陶釜、灰陶圜底钵为主，也见泥质灰白或灰黄陶圈足罐、圈足盘等，未见彩陶。经鉴定的植物遗存有棕榈、莲藕、荸荠、慈姑、蕨根等。

新村遗址包含了新石器时代晚期、商时期、汉和明清时期的文化遗存，新石器时代晚期遗存的年代距今5500～4500年。

新村遗址发掘面积达8000平方米，是迄今国内对沙丘遗址进行的最大规模的发掘。发掘中通过创新和改进沙丘遗址发掘方法，使用数字影像校正、矢量化绘图技术、三维激光测量技术、大面积揭露及遗物全编号记录等手段，完整揭露并准确记录了新石器时代晚期的数期堆积，提取了非常丰富的遗存信息，大幅度提高了沙丘遗址的发掘质量和信息采集量。田野工作中注重多学科

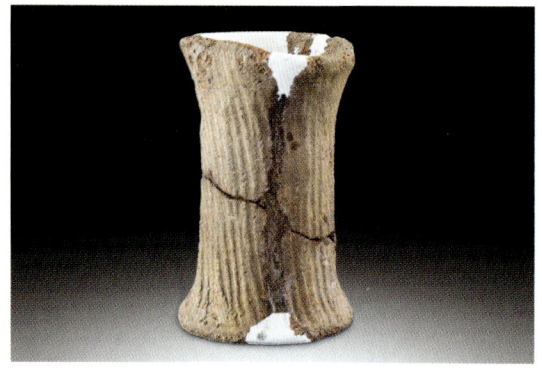
图20-5 新村遗址出土陶器座

图20-6 新村遗址出土陶釜

图20-7 新村遗址出土陶圈足盘

图20-8 新村遗址出土陶圈足罐

图20-9 新村遗址出土石网坠

图20-10 新村遗址出土石啄

合作，通过古地质、古地理、古生物学、年代学、分析化学和科技考古等不同领域研究者的共同参与，在古环境研究、古人类食性分析、陶器产源研究、石器制作技术研究、年代学研究等课题方面取得了突破。新村遗址发掘获2007~2008年度国家文物局田野考古一等奖。

资料来源

［1］魏峻、严文明：《广东台山新村沙丘遗址：方法与创新》，《中国文物报》2009年10月2日。
［2］杨晓燕、李昭、王维维、崔勇：《稻作南传：岭南稻作农业肇始的年代及人类社会的生计模式背景》，《文博学刊》2018年第1期。

21. 珠海宝镜湾遗址

工作时间：1997年、1998年、1998～1999年、2000年
工作单位：珠海市博物馆、南京大学历史系、广东省文物考古研究所

图21-1 宝镜湾遗址远景

宝镜湾遗址位于珠海市高栏岛南径湾南侧风猛鹰山坡，面积约20000平方米（图21-1）。1989年，在宝镜湾发现摩崖岩画4处6幅（图21-2），1998年又发现岩画1幅，并采集到陶片、玉器、石器等遗物。1997～2000年，珠海市博物馆与南京大学历史系、广东省文物考古研究所对宝镜湾遗址先后进行了四次考古发掘，发掘面积512.5平方米（图21-3）。

遗址地层堆积厚度与保存情况不一，保存较好的文化层有3、4层。遗迹有柱洞、红烧土面、灰坑等。柱洞多为成组分布，部分与红烧土面有对应关系，可能存在干栏式或地面式建筑。灰坑形状、大小不一，H21、H25底部埋放完整器物和玉器，可能为祭祀性遗迹。

出土陶器（图21-4）可分5组：第1组，器类有釜、杯、器盖、圈足盆与圈足罐等，数量少，以夹砂陶为主，多为橙红陶，以刻纹为主，兼有划纹与印纹，另有少量彩绘陶；第2组，数量有所增多，多为灰白陶，器类增加豆、圈足盘、套条和支脚，圈足盘出现带彩的白陶盘，仍以刻纹为主，划纹增多；第3组，圈足罐、豆、器盖、釜、陶条数量大增，尤其前三类陶器

图21-2　宝镜湾岩画

图21-3　宝镜湾遗址发掘现场

图21-4　宝镜湾遗址出土陶器

图21-5 宝镜湾遗址石锚出土现场

图21-6 宝镜湾遗址出土玉玦

数量达到高峰，泥质陶增多，印纹大量出现，多见于圈足罐，出现绳纹上加划纹的现象；第4组，器盖、豆数量减少，出现圈足碗和鼎（足），印纹种类明显增加，纹样较为复杂；第5组，器盖数量减少，圈足盘、圈足碗及支脚数量极少，圈足罐数量较多，纹饰以印纹为特色，划纹少见，且线条简单。石制品种类丰富，最多的是坠形石器（网坠、穿孔坠、沉石和石锚）（图21-5），此外还有砺石、饼形器、环芯、锛、斧、磨盘、尖状器、凹石、支脚、镬、纺轮、钺、圭、镞、玦（图21-6）、环等。

根据地层叠压关系、遗迹相互关系以及遗物出土情况，发掘者将遗存分为三期：第一期以陶器的第1组和第2组为代表，分前后两段；第二期以陶器的第3组和第4组为代表，也分前后两段；第三期以陶器的第5组为代表。遗址绝对年代在距今4500～4000年，第一期与第二期处于新石器时代晚期，而第三期则进入青铜时代早期。宝镜湾岩画的年代在距今4000年前后。

宝镜湾遗址保存有明确的多个文化层叠压关系，对研究新石器时代晚期至商时期珠江三角洲地区考古学文化谱系、复原珠江三角洲滨海地区和海岛古代人类生活面貌极具意义，2006年被公布为全国重点文物保护单位。

资料来源

[1] 广东省文物考古研究所、珠海市博物馆：《珠海宝镜湾——海岛型史前文化遗址发掘报告》，科学出版社，2004年。

22. 珠海史前、先秦沙丘遗址

工作时间：1983~1991年
工作单位：广东省博物馆文物队、珠海市博物馆

1983~1986年，珠海市文物普查队对珠海进行了文物普查工作，在凤凰山、黑面将军山和白面将军山的山麓及古海湾岸边的沙丘上，发现金鼎镇白沙、外沙海、香洲区银坑、棱角咀、前山镇南沙湾、水冲、造贝、南屏镇白沙坑、沙煲地等约20处遗址；在淇澳岛东澳湾、亚婆湾、南芒湾、东澳岛南沙湾、三灶岛草堂湾、青湾、洲仔湾、横琴岛赤沙湾、红旗村等发现海岛上的遗址15处。1984~1991年，广东省博物馆文物队和珠海市博物馆组成考古发掘队，对淇澳岛后沙湾、东澳湾、三灶岛草堂湾、前山南沙湾、香洲棱角咀等遗址进行了考古发掘，揭露面积约770平方米。

上述遗址出土陶器以夹砂陶为主，器形有釜、罐、钵、碗、器座、支脚、盘、豆等，采集到石质青铜兵器铸范（图22-1~图22-4）。彩陶呈色赭红，多条带纹和波浪纹，常饰于器物圈足，与镂孔、刻划纹等构成组合纹。夹砂陶常见绳纹，另有条纹、贝齿纹、刻划纹条纹、梯格纹、方格纹等。泥质陶拍印曲折纹、长方格纹、叶脉纹、云雷纹、方格纹、菱格纹、圆圈曲折组合纹等几何形纹饰。石器有磨制和打制，器形以斧、锛、凿、砧、网坠、砺石常见。

珠海沙丘遗址的调查与发掘，初步建立了珠江三角洲地区新石器时代晚期至商周之际的考古学文化谱系。

图22-1 彩陶盘

图22-2 白陶豆

图22-3 铜剑　　　　图22-4 铜斧

资料来源

[1] 珠海市博物馆、广东省文物考古研究所、广东省博物馆等：《珠海考古发现与研究》，广东人民出版社，1991年。
[2] 卜工：《环珠江口新石器时代晚期考古学遗存的编年与谱系》，《文物》1999年第11期。
[3] 卜工：《环珠江口商时期考古研究的几个问题》，《考古》2002年第2期。

23. 英德史佬墩遗址

工作时间：1996年、1998年、1999年
工作单位：中山大学人类学系、广东省文物考古研究所、英德市博物馆、英德市史志办

史佬墩遗址位于清远市英德市沙口镇清溪村北江东岸的一级阶地上（图23-1）。1996年10～11月，中山大学人类学系、广东省文物考古研究所、英德市博物馆、英德市史志办等单位在沙口镇进行考古调查时发现该遗址，并进行试掘；1998年7～8月，为配合中山大学人类学系96级考古专业本科生实习，进行了第二次发掘，发掘面积175平方米；1999年进行补充发掘，扩方2平方米。

遗迹主要有灰坑、墓葬与活动面。灰坑皆为椭圆形或近圆形，坑壁未见加工痕迹，填土内有少量陶片、石料等。3座墓葬均为长方形竖穴土坑墓，其中M1出土制作精致的石环1件，M3出土石锛、石片、毛坯等各类石制品21件。发掘区不同层位下发现多处由石器原料、成品、半成品、废弃石器及废料等组成的活动面遗迹，反映了石器的加工行为。如S31，发现有密集的石制品分布，并有上、下层叠压的情况，中部有（70×70）平方厘米的空地，空地南北的石制品种类有明显差别，其北侧周围有以石核、石片为主的堆积，南侧有大量的成品、半成品集中分布（图23-2）。

图23-1 史佬墩遗址远景

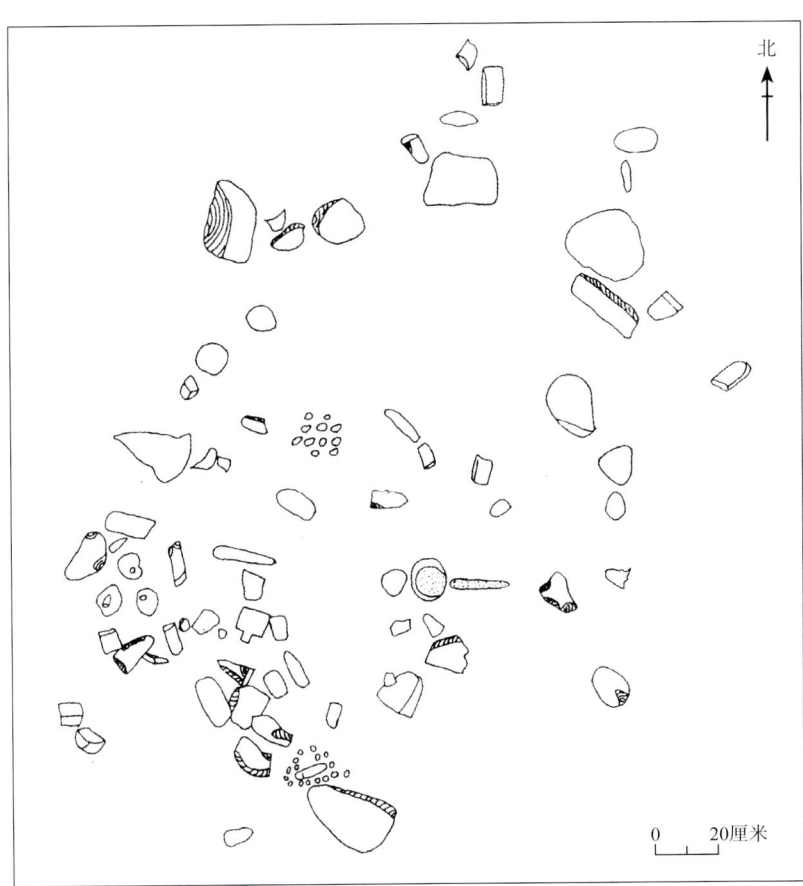

图23-2　史佬墩遗址活动面遗迹S31平面图

图23-3　史佬墩遗址出土砍砸器

图23-4　史佬墩遗址出土石锛

图23-5　史佬墩遗址出土石锛

图23-6　史佬墩遗址出土石环

23.英德史佬墩遗址

出土遗物有石制品与陶器两类。石制品分打制和磨制，另有石锤、石砧及砺石等加工工具。其中打制石制品近三成，多取材于砂岩砾石，有石核、石片与石器，以单向硬锤加工为主，石器组合有砍砸器（图23-3）、刮削器、尖状器、雕刻器、石矛与穿孔石器等。磨制石器占四成多，多泥质灰岩，次为砂岩；有锛（图23-4、图23-5）、斧、凿、刀、穿孔石器及石环（图23-6）等，以锛为最大宗；另有较多石器毛坯。陶器均为夹砂陶，多饰绳纹，少量曲折纹、弦纹和圆窝纹，器形有釜、罐、盆、钵等，另有算珠形纺轮2件。

发掘者将史佬墩遗址分为早晚两期，第一期年代距今6000~5000年，属于新石器时代中期，第二期则进入青铜时代。

史佬墩遗址是北江流域一处大型的史前石器制造场遗址，比较全面地反映出石器操作的完整链条，为研究新石器时代岭南地区石器工业及社会生活等提供了重要资料，2002年7月被公布为广东省文物保护单位。

资料来源

[1] 英德市博物馆、中山大学人类学系、广东省文物考古研究所：《英德史前考古报告》，广东人民出版社，1999年。

24. 曲江石峡遗址

工作时间：1973年、1975年、1977~1978年、1985年
工作单位：广东省博物馆、韶关市文化局、曲江县文化局等

石峡遗址位于韶关市曲江区马坝镇西南，坐落于狮头岩与狮尾岩两座石灰岩孤峰之间的峡地，面积约30000平方米，其北1.5千米处为马坝河（图24-1）。石峡遗址发现于1972年；1973年1月，广东省博物馆对遗址进行调查和试掘；1973年11~12月，广东省文化局委托广东省博物馆在石峡遗址举办全省文物考古人员培训班，对遗址进行考古发掘，揭露面积176平方米；1975年7月至年底，第二期全省文物考古培训班在石峡遗址举办，发掘面积1200平方米；1977年12月~1978年1月，广东省博物馆等单位对遗址再次进行发掘；1985年，为配合狮头岩到狮尾岩的道路整治工程，广东省博物馆文物工作队在遗址东部发掘300多平方米。10余年，共计发掘面积近4000平方米（图24-2）。

表土覆盖的铁锰淋滤层以下，为新石器时代至春秋时期的地层堆积和人类活动遗迹，分为四期。

图24-1 石峡遗址远景

图24-2　石峡遗址考古发掘现场

第一期，遗迹、遗物较少，陶器流行圜底器和圈足器。夹砂陶器表从领部到底部均饰绳纹，口沿和肩部绳纹上加刻划纹组成的图案；泥质陶以素面磨光为主，肩部饰刻划纹、刺点纹和圈点纹。白陶镂孔圈足盘最具特色。

第二期，石峡文化，为遗址主体文化遗存。遗迹有房址、柱洞、灰坑、灶、红烧土硬面与墓葬等（图24-3）。房址平面为长方形或方形，基槽内有柱洞，基槽内外散落较多木骨泥墙残块（图24-4）。墓葬流行二次葬和用火烧烤墓坑的习俗（图24-5）。除随葬成组陶器外，还常见玉琮（图24-6）、玉钺（图24-7）、玉环（图24-8）、石镞（图24-9）等加工精细的大型玉、石礼器、装饰品与兵器，部分还有稻米、果核等。陶器流行圜底、圈足、三足和子口带盖器，常见器类有釜、鼎（图24-10）、三足盘（图24-11）、圈足盘（图24-12）、豆、壶与罐等；以素面为主，泥质陶盘和罐类上多施细泥陶衣，磨光，纹饰中绳纹、镂孔、附加堆纹较多，几何印纹主要见于矮圈足罐。

第三期，遗迹、遗物亦很丰富，分为四个时段。早段，陶器流行直领或领稍高、广肩或不明显折肩、圈足、矮圈足及圜底器，器表多数饰几何印纹。中段Ⅰ组，流行一次葬，不见烧烤墓坑现象，陶器出现凹底器和捏流宽把壶。中段Ⅱ组，陶器多见敞口、折沿、高领、高圈足、折肩与凹底器，新出现高领大折肩尊和绳纹陶器座。晚段，流行长方形浅穴土坑墓和石块堆砌墓，新出现双耳平底罐和边缘透雕凸饰的玉玦。

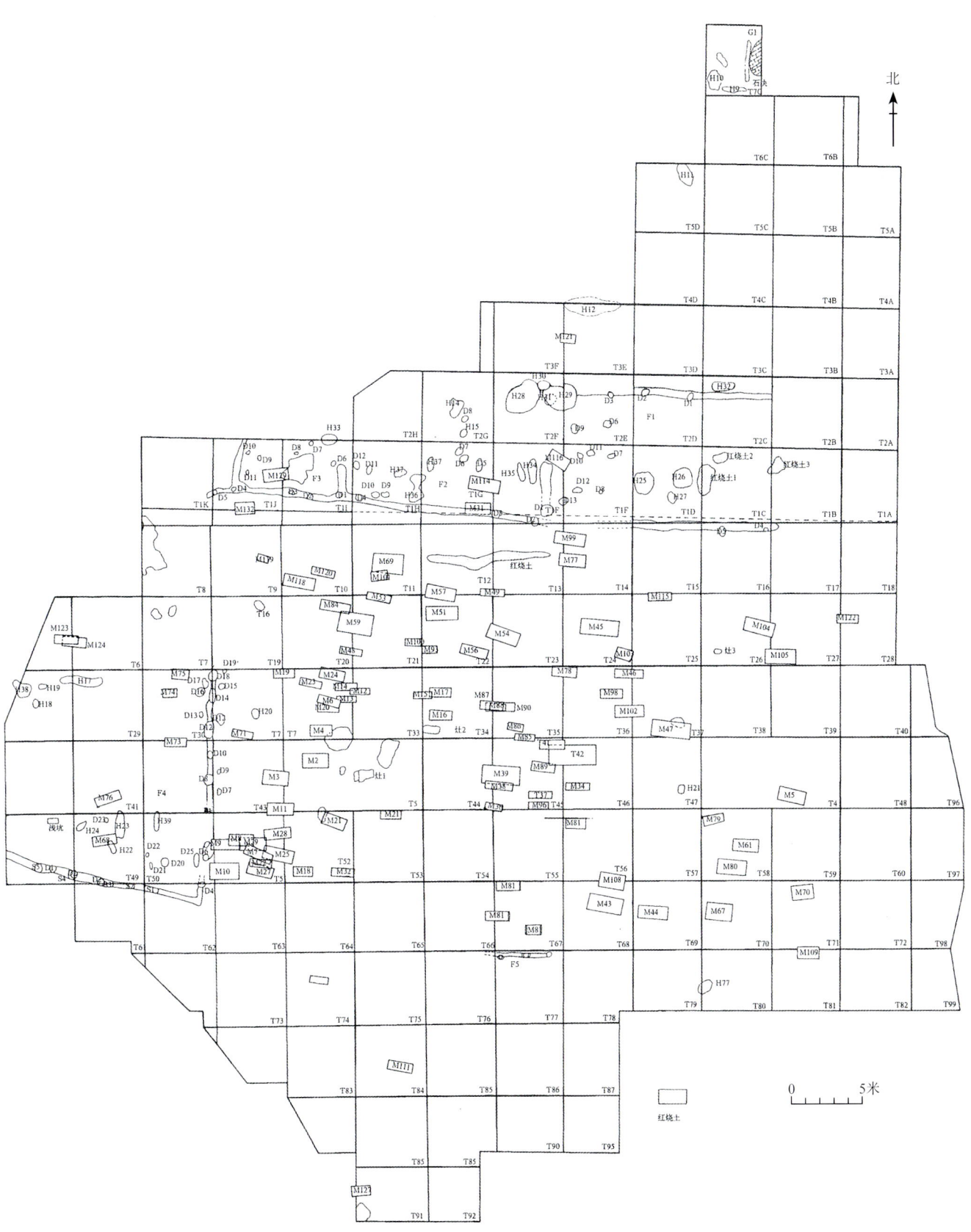

图24-3 石峡遗址一期、二期文化遗迹和墓葬总平面图

第四期，遗存相对较少，陶器以泥质硬陶为主，器表饰夔纹、云雷纹、粗方格纹、菱格纹、篦点纹等组合的几何印纹，出现原始瓷器，还有少量斧、钺、矛、镞、刮刀等小型青铜器。

第一期遗存年代属新石器时代晚期前段；第二期石峡文化的年代属新石器时代晚期后段；第三期遗存早段年代相当于中原夏代或夏商之际，三期中段相当于中原商代中期，三期晚段相当于中原商代晚期至西周初；第四期遗存的年代为西周晚期至春秋早期。

石峡遗址是新石器时代晚期至夏商时期岭南规模最大、等级最高、遗存最为丰富的中心聚落遗址，为研究岭南先秦考古学文化谱系与早期文明进程提供了弥足珍贵的材料；对研究先秦岭南地区聚落形态、生业经济、丧葬习俗以及岭南地区与岭北长江中下游地区尤其是环太湖平原文化交流与互动，具有非常重要的意义。诚如苏秉琦先生所言，石峡遗址"为我们进一步探索岭南地区从原始社会到秦汉以前的社会文化的发展找到了一把重要的钥匙"。2001年，石峡遗址被收入《二十世纪中国百项考古大发现》一书中，同年，被公布为第五批全国重点文物保护单位。

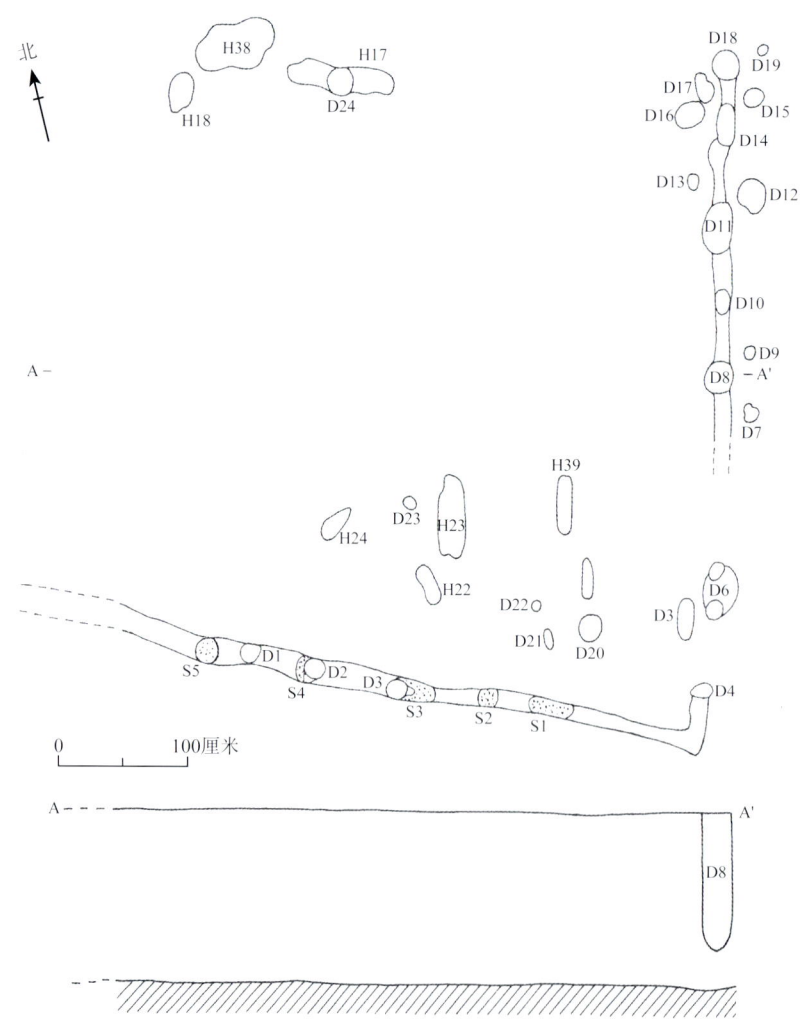

图24-4 石峡文化二期房址F4平、剖面图

图24-5 石峡文化墓葬M104平、剖面图

二次葬器物: 3. B型Ⅲ式玉钺　4、53. C型Ⅰ式、B型Ⅱ式玉钺　14、42. Ⅲ式、Ⅳ式石铲　9、18、19、40. B型、A型Ⅰ式、C型、A型Ⅱ式梯形石锛　27. B型Ⅲ式石锛　15、21. A型Ⅲ式长身石锛　17. B型Ⅲ式长身石锛　10、22. C型Ⅰ式石凿　52. A型Ⅳ式石凿　20、51. A型Ⅲ式有段石锛　26. A型Ⅱ式有段石锛　49、50. B型Ⅱ式有段石锛　7、23、24、70、71. A型Ⅲ式石镞　28、66、69、77、78、81. A型Ⅰ式石镞　45、68、72、80. A型Ⅱ式石镞　16. B型Ⅲ式石镞　25、32、41、44、46、47、67、73～76、79. D型Ⅱ式石镞　8. E型Ⅱ式石镞　48. F型三棱石镞　12、13. A型Ⅱ式釜　29、35. Ab型Ⅱ式豆　30、31. Ab型Ⅴ式、Ab型Ⅳ式圈足盘　34、37. B型Ⅳ式夹砂盖豆　43. B型Ⅲ式夹砂盖豆　36、39. Ac型、Ba型Ⅱ式盆形鼎　38. B型Ⅱ式釜形鼎　1. C型Ⅰ式玉环　2. 玉琮　5. 玉笄(锥形器)　6. 玉珠　11. 玉玦

一次葬器物: 33. Ab型Ⅱ式豆　54、55. Ab型Ⅲ式圈足盘　56. 豆(残)　57. A型Ⅳ式壶(残)　58、59. C型Ⅱ式夹砂盖豆　171. C型Ⅱ式夹砂盖豆　60、61. Ab型Ⅰ式、Ba型Ⅱ式盆形鼎(残)　62. 鼎足　63. 石片　64. 石棒(河卵石)　65. 石饼(河卵石)　172. D型盘形鼎(残)　83、89～91、94、97、98、101、103、105、106、109、112、113、116、124、125、127～133、135、138、139、142. A型Ⅱ式石镞　82、84～88、92、93、95、96、99、100、102、104、107、108、110、114、115、117～119、120～123、126、134、137、140、141、143. D型Ⅱ式石镞　144～170. 石镞(残)　173. F型三棱石镞

图24-6　石峡文化玉琮

图24-7　石峡文化玉钺

图24-8　石峡文化玉龙首环

图24-9　石峡文化石镞

图24-10　石峡文化陶鼎

图24-11　石峡文化陶三足盘

图24-12　石峡文化陶圈足盘

资料来源

[1] 广东省文物考古研究所、广东省博物馆、广东省韶关市曲江区博物馆：《石峡遗址——1973~1978年考古发掘报告》，文物出版社，2014年。

25. 和平上正村古遗址群

工作时间：2012～2019年
工作单位：广东省文物考古研究所、中山大学人类学系、和平县博物馆

上正村古遗址群位于河源市和平县大坝镇上正村境内，分布于和平河及其支流两岸台地。2012～2019年，广东省文物考古研究所联合中山大学人类学系、和平县博物馆在上正村境内开展了系统的区域调查与发掘，发现大量先秦时期遗址。其中，谢屋背遗址、枫树墩遗址与老院遗址作为中山大学考古学专业学生的实习基地，进行了持续多年的主动性发掘，出土陶器、原始瓷器、石器、玉器及青铜器等珍贵文物1000余件，清理墓葬、灰坑、灰沟、房址与柱洞在内的大量遗迹；遗址不同时期的墓葬形制与随葬品组合，反映出不同的丧葬习俗与礼仪制度（图25-1）。

老院遗址位于上正村恩前村民小组，南距大坝镇约3.2千米，南距和平县城约9千米（图25-2）。2017年、2019年分别进行了发掘，发掘面积为550、300平方米。清理灰坑100余个、柱洞800多个、墓葬10座、窑1座（图25-3）、灰沟8条和烧土块堆积30处（图25-4）。出土遗物主要是陶片和石器。陶片以软陶为主，硬陶较少，可辨器形有豆、器座、罐、鼎足以及纺轮

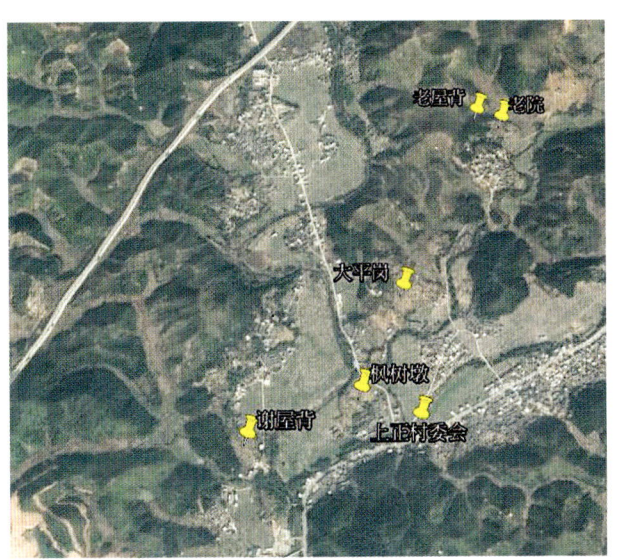

图25-1　谢屋背、枫树墩、老院遗址位置图

等遗物（图25-5～图25-11），硬陶表面均有几何形印纹，软陶器表风化严重，只有部分可观察到纹饰；纹饰主要有曲折纹、叶脉纹、条纹、菱格纹、重圈纹、附加堆纹、长方格纹、席纹、编织纹等。石器有镞、锛、刀、钺等。烧土块堆积属于有意识对地面进行硬化和防潮处理的遗存，在岭南史前聚落中罕见。遗址发现的长方形窑无窑室、火膛的区分，可能是一次性使用。遗址年代为新石器时代晚期。

枫树墩遗址位于和平河支流鹅塘河东岸，其西坡较陡，相对高度约15米（图25-12）。1991年和平县博物馆调查时首次发现该遗址，2009年第三次全国文物普查时对其进行复查，2014年、2016年进行了两次主动性考古发掘。2014年的发掘区在东部缓坡上，海拔183米。布

图25-2　老院遗址发掘场景

图25-3　老院遗址窑址全景

图25-4 老院遗址烧土块堆积ST9全景

图25-5 老院遗址出土新石器时代晚期陶罐

图25-6 老院遗址出土新石器时代晚期陶罐

图25-7 老院遗址出土新石器时代晚期陶圈足盘

图25-8 老院遗址出土新石器时代晚期陶罐

图25-9 老院遗址出土新石器时代晚期陶豆

图25-10 老院遗址出土新石器时代晚期陶豆

图25-11 老院遗址出土新石器时代晚期陶圈足盆

方面积500平方米，实际发掘面积321平方米。2016年度的发掘区紧靠2014年度发掘区的南部，布方面积约603平方米，实际发掘面积约405平方米。

2014年发现新石器时代晚期至早商时期灰坑40个、柱洞29个、灰沟2条，战国时期灰坑1个、柱洞1个、墓葬6座，战国末期至西汉早期的墓葬1座以及宋元、晚清民国时期的遗迹和遗物（图25-13～图25-21）。

2016年发现新石器时代晚期至商代遗存，战国墓葬8座，宋元时期的灰坑1个、灰沟7条和柱洞38个。新石器时代晚期至早商时期的陶片以硬陶为主，软陶较少。硬陶中泥质灰陶较多，软陶有泥质黄褐、红褐、灰黑陶；纹饰有菱格凸点纹、叶脉纹、间断条纹、交错条纹、涡纹、曲折纹、条纹、斜方格纹及复合纹饰等，软陶多素面。器形有罐、豆、器底、支座、纺轮等。战国时期墓葬的墓向一致，成组分布，墓地可能经过统一规划。墓葬皆长方形竖穴土坑墓，多带有腰坑，随葬品常置于腰坑，墓底铺灰白色膏泥。M7墓底发现两道横枕木沟即成条的黑彩红地漆皮，应为枕木和棺椁痕迹。随葬品以成组的原始瓷器为主，此外还有玉刀、陶罐、陶钵、陶瓿、陶提筒等。方形圆角大腰坑与随葬较多的原始瓷盅，是枫树墩遗址该时期遗存的特色。战国末至西汉早期的墓葬为带墓道的长方形竖穴土坑墓，墓底铺碎石和膏泥。

谢屋背遗址位于正村西侧，2013年9～11月进行了主动发掘，发掘面积479平方米。清理墓葬4座、柱洞71个、灰坑28个、灰沟4条。遗址包含新石器时代晚期、东周、宋元以及晚清民国时期的遗存（图25-22～图25-26），为研究粤东北地区新石器时代晚期考古学文化面貌提供了重要资料。其中3座墓葬出土的细绳纹夹砂红褐陶圜底罐，特征与石峡遗址一期遗存相似。

图25-12 枫树墩遗址远眺

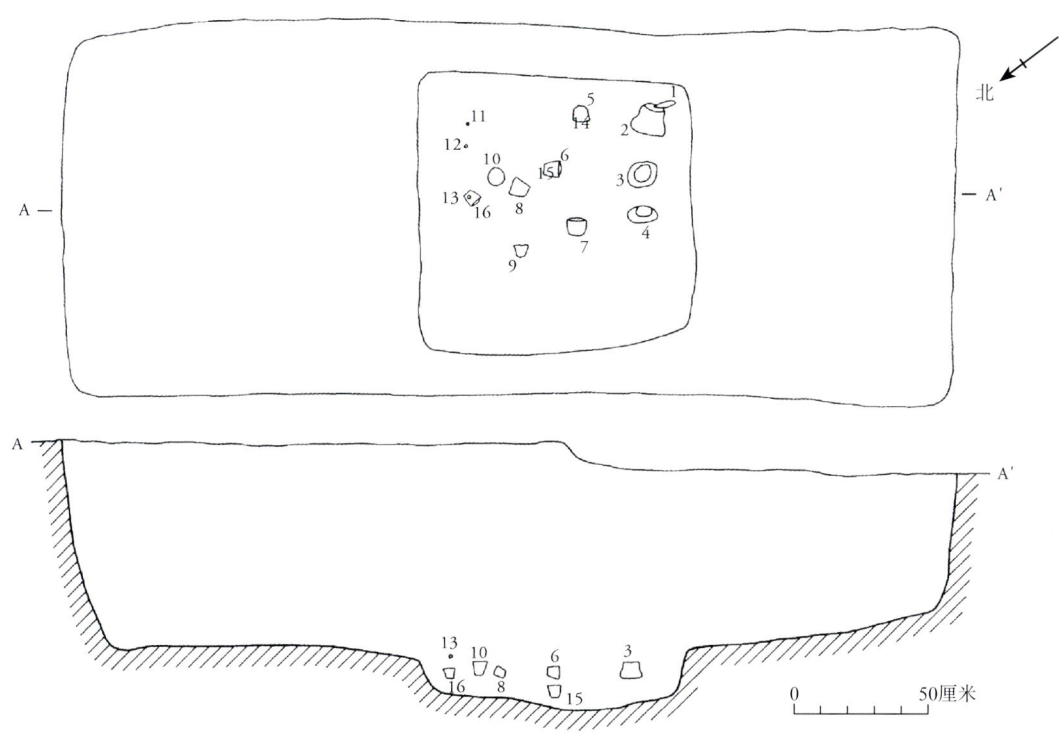

图25-13 枫树墩遗址M10平、剖面图
1.铜篾刀 2～4.陶罐 5～10、15、16.原始瓷盅 11～13.青铜镞 14.石器

上正村遗址群主要时代从新石器时代晚期延续至战国时期，完善了粤东北地区先秦文化序列。遗址包含岭南本土、长江中下游和福建地区等不同的文化因素，为研究岭南考古学文化谱系、先秦时期聚落形态、不同区域的文化交流、岭南地区早期社会复杂化与中国化进程等，提供了极为重要的资料。

图25-14 枫树墩遗址出土战国原始青瓷杯

图25-15 枫树墩遗址出土战国陶罐

图25-16 枫树墩遗址出土战国陶罐

图25-17 枫树墩遗址出土战国陶罐

图25-18 枫树墩遗址出土战国陶提桶

图25-19 枫树墩遗址出土战国陶罐

图25-20 枫树墩遗址出土战国陶瓿

图25-21 枫树墩遗址出土战国玉刀

图25-22　谢屋背遗址出土新石器时代晚期陶器盖

图25-23　谢屋背遗址出土新石器时代晚期陶罐

图25-24　谢屋背遗址出土新石器时代晚期陶罐

图25-25　谢屋背遗址出土新石器时代晚期陶豆

图25-26　谢屋背遗址出土新石器时代晚期陶圈足盘

资料来源

[1] 周繁文：《和平县枫树墩新石器时代至东周遗址》，《中国考古学年鉴·2014》，中国社会科学出版社，2015年。

[2] 广东省文物考古研究所、中山大学人类学系、和平县博物馆：《广东和平枫树墩遗址2016年度发掘简报》，《文博学刊》2018年第4期。

[3] 广东省文物考古研究所、中山大学人类学系、和平县博物馆：《广东和平谢屋背遗址发掘简报》，《文博学刊》2018年第4期。

26. 连平黄潭寺遗址

工作时间：1987年
工作单位：广东省博物馆、连平县博物馆

黄潭寺遗址位于河源市连平县谢屋村北的山前坡地，距离县城约1.5千米，面积约12000平方米（图26-1）。1983年连平县文物普查队发现该遗址。1987年夏，为配合国道105公路建设，广东省博物馆、连平县博物馆对遗址进行了发掘，参加发掘的还有惠阳地区学习班学员30余人。

发掘区分为Ⅰ、Ⅱ两区，发掘面积850平方米（图26-2）。地层堆积可分为3层。以ⅡT1为例，第1层为现代农耕土，厚0.2～0.35米。第2层为黑灰色砂土，厚0.05～0.25米。第3层为灰色土，厚0.2～0.5米。第3层以下为生土（图26-3）。

主要遗迹有灰坑、灰沟和柱洞。灰坑平面呈（椭）圆形或方形，（椭）圆形灰坑口大底小，个别底部分成两级平台。灰沟东北—西南向，宽1.5～1.9、深0.6米。

遗物皆为陶器和石器（图26-4）。陶器以夹砂陶为主，泥质和磨光陶较少；纹饰包括绳纹、方格纹、曲折纹等；器形有鼎、盘、豆、钵、釜、罐等。石器包括镞、锛、戈、凿和环等。

图26-1 黄潭寺遗址位置示意图

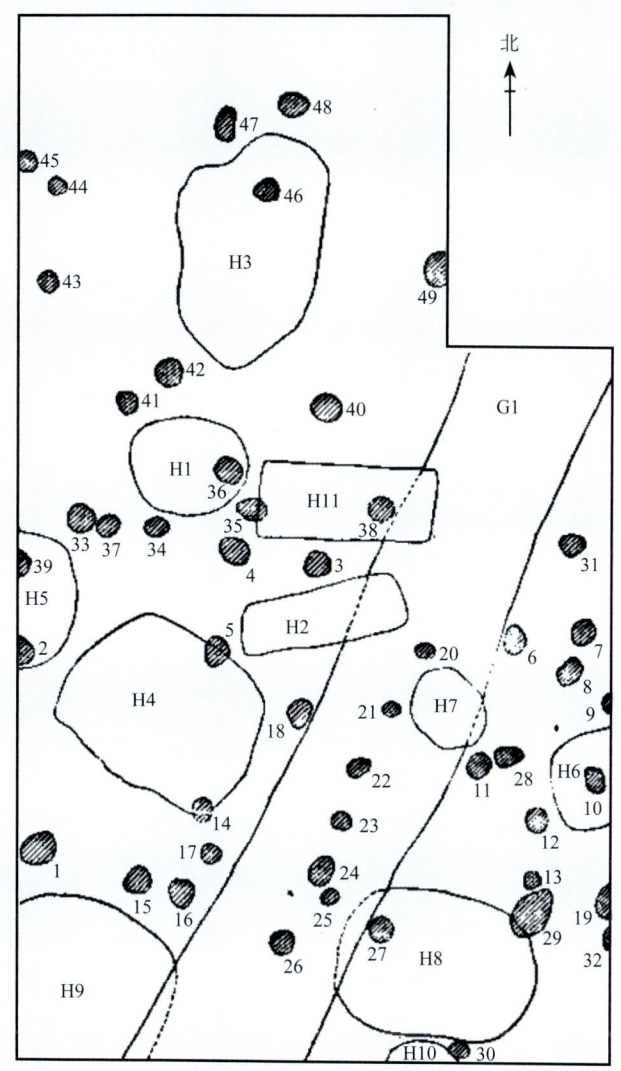

图26-2 黄潭寺遗址Ⅱ区平面图

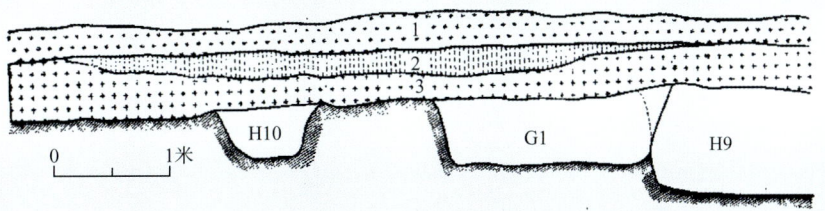

图26-3 黄潭寺遗址ⅡT1南壁剖面图

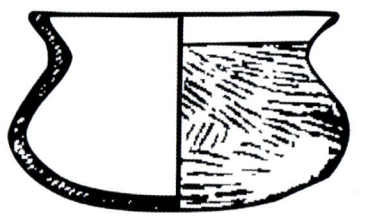 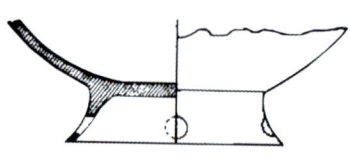

图26-4　黄潭寺遗址出土陶器

遗址年代为新石器时代晚期，可分为早晚两期。早期夹砂陶比例高，常见几何印纹，器形以三足器和圈足器为主，典型器物有鼎、豆、盘、罐和钵，制法以轮制为主，鼎足和个别器物为手制。晚期夹砂陶比例明显下降，泥质陶居多，器形以圈足器、凹底器和圜底器为主，典型器物有罐、豆、釜和器座。遗址早、晚两期变化较大，似存在一定缺环。早期遗存的文化特征与石峡文化遗址出土器物相似，晚期则与普宁虎头埔文化具有共性。

资料来源

［1］广东省博物馆、连平县博物馆：《广东连平县黄潭寺遗址发掘简报》，《考古》1992年第2期。

27. 封开乌骚岭墓葬群

工作时间：1990年3~4月
工作单位：广东省文物考古研究所、封开县博物馆

乌骚岭墓葬群位于肇庆市封开县杏花镇东南约3千米的乌骚岭山脊。乌骚岭呈东北—西南走向，海拔200、相对高度约100米。1990年3~4月，广东省文物考古研究所会同封开县博物馆对乌骚岭墓群进行了发掘（图27-1）。

墓葬分布于山脊中部不足150平方米的范围内，共清理长方形竖穴土坑墓111座，皆二次葬，墓坑小而浅，一般长50~70、宽35~50、深10~35厘米。墓区东北部的M100和M109略大。墓向为44°~70°（图27-2、图27-3）。

墓葬排列有序，西南部和中部分布较为密集，东北部较为稀疏。发现2组共5墓之间存在打破关系，即M14和M56打破M15，M86打破M59。

墓葬填土为夹有较多竹木炭灰的黑灰色砂土。随葬品均从一次葬墓中迁来，没有完整和可复原的陶器。夹砂釜形鼎、盆形鼎和小型石器是随葬的主要器物。另有少量泥质圈足盘和纺轮。石器有锛、斧、铲、镢、凿、刀和镞，其中锛的数量最多。装饰品有环、耳坠。

墓葬年代大致为距今4600~3900年。乌骚岭墓群是一处具有独特文化面貌、有别于周邻地区的新石器时代晚期遗址。

图27-1 乌骚岭墓地全景

图27-2 乌骚岭墓葬分布图

图27-3 乌骚岭墓地M109发掘情况

资料来源

［1］吴海贵：《封开县乌骚岭新石器时代墓群》，《中国考古学年鉴·1991》，文物出版社，1992年。

［2］广东省文物考古研究所、封开县博物馆：《封开县乌骚岭新石器时代墓葬群发掘简报》，《文物》1991年第11期。

［3］杨式挺、邓增魁：《广东封开县杏花河两岸古遗址调查与试掘》，《考古学集刊（第六集）》，中国社会科学出版社，1989年。

28. 黄埔茶岭遗址

工作时间：2017年8月～2018年1月
工作单位：广州市文物考古研究院

茶岭遗址位于广州市黄埔区九龙镇汤村盘铭里西部。茶岭山势低缓，海拔52.6米，规划中的狮龙大道穿过茶岭西坡和岗顶。2017年8月～2018年1月，广州市文物考古研究院对茶岭遗址进行了抢救性发掘，发掘面积3113平方米（图28-1、图28-2）。

清理新石器时代晚期墓葬174座、灰坑111个、窖穴19个、柱洞302个，出土陶、石、玉等不同质地的文物500多件。墓葬均为窄长方形竖穴土坑墓，大小、深浅不一，未见人骨和葬具，绝大多数都是东西向排列，少量为南北向。随葬器物组合多为鼎、豆、石锛，少数为鼎、豆、罐、石锛组合（图28-3～图28-8）。有碎物葬的习俗，或把完整陶器打碎后铺在墓底，或

图28-1 茶岭遗址发掘现场全景航拍

图28-2　茶岭遗址考古发掘现场

图28-3　茶岭M22墓底随葬陶器和石器

图28-4　茶岭遗址M22随葬石铲

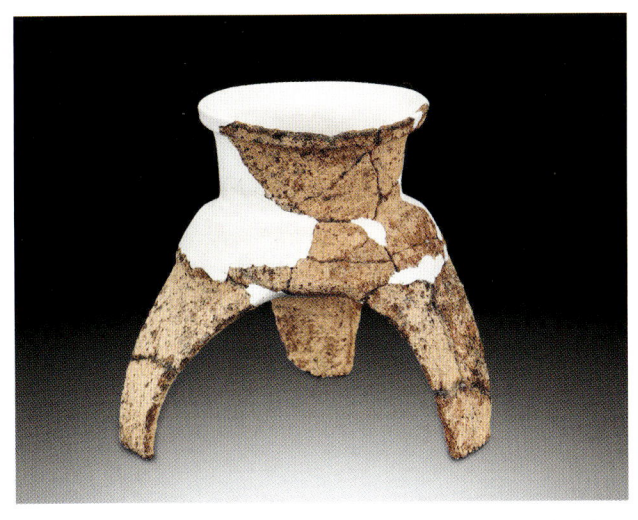

图28-5 茶岭遗址M11随葬夹砂陶鼎

图28-6 茶岭遗址M64随葬夹砂陶鼎

图28-7 茶岭遗址M133随葬泥质彩绘圈足罐

图28-8 茶岭遗址M161随葬泥质矮圈足罐

把残碎陶片埋于墓底或填土中。陶器以夹砂黑灰陶略多，泥质灰陶次之，另有少量夹砂褐灰陶和泥质红黄陶；纹饰有篮纹、绳纹、曲折纹、叶脉纹、附加堆纹等。玉器有钺、环、串饰，石器有锛、铲、环、镞、纺轮、砺石等。

茶岭遗址年代距今4500～4200年，与石峡文化联系密切，也具有明显的区域特点，是目前广州地区发现的文化堆积最为丰富、遗迹现象最为复杂、出土遗物最多的新石器时代晚期遗址。

29. 从化横岭遗址

工作时间：2013年7~12月
工作单位：广州市文物考古研究所、从化市文化广电新闻出版局

横岭遗址位于广州市从化北部的温泉镇新园村。新石器时代晚期至早商的文化遗存分布范围东西长近500、南北宽约150米，遍布于横岭东段岗顶、中段山脊和南麓。2013年7~12月，广州市文物考古研究所对其进行了发掘，发掘面积超过5000平方米（图29-1、图29-2）。

遗址的文化层堆积较为简单，多为北高南低斜坡状堆积，基本分为5层：第1层为表土层。第2层为明清文化层。第3层为早商阶段文化层，质地较硬，包含小石子或粗砂。陶片纹饰以绳纹为大宗，曲折纹次之，叶脉纹和圆窝纹较少，多数陶片上可见附加堆纹。第4层为新石器晚期文化层，以碎石子和小石块为主。陶片纹饰以曲折纹为主，绳纹和条纹次之，圆窝纹较少，多数陶片上有附加堆纹。第5层为新石器晚期文化层。灰红土有黏性，分布在横岭山腰以下部分地区，包含物不多，常见曲折纹和条纹。

清理灰坑、灰层遗迹多处，墓葬50座，出土陶、石器数百件（图29-3~图29-10）。墓葬均为狭长方形竖穴土坑墓，大致顺山势呈东西向分布。其中中区南坡的2座墓葬埋藏很浅，墓坑不明显；东区山顶上较为集中地分布48座墓葬，均开挖在风化的岩石中，坑壁明显，东西向

图29-1 横岭遗址东区墓地全景

图29-2　横岭遗址东区发掘现场

图29-3　横岭遗址M47

图29-4　横岭遗址M24

29.从化横岭遗址　087

图29-5 横岭遗址M24随葬石锛与石凿

图29-6 横岭遗址地层出土有肩有段石锛

图29-7 横岭遗址M24出土陶圆底釜

图29-8 横岭遗址M24出土陶直领带鋬圈足罐

图29-9 横岭遗址M29出土陶直领鼓腹圈足罐

图29-10 横岭遗址M3出土陶圈足豆

成排分布，排列有序，随葬陶罐、釜、鼎、豆、盘及石锛、斧、凿、环等生活生产类的器物。北部墓葬规模较大，墓坑较深，基本随葬完整陶器；南部墓葬墓坑小、浅，随葬完整或残碎陶器，可能为二次葬。

遗址年代为距今4000年前后。横岭遗址墓葬排列有序，是广东首次完整揭露的新石器时代晚期至早商时期墓地，为研究本地区史前文化提供了珍贵材料。

资料来源

[1] 张强禄：《广东从化横岭新石器时代墓地》，《大众考古》2014年第6期。

30. 普宁虎头埔遗址

工作时间：1982年、2003年
工作单位：广东省博物馆、汕头地区文管站、普宁县博物馆（第一次），北京大学、广东省文物考古研究所、揭阳市博物馆等（第二次）

　　虎头埔遗址位于揭阳市普宁市广太镇绵远村虎头埔南坡，东北距普宁市约37千米。遗址位于相对高度约20米的矮丘上（图30-1），面积约10000平方米。遗址发现于1982年。同年10月，广东省博物馆会同汕头、普宁文博单位进行了试掘。2003年9~11月，北京大学、广东省文物考古研究所、揭阳市博物馆等进行了考古发掘。

　　遗迹以陶窑为主，还有房屋和烧坑。陶窑包括圆形窨穴型和"Ω"形横穴型两种，横穴型窑占绝大多数。圆形窨穴型窑由窑室、窑门和烟道构成。"Ω"形横穴型由窑室、土台、火道、火膛、火门和窑前活动面组成，窑室为竖穴状，底部近圆形，馒头形土台位于窑室中央，上部被修成平面状。土台周围有环形火道，火道前低后高、中部下凹。火膛呈弧形缓坡状。火门位于火膛的前端（图30-2）。房屋发现1座，呈刀把形，残存墙基槽和墙内柱洞（图30-3）。烧坑多为长方形竖穴土坑，四壁经修整和烧烤。

　　遗物以陶器为主，皆泥质陶，胎色浅灰或灰白色，拍印或压印几何形纹。器形单一、多侈口矮圈足罐，另有圜底罐、器盖的陶坠等（图30-4、图30-5）。

　　虎头埔遗址年代为新石器时代晚期，是广东已知同时期的最大规模制陶遗址。发掘者将遗物分为两组：一组以浅灰色泥质硬陶为主，纹饰流行长方格纹、条纹和曲折纹，罐类肩、腹常

图30-1　虎头埔遗址远景

图30-2　虎头埔遗址窑址

图30-3　虎头埔遗址房址

装饰泥条附加堆纹。二组灰白色软陶比例下降，浅灰色硬陶比例增长，长方格纹比例增长明显，多数陶罐的肩部不再装饰或仅在下腹部饰一周附加堆纹。

　　与虎头埔遗址内涵相似的遗存分布区域较广，是粤东地区具有特色的一种考古学文化，被称为"虎头埔文化"。虎头埔文化的中心在榕江中下游地区和梅江流域，其边缘可能至东江中下游地区。珠江三角洲和北江流域发现的相关因素，应是文化交流和影响的结果。2010年，虎头埔遗址被公布为广东省文物保护单位。

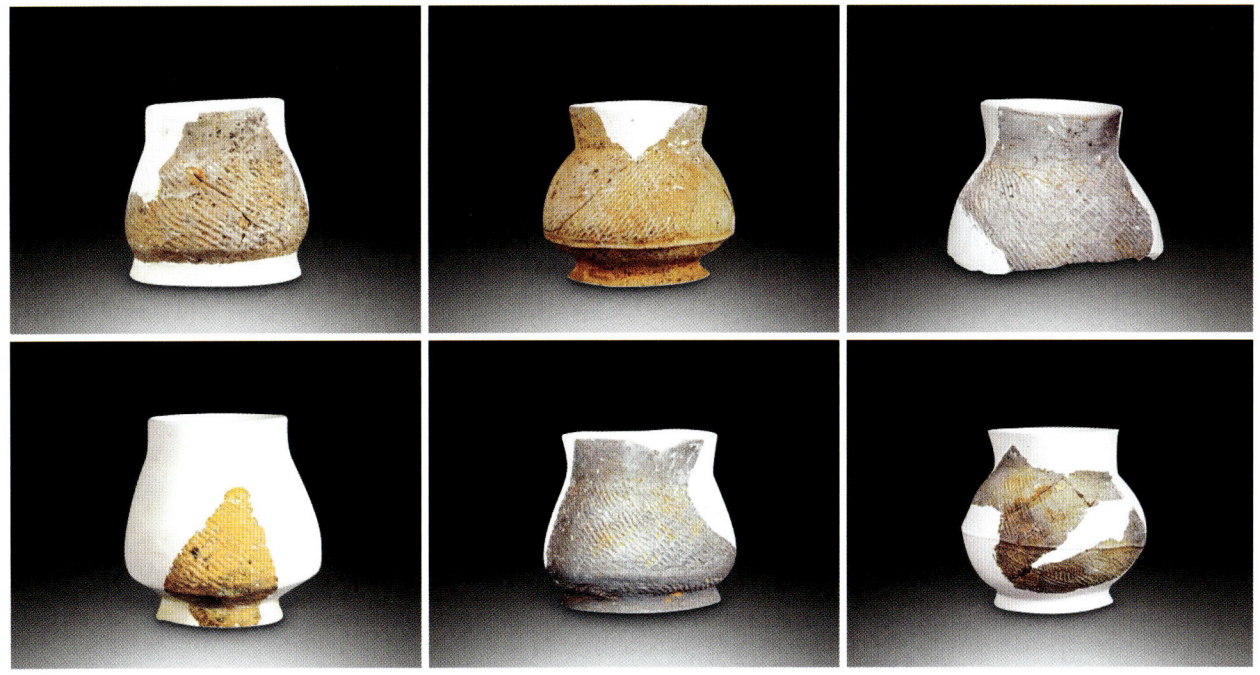

图30-4　虎头埔遗址出土陶垂腹罐

图30-5　虎头埔遗址出土陶器

资料来源

［1］广东省博物馆、汕头地区文管站、普宁县博物馆：《广东普宁虎头埔古窑发掘简报》，《考古》1984年第12期。

［2］揭阳考古队、揭阳市文化广电新闻出版局：《揭阳考古（2003—2005）》，科学出版社，2005年。

［3］魏峻：《粤东闽南地区先秦考古学文化的分期与谱系》，《考古学研究》（九），文物出版社，2012年。

31. 龙川荷树排遗址

工作时间：2003年9～12月
工作单位：广东省文物考古研究所、龙川县文化局、龙川县博物馆

荷树排遗址位于广东省河源市龙川县登云镇高岭村荷树排山和木眉山，西距县城22千米。遗址地处粤东平行岭谷区，以丘陵、山地和河流冲积平原、谷地为主要地貌特征，是东江、韩江分水岭。荷树排山与木眉山海拔均在300米左右，相对高度分别为80米和40米，山峰相距350米。遗址主要分布于荷树排山山顶至东北山脊一带，零星分布于木眉山山顶地区。2003年9～12月，广东省文物考古研究所会同龙川县文化局、龙川县博物馆对遗址进行了发掘，发掘面积4300平方米。

荷树排山为主要发掘区，清理土坑墓17座、灰坑13个、遗迹现象9处和柱洞一批。墓葬均为小型长方形竖穴土坑墓。在山脊中段分布比较集中，其地形相对平坦，与山顶高差20余米。墓向以西南—东北向为主，和山脊延伸方向一致；其次为西北—东南向，仅3座。墓葬一般长1.2～2、宽0.5～0.8米，现存深度较浅。墓葬填土多为较纯净的黄褐色砂土，未见葬具、尸骨。随葬品位置较集中，一般在4件以下，最多者18件，器类有陶罐、豆、壶、钵和陶纺轮等，有的仅存陶器残片或全无。灰坑平面形状多呈不规则的椭圆形，一般较浅，包含物不丰富。根据底部形态可分为锅底形、平底和不规则形三类（图31-1）。

9处遗迹现象平面形状不规则，面积0.5～15平方米，一般则为3～5平方米，厚5～10厘米，底部多较平整。其填土土色灰褐，土质稍显板结，以含大量红烧土块为主要特征。有相当

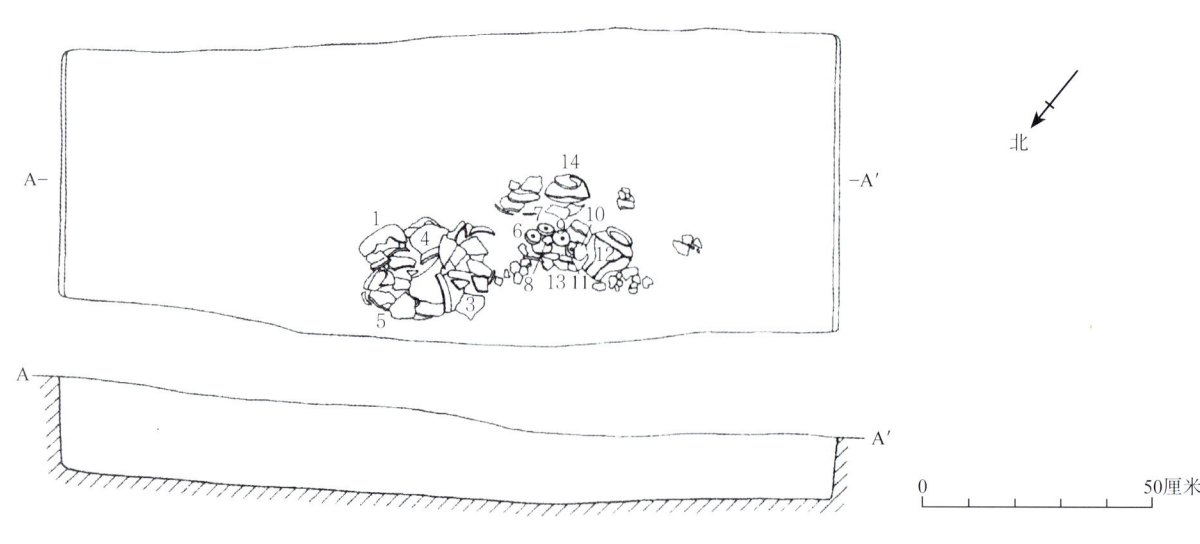

图31-1 荷树排遗址M1平、剖面图
1～5.陶罐　6～11、15～18.陶纺轮　12～14.陶壶

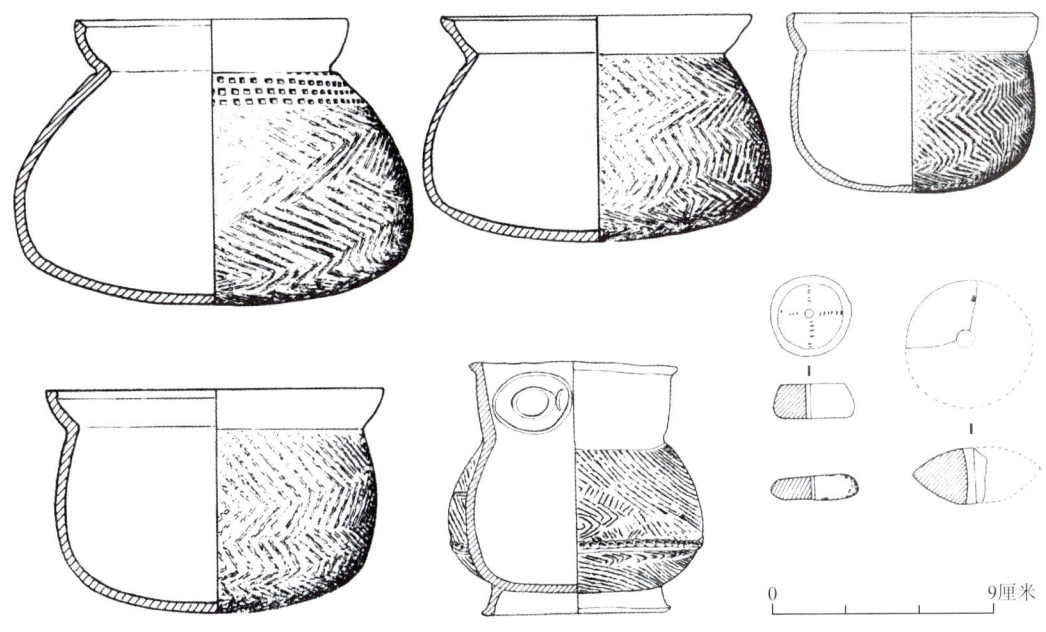

图31-2 荷树排遗址出土的部分陶器

数量的烧土呈厚2厘米左右的板块状，清理时向上的一面有棍状垫痕，向下的一面较平整并涂抹一薄层黄色粗砂土。填土中还含有木炭及曲折纹、条纹、附加堆纹等泥质灰或灰褐陶片，夹砂灰黑陶片，石环、璜、镞、锛等遗物。柱洞平面以接近圆形的为主，除直壁外，也有口大底小呈斜壁者，一般直径20～30、深10～30厘米，未发现柱础和柱痕。柱洞分布无规律，亦未发现与柱洞有关的其他遗迹。

荷树排发掘区可分为两期：一期遗存以泥质几何印纹陶并大量磨制石器为主构成，其陶片陶胎较薄，硬度不高；流行曲折纹、曲折纹与其他纹饰的组合，亦见附加堆纹、镂孔等装饰技法；器物个体较小，常见圜底器、圈足器，典型器类有敞口圜底曲折纹罐、敞口高领圈足曲折纹壶等。二期遗存以泥质几何形印纹陶为主，陶片陶胎较厚，硬度较高，流行以夔纹为主的组合纹饰，亦见篦点状、圈点状戳印纹等，组合纹饰比例较高，陶片内壁可见麻点状垫痕；常见圜底器、平底器，典型器物有溜肩鼓腹圜底组合纹罐、敞口平底钵等（图31-2）。

荷树排一期文化处于广东先秦考古编年的新石器时代晚期后段。荷树排二期属"夔纹陶类型"遗存，绝对年代在西周至春秋时期。

资料来源

［1］邓宏文：《龙川县荷树排新石器时代遗址》，《中国考古学年鉴·2004》，文物出版社，2005年。
［2］广东省文物考古研究所、龙川县文化局、龙川县博物馆：《广东龙川荷树排遗址发掘简报》，《华南考古（2）》，文物出版社，2008年。

32. 三水银洲遗址

工作时间：1992～1993年、1995年
工作单位：广东省文物考古研究所、北京大学考古学系、三水市博物馆

银洲遗址位于佛山市三水区白坭镇银洲村东，西北距白坭镇约6千米。遗址海拔约17.7米，相对高度约15米，面积约35000平方米（图32-1）。1983年，三水县博物馆在文物普查时发现该遗址。1992年1月～1993年1月，广东省文物考古研究所、北京大学考古学系和三水市博物馆联合对该遗址进行了两次考古发掘（图32-2）；1993年底对遗址居住区进行了第三次考古发掘；1995年初在遗址西坡和东部进行了柱状取样（图32-3）。

地层堆积分4层：第1、2层堆积为明清及近现代地层，第3、4层为早期文化层，第4层下为生土（图32-4）。

遗迹包括墓葬40多座（图32-5）、灰坑70多个和房址2处（图32-6）。墓葬皆竖穴土坑墓，除个别墓葬外，墓向皆朝东或偏向东南，成人墓一般长2米以上，儿童墓长1.1米左右。灰坑坑口形状有圆形、椭圆形、长方形和不规则形4种，以椭圆形和不规则形居多。

遗物有陶、石、骨和木器等。陶器分夹砂和泥质两类，多泥质陶；纹饰有条纹、绳纹、叶脉纹、曲折纹、云雷纹和方格纹等，器类有釜、罐、豆、鼎、器座、器盖和纺轮等。石器有锛、

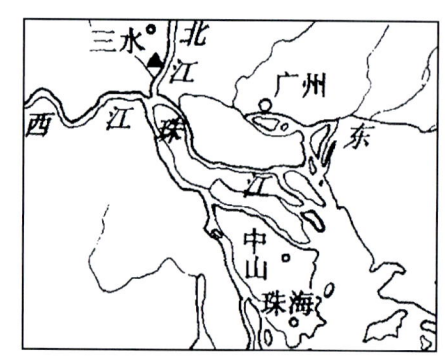

图32-1 银洲贝丘遗址位置示意图

图32-2 严文明、朱非素先生等在发掘现场指导工作

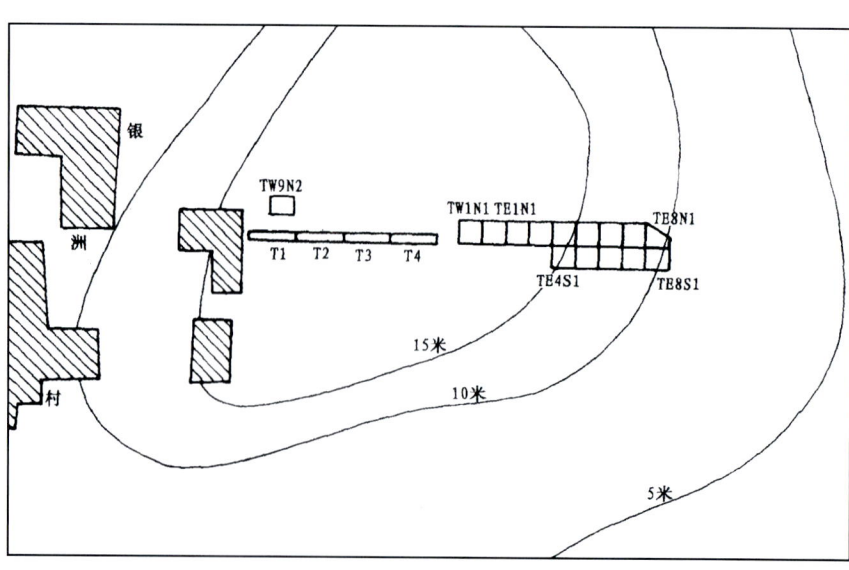

图32-3 银洲贝丘遗址发掘区位置图

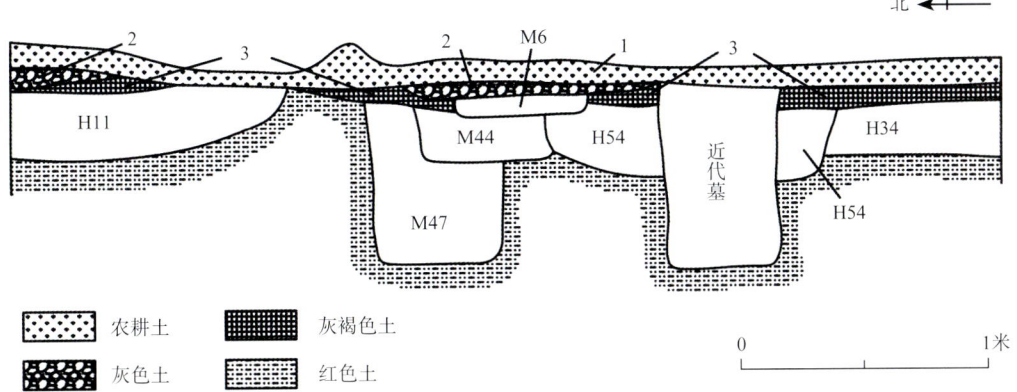

图32-4　银洲贝丘遗址TE7S1东部剖面图

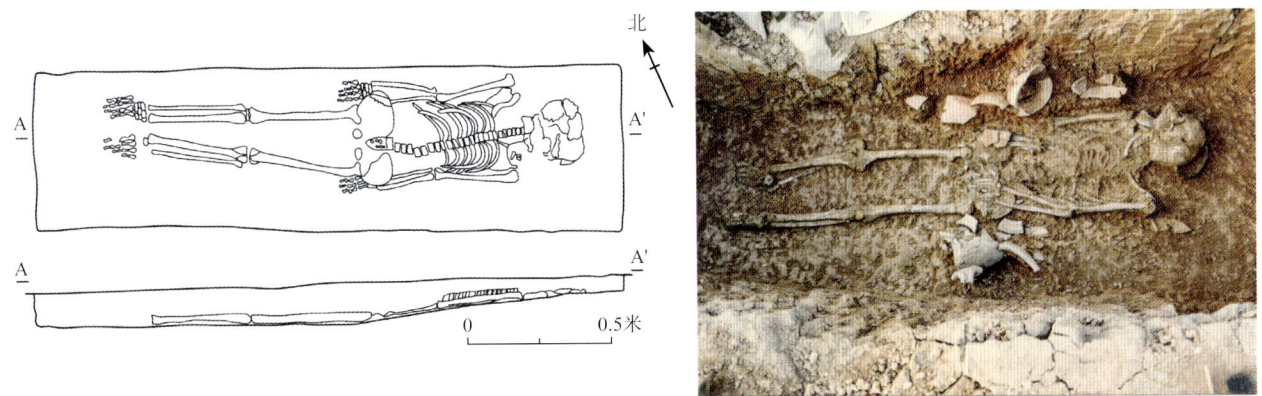

图32-5　银洲贝丘遗址墓葬

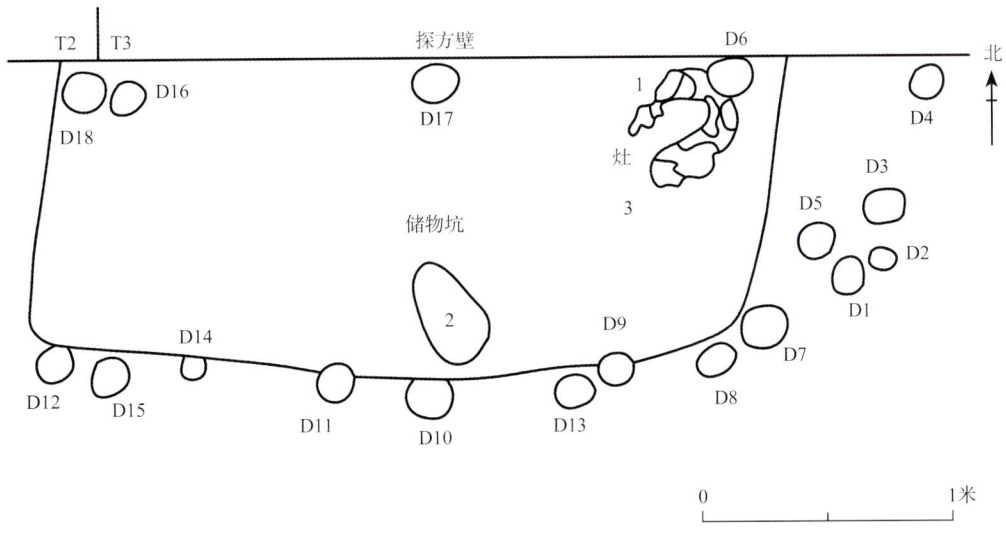

图32-6　银洲贝丘遗址房址平面图
D1～D18.柱洞　1.陶釜　2.圜底陶罐　3.圈足陶罐

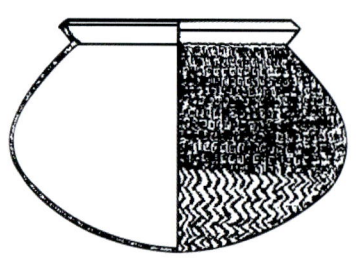
图32-7 银洲贝丘遗址出土器物

图32-8 银洲贝丘遗址出土器物

图32-9 银洲贝丘遗址出土陶器

凿、镞、环、串珠等（图32-7～图32-9）。

银洲遗址可分为早中晚三个年代组。第一组与南海鱿鱼岗第一期相似，又具有石峡文化晚期的特点，属新石器时代晚期。第二组与鱿鱼岗第二期接近，与石峡遗址第三期文化早段相似，时代相当于夏时期。第三组与东莞村头、高要茅岗遗址特征相同，并与石峡遗址第三期文化晚段相似，时代不晚于早商时期。银洲遗址在发掘方法、标本取样、综合研究等方面进行了多项具有开创意义的探索，取得了丰硕的成果。2002年，银州遗址被公布为广东省文物保护单位。

资料来源

[1] 广东省文物考古研究所、北京大学考古学系、三水市博物馆：《广东三水市银洲贝丘遗址发掘简报》，《考古》2000年第6期。

33.南海鱿鱼岗遗址

工作时间：1985年
工作单位：广东省博物馆文物队、北京大学考古系、南海县博物馆

鱿鱼岗遗址位于佛山市南海区西樵镇西岸村，西北距西樵山7千米，珠江干流西江于其西南约3千米处流过。鱿鱼岗相对高度约8米，面积约1.8万平方米。1982年，广东省博物馆文物队在普查中发现该遗址；1985年，广东省博物馆文物队与北京大学考古系实习队、南海县博物馆联合对其进行发掘，发掘面积255平方米。

文化层堆积分3层，其中第2层地层富含贝壳、炭屑与红烧土颗粒，出土大量陶片、石器、骨器及动物骨骸等遗物；第3、4层包含贝壳较少，陶片等文化遗物也逐渐减少。遗迹有灰坑6个、房址4处、墓葬36座。F3发现10个柱洞，活动面较为平整、坚实，活动面之上有一层黑灰色烧土，其上又压一层倒塌的木骨泥墙堆积（图33-1）。墓葬开口于三个不同层位，墓圹清楚者有24座，均为长方形竖穴土坑（图33-2）。墓坑长短、深浅不等，内填灰褐色或黑灰色土，多数含有少量贝壳、红烧土颗粒和破碎陶片，均未发现葬具痕迹，一般随葬1或2件器物，最多者3件。人骨保存较好者有31座，葬式皆为单人仰身直肢，根据其中26座墓葬人骨鉴定，有成人墓19座、儿童墓7座，其中6座成人墓发现拔牙习俗。

遗物以陶器为大宗，另有石器和骨、角、牙器。陶器分泥质、夹砂两大类，陶器纹饰种类丰富，有曲折纹、方格纹、叶脉纹、云雷纹、条纹、绳纹、水波纹、梯格纹、编织纹、圈点

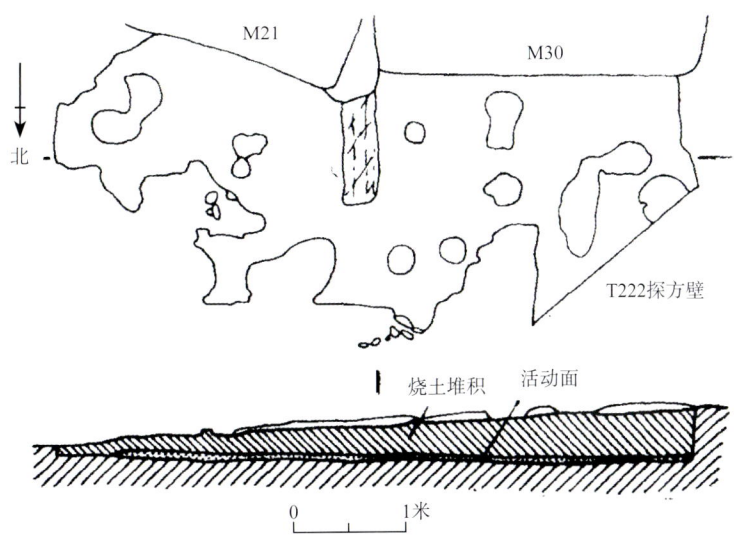

图33-1 鱿鱼岗遗址房址F3平、剖面图

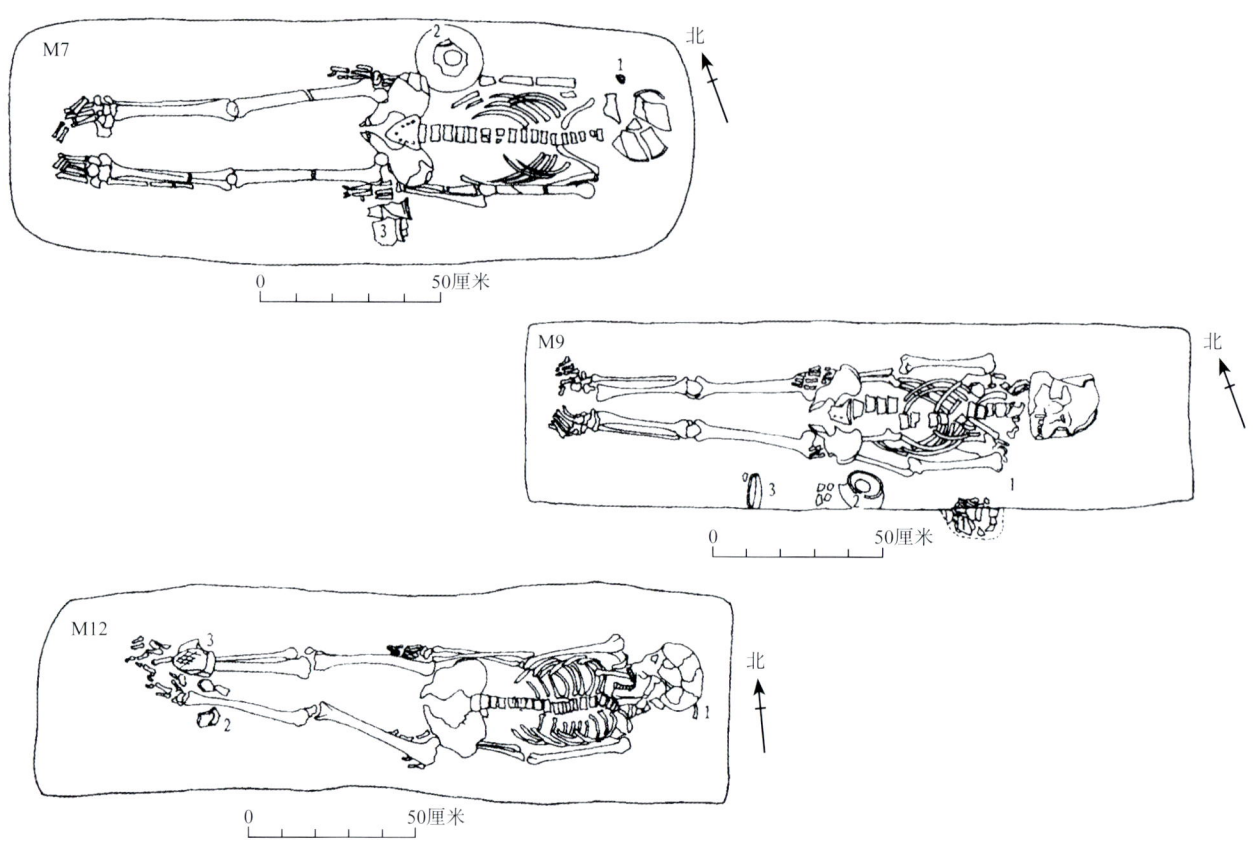

图33-2 鱿鱼岗遗址M7、M9、M12平面图
M7平面图：1.陶纺轮 2.陶豆 3.陶釜
M9平面图：1.陶釜 2、3.陶豆
M12平面图：1.牙饰 2、3.陶釜

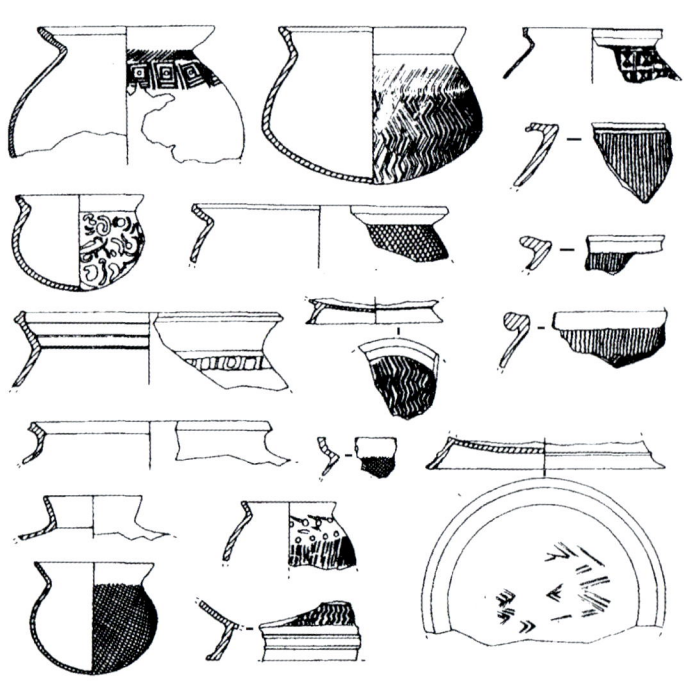

图33-3 鱿鱼岗遗址出土陶器

纹、菱格纹、复线方格纹、刻划纹等，亦有少量赭红色彩绘花纹。器物造型流行圈足器、圆底器，不见三足器和平底器，主要器类有釜、罐、豆、钵、器座、纺轮、环、陶垫及动物塑像等（图33-3、图33-4）。石器有斧、锛、镞、铲、凿、矛、环等（图33-5）。骨器有镞、锥、凿、环、梳、板等，另发现少量角锥和牙饰。

发掘者将鱿鱼岗遗址分为早、晚两期，第一期与珠海后沙湾遗址第二期、三水银洲遗址一期遗存年代相当，第二期年代约在石峡文化晚期至夏商之际。

鱿鱼岗遗址对研究珠江三角洲史前贝丘遗址、完善珠江三角洲史前文化编年具有重要意义，1989年6月被公布为广东省文物保护单位。

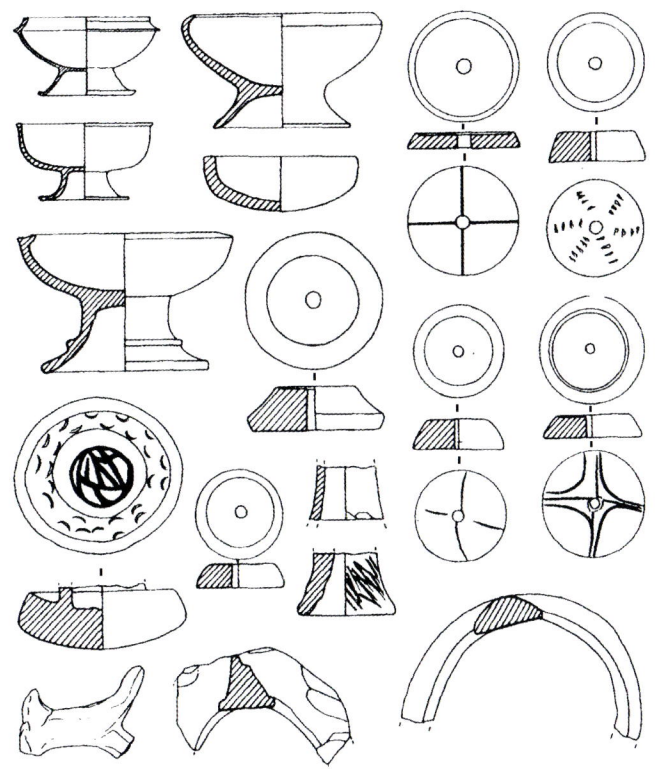

图33-4　鱿鱼岗遗址出土陶器

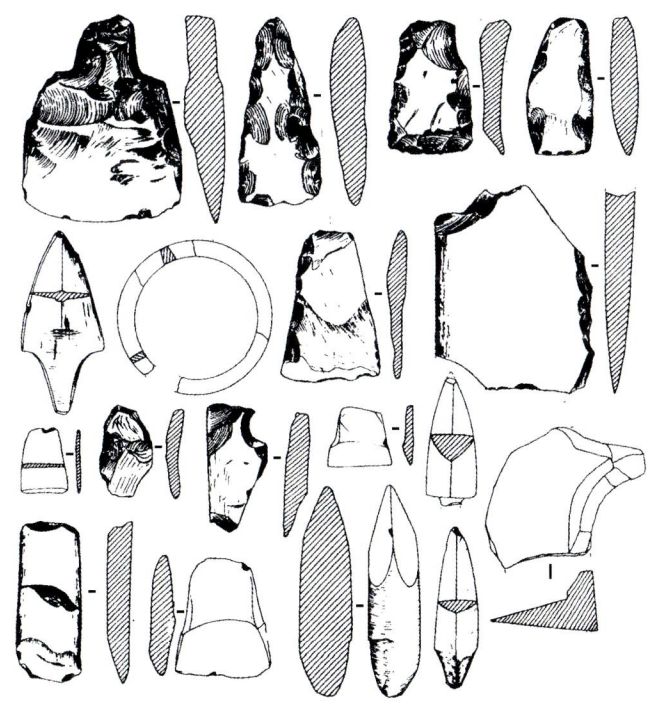

图33-5　鱿鱼岗遗址出土石器

资料来源

［1］广东省文物考古研究所、北京大学考古系实习队：《广东南海市鱿鱼岗贝丘遗址的发掘》，《考古》1997年第6期。

34.高要茅岗遗址

工作时间：1978年
工作单位：广东省博物馆

茅岗遗址位于肇庆市高要区金利镇茅岗大队石角村，遗址西距肇庆市34千米，东距广州市62千米（图34-1），遗址面积10万多平方米。1978年10月，广东省博物馆对该遗址进行了试掘。

发掘区包括A、B两个，发掘面积112平方米（图34-2）。地层可分5层：第1层，砂泥冲积层，厚约30厘米。第2层，褐色淤泥掺贝壳堆积层，厚约50厘米。第3层，褐色淤泥掺贝壳沉积层，厚约60厘米。第4层，褐色淤泥层，厚约300厘米。第5层，灰泥微砂沉积层，厚约40厘米。

图34-1　茅岗遗址位置示意图

发现由木柱、木桩、圆形木条、铺垫树皮板、小型木桩及木炭和其他附件若干件等构成的3组木构建筑（图34-3）。建筑平面为长方形，木柱分圆形和椭圆形，大部分木桩留有长方、正方或扁圆形，一部分木桩有加工痕迹。1号建筑发现木柱14件、木桩26件、横梁14件，主柱分两列作长方形东南—西北走向，左行六柱，右行八柱，木柱高1～1.2米，行距2米，柱身榫孔上横贯梁木（图34-4）。出土人骨、石器、陶器、骨器、竹草器、果核以及动物骨骼等。其中石器有斧、锛、凿、镞、球、钻芯、砺石、环和璜；骨器有叉、镞、锥、环、玦和骨料；陶器以泥质软陶和泥质硬陶居多，

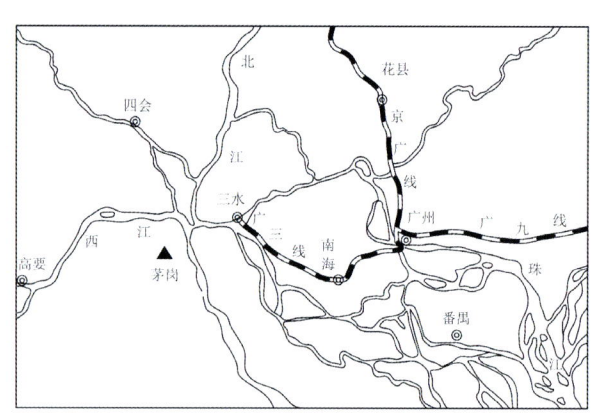

图34-2　茅岗遗址发掘区平面图

图34-3 茅岗遗址木桩排列情况

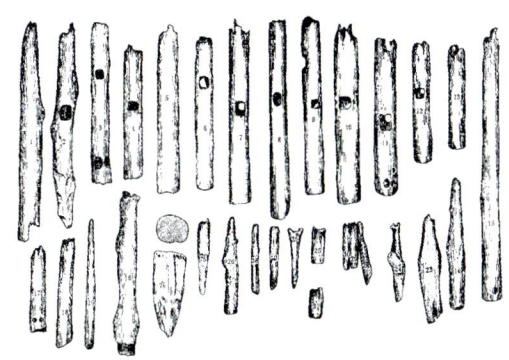

图34-4 茅岗遗址木构件

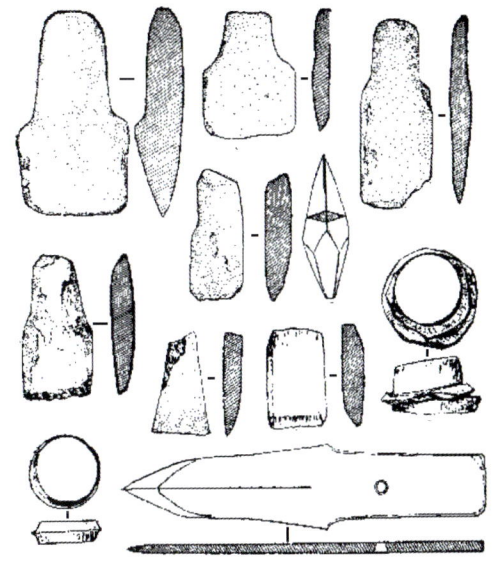

图34-5 茅岗遗址出土石器

图34-6 茅岗遗址出土陶器

绝大多数拍有几何印文，器形有釜、器座、盘、盆、钵和罐等（图34-5、图34-6）。

茅岗遗址的 ^{14}C 测年数据为距今4070年±100年（树轮校正4490年±150年）、4290年±100年（树轮校正4765年±145年）和4265年±90年（树轮校正4735年±140年）。一般认为，遗址时代属新石器时代晚期，也有学者认为属战国至秦汉时期。茅岗遗址干栏式建筑在岭南地区为首次发现，其良好的保存状况在国内少见。1989年，高要茅岗遗址被公布为广东省文物保护单位。

资料来源

［1］广东省博物馆：《广东高要县茅岗水上木构建筑遗址》，《文物》1983年第12期。
［2］杨耀林：《广东高要茅岗新石器时代干栏式建筑遗存》，《史前研究》1985年第1期。
［3］杨豪：《广东高要县茅岗的渔猎经济与家畜》，《农业考古》1985年第2期。

35. 佛山河宕遗址

工作时间：1977年12月～1978年5月
工作单位：广东省博物馆、佛山市博物馆

河宕遗址位于佛山市澜石镇河宕乡河南村，距离佛山市约6千米，海拔约15米，面积约10000平方米。遗址西侧为低矮山冈，东南是冲积平原，北江支流东平水道从遗址西南流入潭州水道（图35-1）。20世纪60年代，广东省文物考古工作队在珠江三角洲地区文物调查时发现该遗址，1977年12月～1978年5月，广东省博物馆、佛山市博物馆联合对遗址展开了发掘工作，并举办了佛山地区文物考古培训班（图35-2）。

发掘区域划分为甲、乙两区，共发掘776平方米。地层堆积厚110～215厘米，分为3层（图35-3）：第1层，黄褐色泥沙土层，厚20～70厘米，主要为宋至近现代地层。第2层，黑褐色亚黏土层，厚30～60厘米，发现红烧土硬面遗迹和浅坑墓。第3层，灰黄色土层，含大量贝壳，厚60～85厘米，有柱洞、窖穴和墓葬等遗迹。第3层以下为生土。

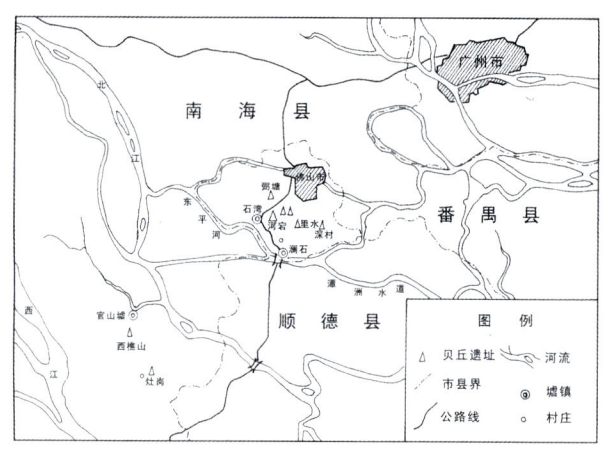

图35-1 河宕遗址位置示意图

图35-2 河宕遗址发掘现场

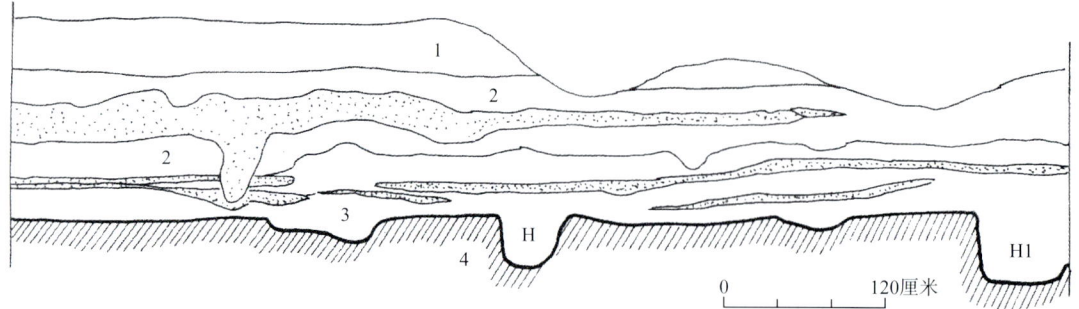

图35-3 河宕遗址乙T1南壁剖面图

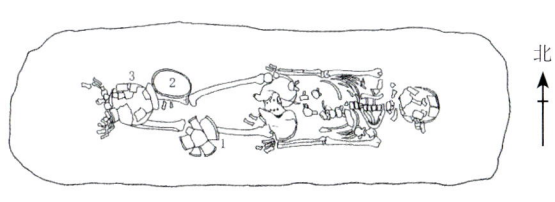

图35-4 河宕遗址墓葬
1、2.陶盘 3.陶圈足罐

图35-5 河宕遗址出土石器

图35-6 河宕遗址出土陶器　　图35-7 河宕遗址出土象牙筒形器

遗迹以78座新石器时代晚期墓葬最为重要。墓葬为长方形竖穴土坑墓，葬式为仰身直肢葬，普遍流行拔牙习俗（图35-4）。此外，还有红烧土面、窖穴和柱洞等遗迹。

遗物以陶器为主，包括夹砂陶、软陶、白陶、彩陶和硬陶等，流行几何印纹陶和刻划符号，器类有夹砂圜底釜、圈足罐和盘豆类等。另有石斧、锛、凿、矛、镞、砺石和玉石环、玦、石钻芯、管等200多件，兽骨、象牙、蚝类制品等60多件，陆生、水生动物遗骸3500多块（图35-5～图35-7）。

发掘者认为河宕遗址可以分为两期：第一期典型器物有釜、圈足罐，少量盘豆器、钵和盂等，年代为距今4300～4000年；第二期彩陶、印纹硬陶数量变少，软陶数量增多，年代为距今4000～3500年。

河宕遗址发现的人骨保存完整，在岭南地区罕见，为研究新石器时代晚期人类体质特征和埋葬习俗提供了珍贵材料。1989年被公布为广东省文物保护单位。

资料来源

［1］广东省博物馆、佛山市博物馆：《佛山河宕遗址——1977年冬至1978年夏发掘报告》，广东人民出版社，2006年。

36. 增城浮扶岭墓地

工作时间：2009～2010年
工作单位：广州市文物考古研究所

浮扶岭墓地位于广州市增城区增江街和正果镇交界的白湖村，西南距增江左岸1200米。浮扶岭属珠三角北部增江丘陵台地。平面呈凹字形，由东西一大一小两丘陵相连组成，海拔最高33.5米。2009年8月～2010年9月进行勘探和发掘，发掘面积15000平方米（图36-1）。

清理新石器时代晚期至元明时期墓葬525座、明代砖瓦窑址1座，出土文物2000余件。

墓葬主要有三个时期：新石器时代晚期至夏商之际，墓葬数量较少，以随葬夹砂陶豆和泥质曲折纹圈足罐为代表；西周至春秋时期，以随葬夔纹硬陶瓮或罐、原始瓷豆为特点；战国晚期到西汉南越国时期，随葬米字纹和方格纹硬陶罐和瓮。三个时期墓葬分布区域、排列密度与墓向略有不同。其中西周至春秋时期墓葬分布范围最广，几乎遍布整个发掘区，墓葬数量占总数的90%。

M511规格最高，出土器物较为丰富。M511为凸字形竖穴土坑木椁墓，由墓道、封门及椁室组成。墓道残长5、宽约3.25米。墓室平面呈长方形，长10.13、宽6～6.46米，墓向263°

图36-1 浮扶岭墓地俯视

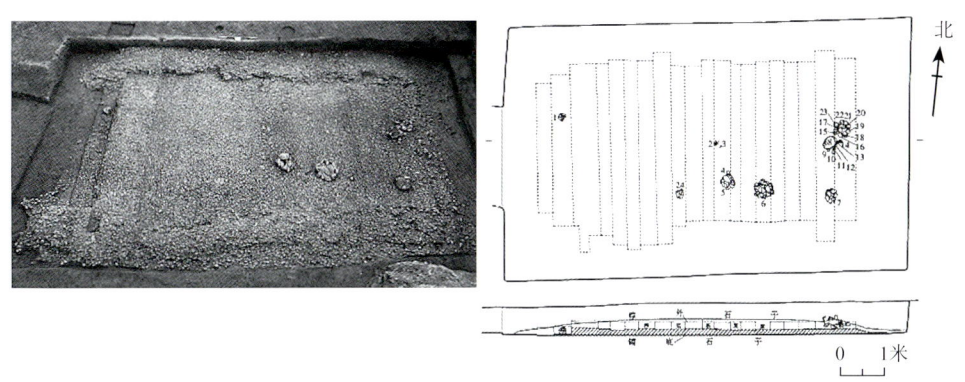

图36-2 浮扶岭墓地M511
1.陶壶 2、3.组玉佩 4、9～14.原始瓷杯 5.陶瓿 6.陶瓮 7、8.陶罐 15～23.陶盖罐 24.软陶壶

图36-3 浮扶岭墓葬出土陶器
1.瓮(M511:6) 2.罐(M511:7) 3、4.盖罐(M511:22、M511:23) 5.壶(M511:1) 6.瓿(M511:5)

36.增城浮扶岭墓地　105

图36-4 浮扶岭墓葬出土龙形玉佩（M511:2A）

（图36-2）。墓底铺鹅卵石，石子面上有木方压痕。墓葬被扰，残存随葬器物24件（套），其中陶器15件，主要有壶、瓮、瓿、盖罐等（图36-3）；原始瓷杯7件；玻璃管饰3件；玉器2件套，一对龙形玉佩造型精美（图36-4），表明墓主身份较高。

西周至春秋时期是浮扶岭墓地最为主要的时期。浮扶岭墓地延续时间之长，墓葬数量之多，分布之密集，内涵之丰富，在广东皆较罕见。

资料来源

［1］广州市文物考古研究所：《广东增城浮扶岭M511发掘简报》，《文物》2015年第7期。

［2］广州市文物考古研究所：《增城浮扶岭墓地M200（西汉前期）发掘简报》，《广州文博》2011年第1期。

37. 增城围岭遗址

工作时间：2000年1月
工作单位：广州市文物考古研究所、增城市博物馆

围岭遗址位于广州市增城区石滩镇沙陇村，东邻麻车村，背面为增塘水库。东距金兰寺遗址5千米。围岭由三座小土丘组成，主岗高24.3米。2000年1月，广州市文物考古研究所、增城市博物馆进行发掘。发掘区位于围岭南坡，发掘面积850平方米，共清理灰坑31个、柱洞3处、

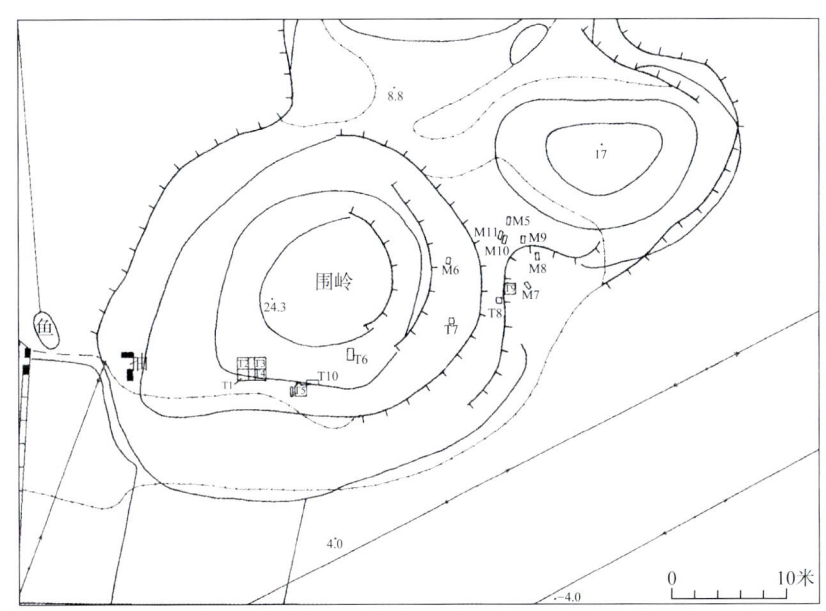

图37-1 增城围岭遗址探方分布图

图37-2 增城围岭H10上层遗物出土情形

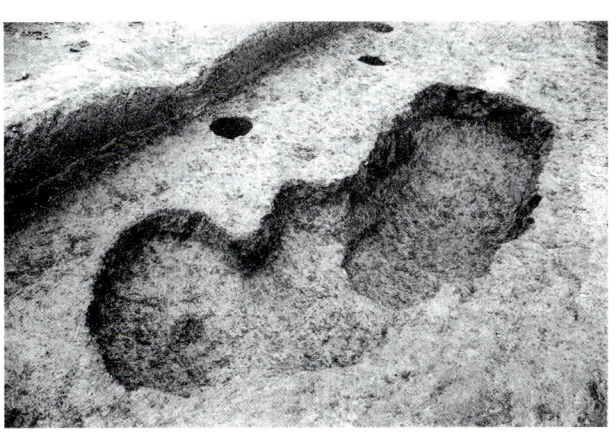

图37-3 增城围岭遗址H25、H27平面

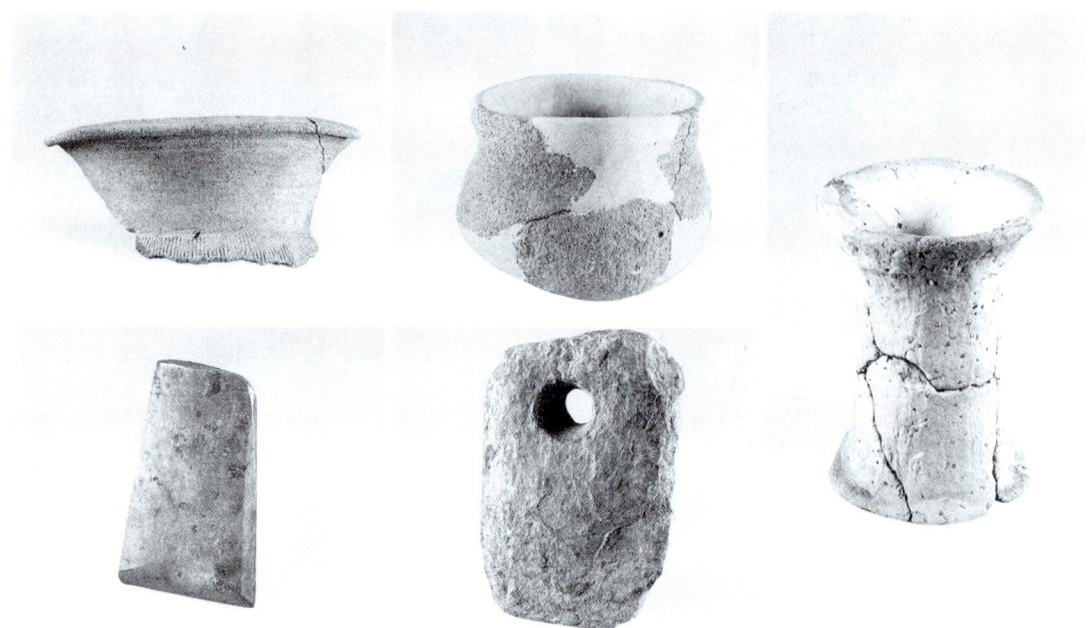

图37-4　增城围岭遗址出土部分遗物

灶坑1个、基槽1条、东汉砖室墓10座（图37-1）。

灰坑多为椭圆形或圆角长方形，平底或圜底。坑中遗物多寡不同，含大量贝壳、烧土块和少量兽骨（图37-2、图37-3）。根据柱洞的平面分布确定的房址有3处，柱洞内发现夔纹陶等几何印纹硬陶片。

陶器以灰褐色夹砂陶为主，另有少量泥质灰陶和釉陶。器形只见圜（凹）底器和圈足器，有高领罐、折腹罐、圜底釜、豆、盘、杯、碗、支座等，通常饰绳纹。泥质陶为罐、壶类，饰曲折纹、云雷纹、梯格纹、菱格凸点纹等，另有少量黄褐色釉陶壶、豆残片。石器有双肩石斧、石锛、石刀、石矛头、穿孔石器等。此外还发现骨锛、骨饰品和兽骨（图37-4）。

围岭遗址早期遗存分属两个时期。以夹砂高领陶罐为主要特征的遗存时代，处于岭南新石器时代末期向青铜文化过渡阶段；以夔纹陶为代表的几何印纹硬陶遗存，时代则晚至春秋时期。

围岭南坡和东坡清理砖室墓10座。墓葬形制有长方形券顶和方形穹隆顶两种，大多数都遭盗扰，共出土遗物130多件。有陶罐、壶、鼎、釜、簋、碗、盂、卮、魁、器盖、案、屋、仓、灶、井、牛羊模型、纺轮；铜器有镜、铃、五铢钱币；还有银环和琥珀、水晶串饰等。M10出土一块东汉明帝"永平十年正月□□"纪年砖，永平十年为67年。这批墓葬的分布较为集中，形制和风格都比较接近，时代为东汉早中期。

资料来源

［1］全洪：《增城市围岭史前遗址和东汉墓葬》，《中国考古学年鉴·2001》，文物出版社，2002年。
［2］广州市文物考古研究所、增城市博物馆：《增城石滩围岭遗址发掘简报》，《羊城考古发现与研究（一）》，文物出版社，2005年。

38. 珠海棠下环遗址

工作时间：1994年
工作单位：广东省文物考古研究所、珠海市平沙区文化科

棠下环遗址位于珠海市平沙区南新分厂马头山，西南距平沙城区约3千米，面积约12000平方米，为山前坡地型沙丘遗址。遗址发现于1992年。1994～1996年，广东省文物考古研究所、珠海市平沙区文化科进行了3次发掘，发掘面积共1500平方米。中山大学考古专业92级部分学生参加了1995年的发掘工作。

遗址自东北向西南分4区。堆积分5层（图38-1）：第1层，耕土层，厚33～65厘米，土色灰黑，松软，含细砂；第2层，垫土层，厚35～50厘米，土色褐黄，较纯净；第3层，厚45～60厘米，砂色灰白；第4A层，厚50～75厘米，砂色棕黄，出大量夹砂陶釜等；第4B层，厚90～95厘米，砂色灰黄，砂粒粗大，遗物与第4A层似；第5层，厚95～117厘米，出土泥质彩陶圈足盘等。其中第4层为商时期，第5层为新石器时代晚期。

新石器时代晚期文化堆积较薄，无遗迹发现，遗物不丰富，以夹砂陶釜为主，另有泥质彩陶圈足盘等，石器主要为圆饼形器。

商时期遗迹有灶、石器加工作坊和石砌活动面（图38-2）。陶器包括夹砂陶和泥质陶。夹砂陶以釜为主，还有钵、豆和罐等（图38-3），纹饰有交错绳纹、曲折纹、篮纹、刻划纹等。泥质陶有钵、罐、圈足盘，饰菱格纹、方格纹、长方格纹、曲折纹和叶脉纹。石器以亚腰形网坠最多，另有锛、斧、环、钻芯、水晶等。

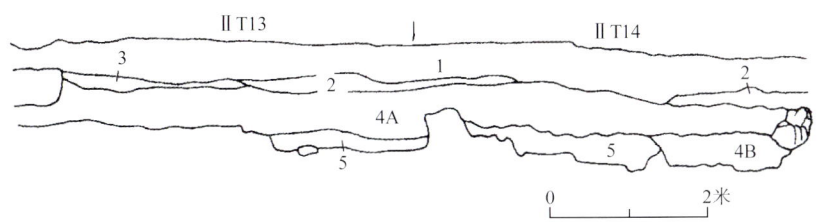

图38-1　棠下环遗址T13～T14北壁剖面图

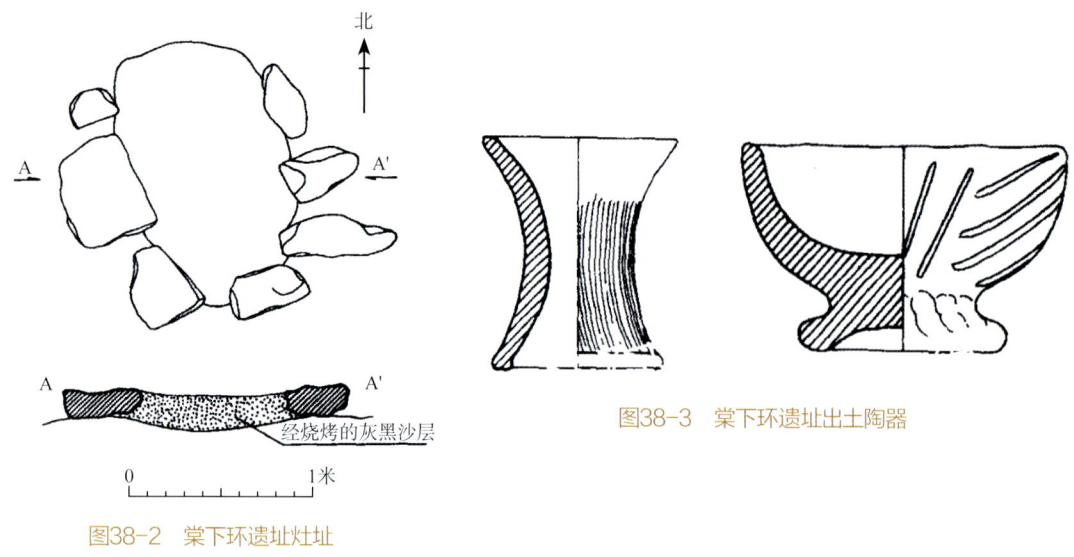

图38-2 棠下环遗址灶址

图38-3 棠下环遗址出土陶器

棠下环遗址年代相当于中原夏商时期。遗址面积大、堆积保存较好，遗物丰富，网坠数量尤多。遗址发现大量磨制石器的制作坯料和半成品，并在广东首次出土了具有地层依据的铸铜石范，为相关研究提供了重要资料。

资料来源

[1] 广东省文物考古研究所、珠海市平沙文化科：《珠海平沙棠下环遗址发掘简报》，《文物》1998年第7期。

39. 东源龙尾排遗址

工作时间：2015~2016年
工作单位：广东省文物考古研究所、东源县博物馆

龙尾排遗址位于河源市东源县船塘镇凹头村，东距船塘河约1千米。遗址海拔180米，相对高度30米（图39-1）。2015年，广东省文物考古研究所与东源县博物馆对其进行了发掘，发掘面积1500平方米（图39-2）。

发掘商时期长方形竖穴土坑墓52座，出土各类随葬器物400件。墓地分东、西两区，墓葬间无打破关系，墓向270°~300°，人骨、葬具无存（图39-3、图39-4）。

随葬陶器和石器。陶质以泥质软陶为主，泥质硬陶次之，夹砂软陶再次之，少量磨光黑皮陶。器形以圈足器、凹底器为主，少量三足器，器类有豆、罐、钵、簋、壶、盘、尊、釜、器座及纺轮等，石器以石锛为主，少量砺石、石环、石矛和石镞等（图39-5、图39-6）。

龙尾排遗址规模较大，保存较好，随葬器物组合具有鲜明特点，在广东亦比较罕见。初步研究表明，龙尾排遗址的文化因素比较复杂，其所处的阶段和文化面貌，皆是广东先秦考古学研究的关键。

图39-1 龙尾排遗址远景

图39-2 龙尾排遗址航拍照

图39-3 龙尾排遗址墓葬

图39-4 龙尾排遗址墓葬

图39-5 龙尾排遗址出土器物

图39-6 龙尾排遗址出土陶器

资料来源

[1] 刘锁强：《东源县龙尾排商时期遗址》，《中国考古学年鉴·2017》，中国社会科学出版社，2018年。

39. 东源龙尾排遗址   113

40. 东莞村头遗址

工作时间：1989～1990年、1993年
工作单位：广东省文物考古研究所、东莞市博物馆

村头遗址位于东莞市虎门镇村头村西侧，珠江虎门入海口东岸，珠江三角洲平原东南，北距东莞市约30千米，面积10000多平方米。1989～1990年和1993年，广东省文物考古研究所进行了两次发掘，面积共3375平方米。

地层堆积复杂（图40-1）：第1层为耕土层，厚20～30厘米，灰色砂土，出土近现代陶瓷片。第2层，厚0～30厘米，灰褐色砂土，含有大量明代遗物等。第3A层，厚15～70厘米，含较多红烧土，土质略硬。第3B层，厚8～45厘米，含较多红烧土颗粒和炭屑。第4A层，厚0～25厘米，灰黑色土，含细砂、炭屑，土质松散。第4B层，厚0～60厘米，土色较4A层略浅。第5层，厚17～35厘米，灰黄色细砂土；以下为生土。

遗迹有房址、灰坑和墓葬。房址平面形状有圆形、圆角方形和方形等，地面用黄褐色砂黏土铺垫，偶有烧土面，部分屋内发现灶坑，屋外侧多见柱洞（图40-2）。灰坑呈圆形、椭圆形、圆角方形或不规则形，直壁，圜底或平底。墓葬东西向，仰身直肢为主，侧身屈肢仅1例。墓主多数未成年（图40-3）。

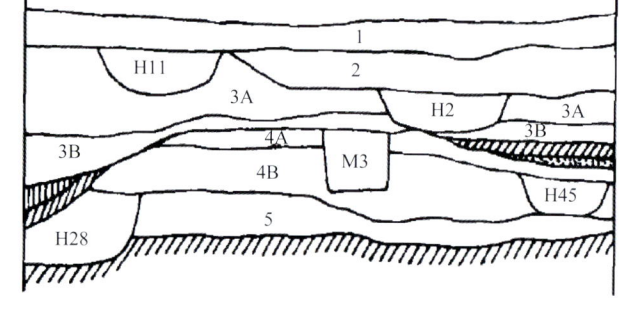

图40-1 村头遗址T1913东壁剖面

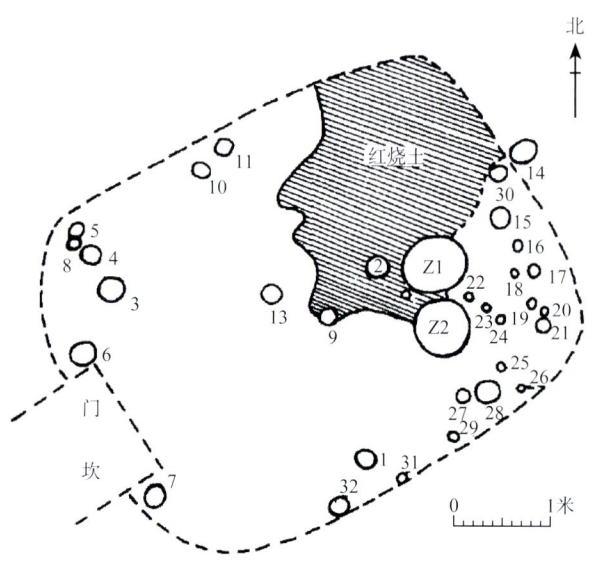

图40-2 村头遗址房址

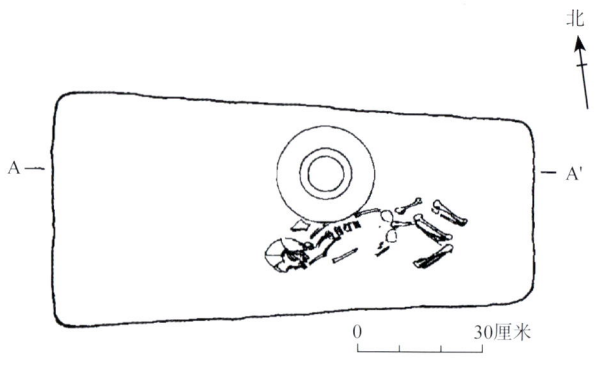

图40-3 村头遗址墓葬

图40-4　村头遗址出土陶器

遗物有陶器、石器和骨蚌器。陶器分为泥质、夹砂两类,有釜、器盖、器座、钵、罐、尊、豆、盘、盆等。石器有锛、砺石、戈、镞、矛、环等(图40-4~图40-6)。

发掘者认为遗址年代"已属于青铜时代早期",即相当于商时期,遗址的居住区主要在东北部,中部存在类似广场的公共活动场所,南部为垃圾区。村头遗址发掘是广东聚落考古实践的范例。

图40-5　村头遗址出土陶器

图40-6　村头遗址出土石璋、牙璋

资料来源

［1］邱立诚、刘成基:《东莞村头遗址发掘的初步收获》,《广东省博物馆馆刊》1991年第2期。

［2］广东省文物考古研究所、东莞市博物馆:《东莞村头遗址第二次发掘简报》,《文物》2000年第9期。

41. 深圳屋背岭遗址

工作时间：2001年
工作单位：广东省文物考古研究所、深圳市博物馆、深圳市南山区文物管理办公室、深圳市文物管理办公室

屋背岭遗址位于深圳市南山区西丽镇福光村北，南顶海拔61.58米，北顶海拔61.17米，鞍部海拔56.24米。南距深圳湾8千米（图41-1、图41-2）。1999年深圳市博物馆调查发现该遗址，并多次进行复查；2001年，深圳市文物管理办公室进行了试掘；同年年底，广东省文物考古研究所和深圳市博物馆等进行了发掘，发掘面积1400平方米。

地层堆积分2层（图41-3）：第1层，表土层，厚16～24厘米。第2层，黄褐色泥土层，厚7～35厘米。第2层下为红褐色生土。

发掘商时期墓葬81座、战国墓葬6座（图41-4）和灰坑8座。商时期墓葬除形制不明外，分为三型：A型墓口为长方形或近长方形；B型墓口呈梯形；C型为不规则形。随葬品多者5件，少者1件。战国墓葬可分为有腰坑和无腰坑两种。灰坑则有圆形袋状和不规则形。

商至西周时期遗物有陶器和石器，陶器分夹砂和泥质两类，泥质陶为主，多为灰陶，器物有釜、罐、豆、钵、尊、杯、器座等，多圜底、圈足和凹底器，少数平底器，器物组合以罐、釜、豆为主。石器主要是锛。

战国时期遗物有青铜器、陶器、原始瓷和石器，有青铜钺、斧和刮刀，"米"字纹陶罐，原始瓷碗和砺石等（图41-5）。

遗址年代包含商时期和战国两个阶段，商时期

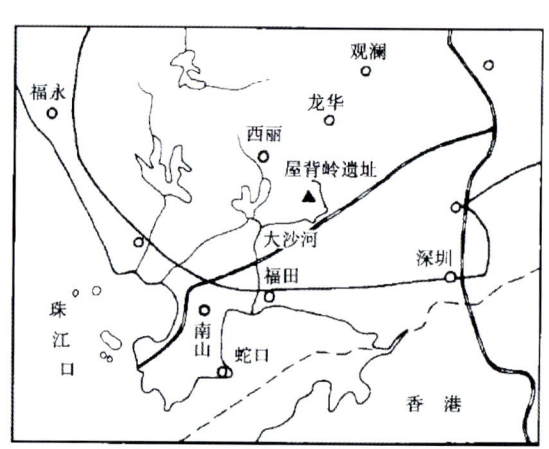

图41-1 屋背岭遗址位置示意图

图41-2 屋背岭遗址发掘现场

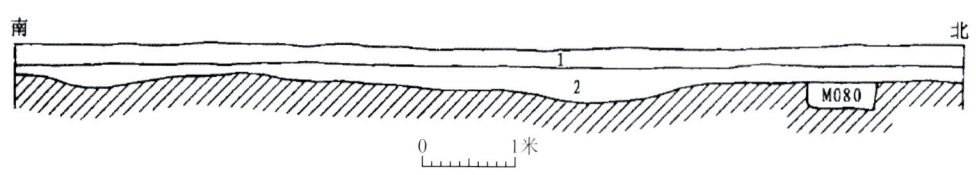

图41-3 屋背岭遗址T1307西壁剖面图

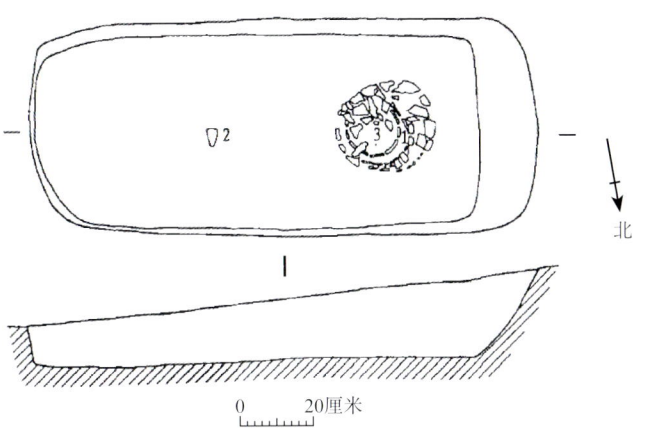

图41-4 屋背岭遗址墓葬
1. 陶罐 2. 石锛 3. 陶釜

图41-5 屋背岭遗址出土陶器

分为三期5段，对建立和完善广东先秦考古编年具有非常重要的意义。被评为2001年度全国十大考古新发现。

资料来源

［1］广东省文物考古研究所、深圳市博物馆、深圳市南山区文物管理办公室等：《深圳屋背岭遗址发掘报告》，《考古学报》2004年第3期。

42. 普宁后山遗址

工作时间：1983年
工作单位：广东省文物考古研究所、普宁市博物馆

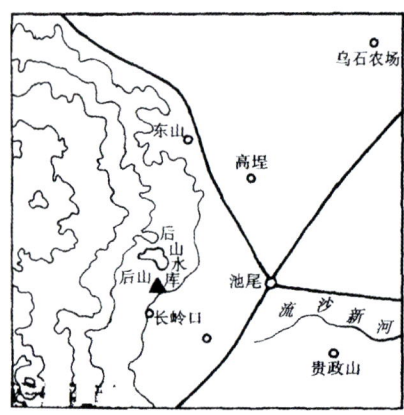

图42-1 后山遗址位置示意图

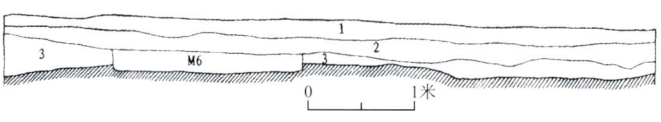

图42-2 后山遗址T2南壁剖面图

图42-3 后山遗址出土陶器

图42-4 后山遗址出土陶器

后山遗址位于揭阳市普宁市池尾街道，东距流沙镇6千米，南距后山村0.5千米，相对高度35米，面积约10000平方米（图42-1）。1983年，普宁市文物调查时发现，同年11月，进行了调查和发掘工作。

发掘面积近200平方米。地层分3层（图42-2）：第1层，耕土层，厚10~18厘米。第2层，灰褐色土层，厚18~28厘米。第3层，红褐色土层，厚34~62厘米。

发现长方形竖穴土坑墓葬10座。墓葬长1.6~1.7、宽0.6~0.8、残深0.15~0.74米，东西向，无尸骨保存，随葬品多者4件，少仅1件。出土陶器20件，石器6件。陶器以泥质灰陶为主，少数橙灰陶，纹饰常见大、小方格纹及粗、细菱格纹，器形包括凹底罐、平底罐、钵、盂、豆、杯、鸡形壶等。组合多为罐、钵或罐、釜，少数为罐、釜、钵或鸡形壶（图42-3、图42-4）。石器包括锛、砺石和石核等。

后山遗址年代为距今3500~3000年，其时代比浮滨文化要早，晚于虎头埔文化，有学者将其称为后山文化或后山类型。

资料来源

[1]广东省文物考古研究所、普宁市博物馆：《广东普宁市池尾后山遗址发掘简报》，《考古》1998年第7期。
[2]杨建军：《试论广东东部地区的后山类型》，《四川文物》2005年第3期。

43. 普宁牛伯公山遗址

工作时间：1995年
工作单位：广东省文物考古研究所、中山大学人类学系、普宁市博物馆

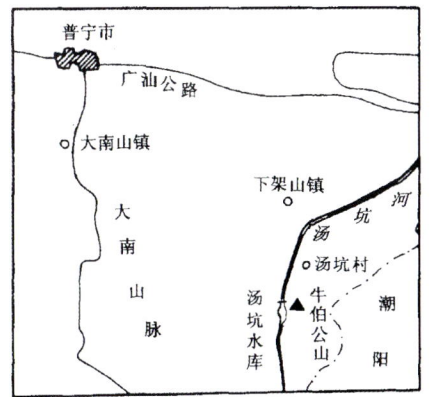

图43-1 牛伯公山遗址位置示意图

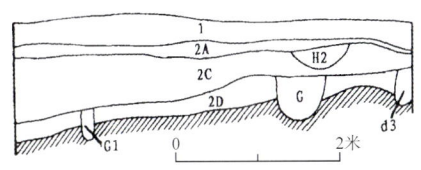

图43-2 牛伯公山遗址T0107南壁剖面图

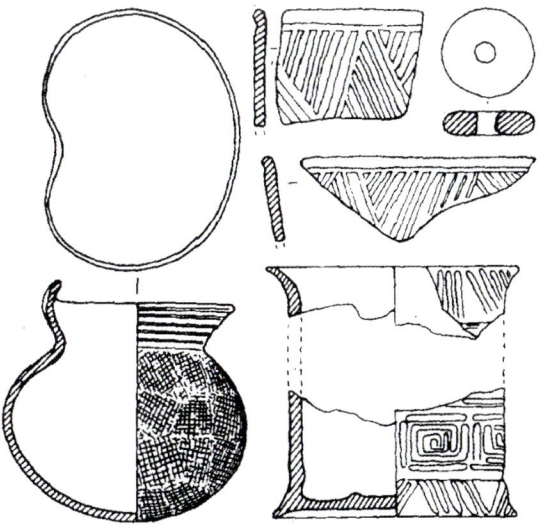

图43-3 牛伯公山遗址出土陶器

牛伯公山遗址位于揭阳市普宁市下架山镇汤坑村汤坑水库东侧，距离普宁市区约12千米。牛伯公山地势东高西低，东西宽南北窄。遗址西临汤坑河，高出河面30~40米（图43-1）。遗址在20世纪80年代文物普查时发现。1995年，广东省文物考古研究所、中山大学人类学系和普宁市博物馆进行了发掘，发掘面积300平方米。

堆积分为3层（图43-2）：第1层为现代耕土层；第2层为文化层；第3层为红色黏土堆积，不含文化遗物。

遗迹有灰坑、沟、柱洞和红烧土面等。灰坑16个，形状有圆形、长方形和不规则形等。灰沟已清理部分长6.1、宽0.15~0.4、深0.4~0.55米。柱洞分布广泛，一些柱洞呈弧形走向排列。

遗物有陶、石和玉器。陶器以夹砂陶和泥质陶为主，少量釉陶器；饰大、小、细方格纹及条纹、菱格纹、篮纹、绳纹、云雷纹等。器类有夹砂陶釜、尊、罐、壶和器座，泥质陶罐、大口尊、壶和豆，釉陶尊和豆，石戈、矛、镞、凿、环、砺石和玉玦（图43-3）。

遗址内涵与浮滨文化相似。经^{14}C测定（未经树木年轮校正），发掘者认为遗址年代为距今3500~2900年，相当于商代中晚期至西周前期。

资料来源

[1] 广东省文物考古研究所、普宁市博物馆：《广东普宁市牛伯公山遗址的发掘》，《考古》1998年第7期。

44. 南海灶岗遗址

工作时间：1978年
工作单位：广东省博物馆

灶岗遗址为贝丘遗址，位于佛山市南海区九江镇大同。灶岗是一座高约20米的土墩，东部距南海区16千米，北依西樵山，东有顺德水，西有西江。遗址分布在灶岗西南坡，贝壳堆积沿山脚伸向西北，厚达2米。贝壳以淡水腹足类软体动物蛤、螺等的硬壳为主，有少量海水生长的蚝（牡蛎）和鲍鱼壳。1978年春，广东省博物馆文物工作队对遗址进行了发掘，在134平方米范围内，发现房址、灰坑、墓葬等遗迹。

房址3座，由硬土居住面、火塘、柱洞等遗迹组成，一号房址面积约为10平方米。房址的硬土居住面位于生土层表面，以中间的火烧土堆为圆心，半径约1.5米，但边缘不大清晰。火烧土堆高0.3、直径约0.6米，里面夹有烧土块、夹砂陶支垫、夹砂陶釜残片以及黑色灰土。在烧土堆东面和西南面约1.5米处发现3个打破生土的柱洞，直径10～15、深5～10厘米，内填贝壳和碎陶片。火烧土堆的东北和东南因被近代土坑墓打破，迹象不明。灰坑10个，打破生土层，平面为不规则圆形或椭圆形，周壁垂直、外斜或内斜，坑底也不平坦。灰坑里填满贝壳和灰土，有少量陶片，少见石器和骨器。墓葬6座，墓穴位于贝壳层中，埋葬时似经夯打，人骨

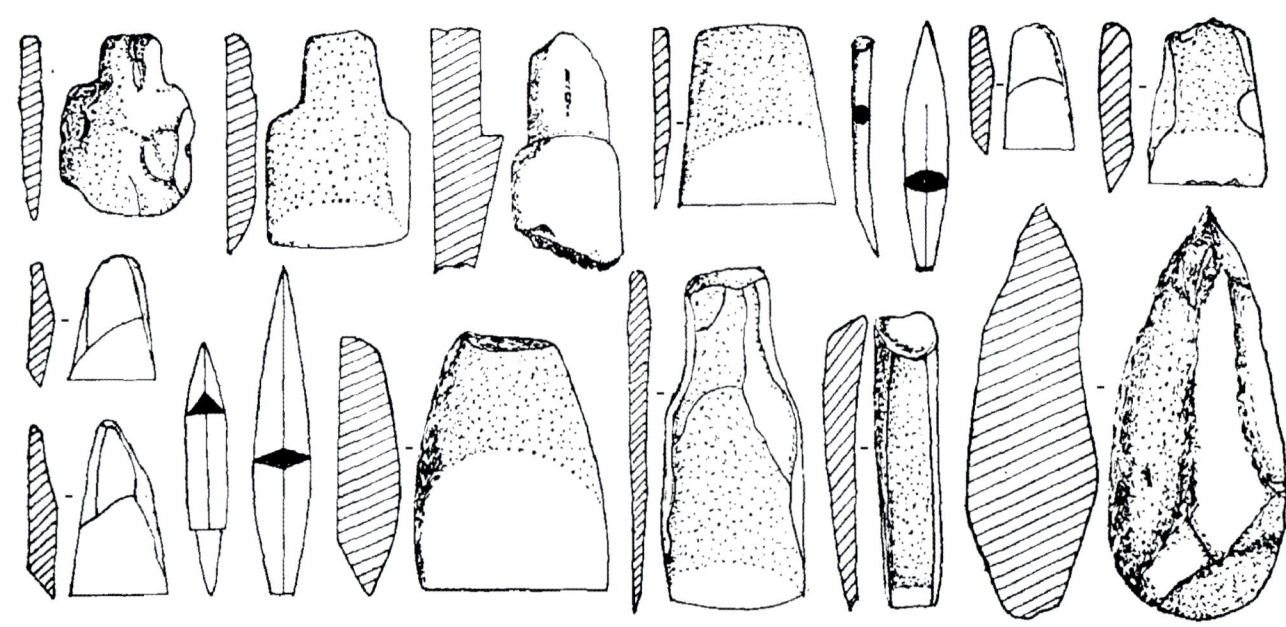

图44-1 灶岗贝丘遗址出土石、骨器

架保存尚好，均为单人仰身直肢，有的生前拔牙。墓葬随葬1件石锛或无随葬品。

出土陶器以泥质陶为多，夹砂陶较少，器形有釜、罐、豆、盆、钵、鼎足、支座、纺轮等，纹饰有方格纹、曲折纹、叶脉纹、云雷纹、绳纹、乳钉纹、水波纹、席纹、篮纹、网格纹等，少量器物有镂空、彩绘、戳刺等装饰。石器有尖状器、敲砸器、锛、斧、铲、矛、镞、环、环芯、砺石、锤以及石片、石核等（图44-1）。骨器有矛、镞、凿、针、璜等（见图44-1）。遗址还出土300余块动物骨骼，以鱼脊骨和鳖甲最多，猪、牛、鹿骨也不少。兽骨大都破碎，有火烧和敲砸痕迹；部分兽骨有切割痕迹，推测为制作骨器的原料。

通过遗物的对比研究，推测遗址的年代相当于商代。

资料来源

[1] 广东省博物馆：《广东南海县灶岗贝丘遗址发掘简报》，《考古》1984年第3期。

45. 和平甲子岗遗址

工作时间：2016年
工作单位：广东省文物考古研究所、和平县博物馆

甲子岗遗址位于河源市和平县大坝镇超田村九连山。遗址分布的低矮山丘海拔183米，相对高度约20米，东距和平水约850米。2016年，广东省文物考古研究所联合和平县博物馆进行了发掘，面积800平方米（图45-1）。

清理长方形竖穴土坑墓30余座，灰坑17个（图45-2～图45-4），出土陶、石器百余件。墓葬随葬器物以类型丰富的陶器数量为多。陶器分泥质与夹砂两类。陶器纹饰丰富，以方格纹、菱格纹、篦点纹为大宗，少量曲折纹与条纹，另有部分戳印纹，个别器物上见有叶脉纹、条纹

图45-1 甲子岗遗址远景

图45-2
甲子岗遗址墓葬

图45-3
甲子岗遗址墓葬

图45-4
甲子岗遗址墓葬

45. 和平甲子岗遗址

图45-5 甲子岗遗址出土陶器

等。泥质软陶多见素面器物。陶器以凹底器、圜底器、圈足器为主,三足器亦占一定比例,器类有鼎、鬲、盉、甗、豆、罐、壶、钵、盘、釜、杯、簋、器座及纺轮等(图45-5)。

甲子岗遗址的时代为商周时期,文化内涵比较复杂。

资料来源

[1] 刘长:《和平县甲子岗商周墓地》,《中国考古学年鉴·2017》,中国社会科学出版社,2018年。

46.饶平浮滨文化遗址群

工作时间：1974年
工作单位：广东省博物馆、饶平县文化局

浮滨文化遗址群包括潮州市饶平县浮滨公社桥头大队塔仔金山和联饶公社顶大埔山等多处遗址（图46-1）。1974年发现并进行了考古发掘。

塔仔金山清理墓葬16座，顶大埔山清理墓葬5座，6座残毁，形制不明，余皆为长方形竖穴土坑墓。墓葬因山势而建，墓向不一，排列无序，残深0.8～1.2米。2座有二层台，M1长2.3、宽1.08、深1米，二层台长4.3、宽2.9、深2.6米（图46-2），随葬陶器、石器共36件，陶器多位于二层台上。无二层台者共13座，墓坑长1.2～2、宽0.8～1.2米，随葬陶器和石器，多者16件，少者1件。

陶器有夹砂红陶、黑陶和泥质陶（图46-3、图46-4）；以印纹为特征，条纹为主，次为编织纹、方格纹等；部分施釉；器形有大口尊、壶、豆、盆、钵、杯、盂、罐、纺轮等；部分陶器腹部、肩部或足部有刻划符号。石器包括戈、矛、锛、凿、

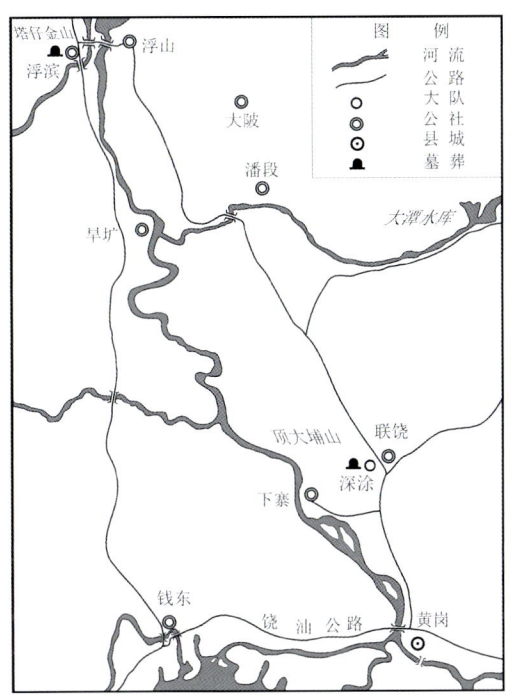

图46-1 浮滨文化遗址群塔仔金山和顶大浦山遗址位置示意图

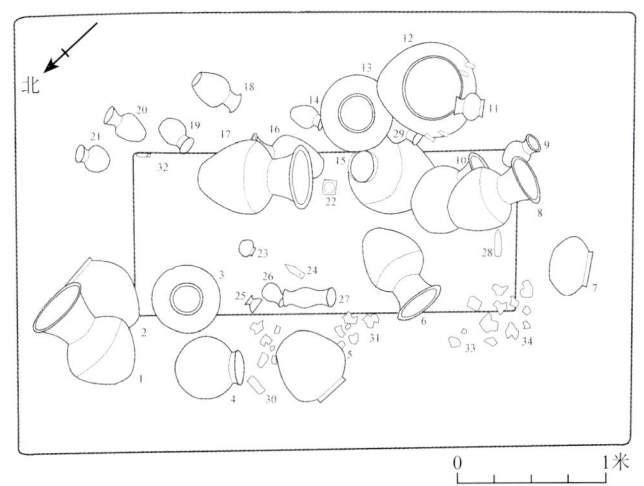

图46-2 浮滨文化遗址群塔仔金山墓葬
1、6、8～10、12、14～18、20、21、26、29.陶尊 2～5、7、13、19、23.陶罐 11、27、33.陶壶 22.石璧 24、28、32.石戈 25.陶豆 30、35.石锛 31.陶杯 34.砺石

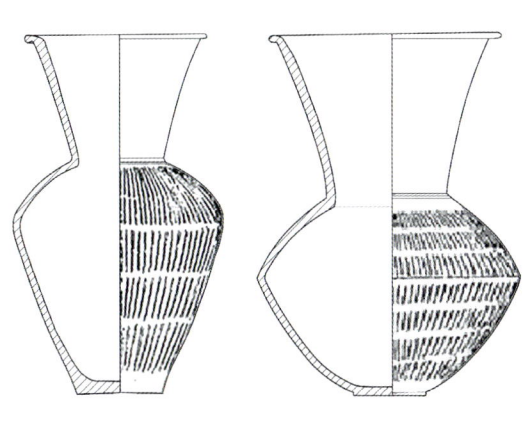

图46-3 浮滨文化遗址群出土陶器

图46-4 浮滨文化遗址群陶器

斧、砺石、玦、环、璜等。

遗址年代属商时期。有学者认为可以将其命名为"浮滨文化",并指出存在浮滨和浮山(或虎林山)两种地方类型,前者分布于粤东,后者分布于闽南。

资料来源

[1] 广东省博物馆、饶平文化局:《广东饶平县古墓发掘简报》,《文物资料丛刊》(8),文物出版社,1983年。
[2] 石荣传:《从闽南、粤东浮滨文化玉(石)器看中原夏商文明的南渐》,《江汉考古》2016年第5期。
[3] 魏峻:《粤东闽南地区先秦考古学文化的分期与谱系》,《考古学研究》(九),文物出版社,2012年。

47. 增城墨依山遗址

工作时间：2016～2017年
工作单位：广州市文物考古研究院

墨依山位于广州市增城区朱村街官田村东北部，东距增江约11千米，海拔104米。2016～2017年广州市文物考古研究院进行了发掘，发掘面积1650平方米（图47-1）。

地层堆积可分3层：第1层为耕土层，厚30～45厘米。第2层为黄褐色沙质土，厚5～25厘米。第3层为致密黄红色沙质土，厚15～25厘米。第3层以下为风化基岩。

清理先秦至清代晚期墓葬127座，其中商时期墓葬76座，出土遗物190余件（套）。墓葬集中在中部山顶平台及周围，皆长方形竖穴土坑墓。M66墓口长3、宽1.3、深1.4～1.5米，随葬器物10件，大口尊置于东端壁龛中，有领玉环位于墓室中部，牙璋、耳珰、玉管、玉环形器、石器位于墓室西端，人骨、葬具不存。M70墓口长3.2、宽1.4、深2米，随葬器物10件，大口尊、陶钵位于墓室东北角，有领玉环位于墓室中部，牙璋、耳珰、玉管、石锛、玉环位于墓室西侧，人骨、葬具不详（图47-2～图47-4）。

墨依山遗址的发现，对研究岭南早期文明具有重要意义。

图47-1　墨依山遗址航拍照　　图47-2　墨依山遗址M70（西—东）

图47-3　墨依山遗址M70出土器物

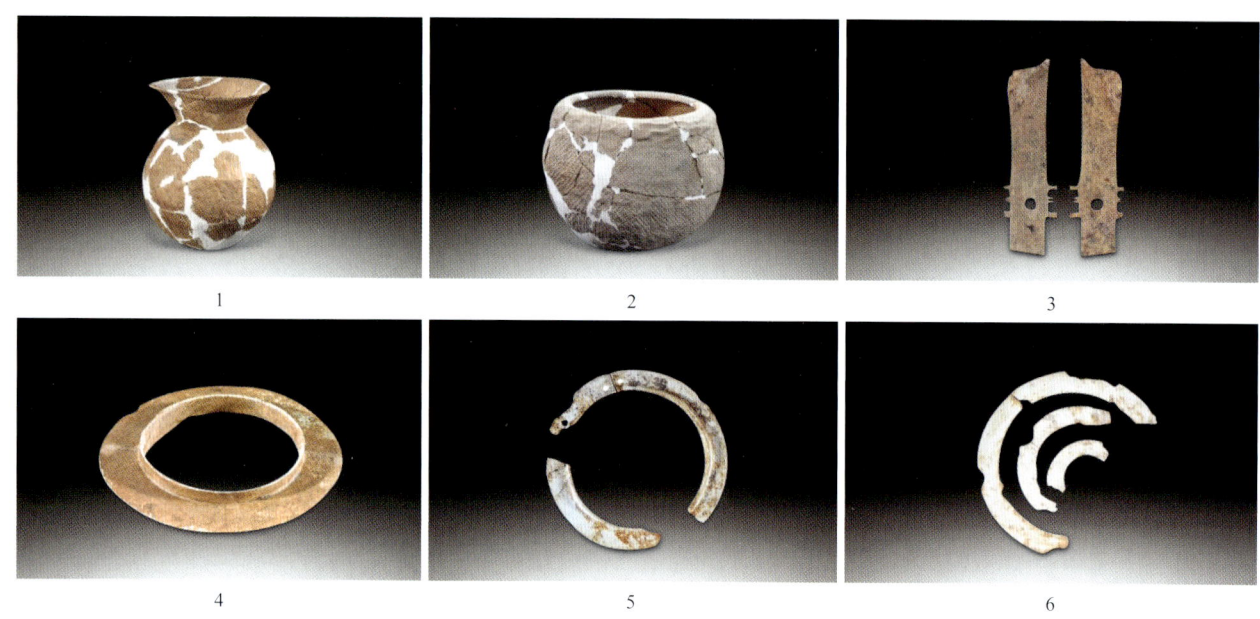

图47-4　墨依山遗址出土器物
1. 陶大口尊（M70∶1）　2. 陶钵（M70∶2）　3. 玉牙璋（M70∶5）
4、5. 有领玉环（M70∶3、M70∶4）　6. 玉环形饰（M70∶7）

资料来源

［1］广州市文物考古研究院：《广州增城墨依山遗址两座出土玉牙璋的商代墓葬》，《东南文化》2018年第3期。

48. 南澳东坑仔遗址

工作时间：1990年
工作单位：广东省南澳县海防史博物馆

东坑仔遗址位于汕头市南澳县隆东乡东南约1.5千米，遗址地势东高西低，北临小溪，东、东南为丘陵山坡，西为开阔的古海湾，面积约40000平方米，1990年发现以来进行过多次调查。

采集遗物有陶器和石器，陶器主要为夹砂陶和泥质陶，以夹砂陶为主，胎色多黄褐或灰色，少量红陶，有施浅红色陶衣，器类有大口尊、罐、壶、圈足器、器盖和支座等。此外，还有陶网坠、陶拍、石锛、斧、楔、磨棒、锤、纺轮、凹石和砺石等。西北坡的贝壳堆积层中亦夹杂陶片、石器等遗物。

遗址年代为距今4000～3500年，纹饰以梯格纹为特点，流行大口尊和陶支座，使用有段石锛，文化面貌与粤东地区的浮滨、福建的墓林山遗址较为相似。

资料来源

［1］广东省南澳县海防史博物馆：《广东南澳县东坑仔古遗址》，《东南文化》1991年第6期。

49. 东源大顶山墓地

工作时间：2018年
工作单位：广东省文物考古研究所、东源县博物馆

大顶山墓地位于河源市东源县车头山村大顶山顶部西缘，相对高度约35米。遗址发现于2017年，2018年5~8月进行了发掘，发掘面积600平方米（图49-1）。

清理墓葬14座（图49-2）、灰坑1个、柱洞2个。墓地文化层较薄，墓葬保存状况良好。地层共出土石锛、砺石、石范、石镞等石器（图49-3）。

墓葬属商周时期，皆竖穴土坑墓，大致为东西向，无打破关系。墓圹填土多为黑灰色粉砂土，较纯净，部分墓葬保存较差，随葬器物出露。墓圹平面为窄长方形或长方形，出土陶器、石器、玉器及青铜器等逾100件。M3出土细席纹陶器逾20件、陶纺轮9件、玉器逾6件、青铜器2件，随葬品40余件（图49-4~图49-6），为同时期广东出土文物最为丰富的墓葬之一。

大顶山墓地时间跨度较大，填补了商中期至西周早期粤东北地区考古学文化空白。M3出土的细席纹陶为该区域所少见。大顶山墓地的文化因素可能非常复杂，其器物风格与珠江三角洲、福建闽北、江西赣南等地同时期遗存和湖南炭河里及高砂脊遗址、粤东浮滨文化遗址都有联系。

图49-1　大顶山墓地全景

图49-2　大顶山墓葬

图49-3　大顶山墓葬出土石器　　　　　　　　　图49-4　大顶山墓葬出土玉器

图49-5　大顶山墓葬出土陶器　　　　　　　　　图49-6　大顶山墓葬出土陶器

资料来源

[1] 广东省文物考古研究所：《广东东源大顶山商周墓地》，《2018中国重要考古发现》，文物出版社，2019年。

50. 揭东面头岭遗址

工作时间：1973~1987年、2003年、2004年
工作单位：广东省博物馆、汕头市文管会、揭阳县博物馆、揭阳考古队

面头岭遗址位于广东省揭阳市揭东区云路镇中夏村北。面头岭为孤丘，南北走向，相对高度20米，1973~2004年经多次考古发掘，共发现墓葬28座。

墓葬主要分布于面头岭西南侧与南侧的山腰地带，多为长方形竖穴土坑墓，随葬青铜器、陶瓷器和石器，其中，铜器有鼎、甗、盘、剑、矛、戈、镞、钺、刮刀、削刀、锥形器和镜等，陶器有瓮、罐、甗、鸡形壶、釜、碗、钵、盂、杯和纺轮等，玉石器有斧、锛、环、玦、矛以及砺石等，另有铅镞等金属器。陶器以泥质灰色硬陶为主，纹饰有梯格纹、方格纹、复线菱格纹对角线纹、米字纹、细方格纹等，还有少量夔纹、多线菱格纹以及水波纹等。部分器物施有红色或酱紫色陶衣，并有刻划符号（图50-1）。

图50-1 面头岭遗址出土器物

此外，尚未发现其他时期的建筑基址与灰沟等。

面头岭遗址主要年代为商至战国时期，下限有可能晚至秦或南越国初期，其战国晚期墓葬具有明显等级差异，尤其是M14等级较高，该墓随葬原始瓷器、陶器、青铜器、铅器等36件，包括7件铅镞、13件铜镞和9件原始瓷匜。面头岭遗址对了解揭阳地区春秋战国时期历史文化面貌具有重要意义。

资料来源

[1] 魏峻：《揭东县面头岭墓地发掘报告》，《揭阳考古（2003～2005）》，科学出版社，2005年。

51. 平远水口西周陶窑

工作时间：1974年
工作单位：广东省博物馆

水口窑位于梅州市平远县石正圩西北2千米的水口山南端。1974年初发现，同年5月，广东省博物馆进行了清理。

遗址发现竖穴式窑基5座，清理4座。陶窑均为袋形竖穴状，上大下小。分为窑床、窑箅以及火膛，火门被破坏。窑床平面呈椭圆形，顶部已毁。周壁弧形，口部较小，中段稍宽，底部即窑箅。其中三号窑窑床壁残高100、中部横宽183、壁厚5～10、底宽154～166厘米。箅中心厚20、周边厚54厘米。9个箅孔，火膛宽162、高88、深180厘米。

出土陶器333件。陶质以硬陶为主，其次是软陶和夹砂硬陶。陶器胎色有灰白、青灰和铁灰，表面则呈灰黄、灰褐、酱色和铁灰色；泥质软陶薄胎较多，也有小部分厚胎，质均较松；纹饰有方格纹、云雷纹、云雷与方格纹组合和小圆圈纹等。有的有彩绘装饰，主要为点彩、划彩两种。点彩有圆形和卵形，划彩则有两划的单笔彩法与复笔彩法，彩绘不易脱落，颜色有黑、赭、棕红和暗绿等色，以黑色为主。这些彩绘，可能用含天然矿物（铁、锰、铜等）的红土、赭色石、孔雀石等做原料，未烧前涂上。陶器有手制和轮制，小型器物采用捏制，器类以罐类为最多，另外还有提梁温壶、盂、盆、插座、碗及陶拍等。

水口窑属西周时期，其竖穴式陶窑为岭南陶瓷考古的重要发现，对研究我国古代窑炉与制陶技术具有重要意义。

资料来源

［1］广东省博物馆：《广东平远县西周陶窑清理简报》，《考古》1983年第7期。

52. 博罗横岭山墓地

工作时间：1999~2000年
工作单位：广东省文物考古研究所

横岭山墓地位于惠州市博罗县城东北约2千米的横岭山。横岭山呈南北走向，海拔35.5米。1999年9月，广东省文物考古研究所对广惠高速项目用地考古调查时发现；2000年进行发掘，发掘面积8500平方米（图52-1）。

共清理墓葬332座。其中，商周时期墓葬302座、秦汉墓葬2座、晋至明清时期墓葬28座（图52-2）。

商周时期墓葬主要为长方形竖穴土坑墓，出土陶器、原始瓷器、青铜器与玉石器共902件（图52-3~图52-7）。以陶器为主，共520余件，器类有罐、豆、纺轮、瓮、釜、瓿和簋等；

图52-1 横岭山墓地航拍照

图52-2 横岭山墓地墓葬

图52-3 横岭山墓地出土铜鼎

图52-4 横岭山墓地出土铜甬钟

图52-5 横岭山墓地出土陶器

图52-6 横岭山墓地出土玉玦

图52-7 横岭山墓地出土原始瓷豆

纹饰有弦纹、双F纹、席纹、重圈纹、曲折纹、菱格凸点纹、方格纹等,并有大量刻划符号。原始瓷器以豆为大宗,出土104件,其次还有尊、钵与杯等。铜器有鼎、甬钟、剑、矛、戈、镞、斧、凿、镦以及刮刀等。玉石器中以玦为大宗,出土84件,材质为玉或水晶,另外还有玉管、砺石等。从墓葬形制及随葬品可见当时的社会阶层差异、性别分工以及贫富差距等现象。

横岭山商周时期墓葬分为四期8段。第一期为商周之际,第二期为西周早期,第三期为西周中晚期,第四期为春秋时期。横岭山墓地墓葬数量多,随葬品丰富,记录完整科学,报告编写翔实。横岭山墓地的发掘和研究,首次在岭南建立了科学、可靠、完善的商周时期分期标准和体系,属广东商周考古的重大突破,具有开创先河的特殊意义。横岭山墓地被评为2001年度全国十大考古新发现。

资料来源

［1］广东省文物考古研究所:《博罗横岭山——商周时期墓地2000年发掘报告》,科学出版社,2005年。

53. 乐昌对面山墓葬

工作时间：1987年6月~1988年1月
工作单位：广东省文物考古研究所、乐昌市博物馆、韶关市博物馆

图53-1 对面山M1

对面山墓葬位于韶关市乐昌市城南2千米的大拱坪村后，西北距武江南岸的洲仔秦汉城址仅1千米。对面山是一处高30~40米的低丘陵山地，墓葬主要分布在东西长400、南北宽250米，东西相连的两座山冈的半山腰以上，东部较多，西部较少。墓葬多数向东或向南，少数以山坡低处为朝向，少部分墓葬有打破关系。1987年发现，同年6月至1988年1月，广东省博物馆文物队、乐昌市博物馆、韶关市博物馆进行发掘，共发掘墓葬207座（图53-1）；其中191座为东周至秦汉时期墓葬，11座为晋、唐墓，5座年代不明。

东周至秦汉时期墓葬根据形制分为带腰坑墓、二层台墓、狭长形墓、长方形墓、刀形墓与凸字形墓。出土器物主要有铜器、铁器和陶器，铜器有鼎（图53-2、图53-3）、剑、匕首、矛、戈、斧、镜和钱币等，铁器有锸、剑、长刀和斧等，陶器有瓮、缶、瓿、釜、鼎、甗、熏炉、罐、簋、盒、壶、灶、囷、仓和屋等（图53-4）。其中M116出土1件陶罐刻有40多个汉字，非常罕见。发掘者将其分为春秋至战国早期、战国时期和西汉时期三期。

对面山墓葬发现墓葬数量多，年代跨度大，且自周秦至两汉几无间断。其墓葬形制清楚，出土遗物丰富，为探讨秦统一前后岭南地区历史文化面貌提供了重要资料。

图53-2
对面山墓葬出土铜鼎

图53-3
对面山墓葬出土铜鼎

图53-4
对面山墓葬出土陶器

资料来源

［1］广东省文物考古研究所、乐昌市博物馆、韶关市博物馆：《广东乐昌市对面山东周秦汉墓》，《考古》2000年第6期。

54. 博罗曾屋岭遗址

工作时间：2010～2011年
工作单位：广东省文物考古研究所、惠州市博物馆、博罗县博物馆

曾屋岭墓地位于惠州市博罗县福田镇联合村委会冲径村曾屋岭东麓，于2008年11月莞高高速公路考古调查时发现，2010年9月～2011年1月，广东省文物考古研究所联合惠州市博物馆、博罗县博物馆进行了抢救性考古发掘。发掘面积2300平方米，发现春秋时期墓葬85座，出土各类青铜器及陶瓷器100余件（图54-1）。

墓葬均为长方形竖穴土坑墓，规格不一，长2.2～3.7、宽0.65～1.3米。墓向大致为南北向。墓葬排列有序，与等高线基本平行，几无打破关系。少数墓葬有二层台与腰坑。

随葬品器类丰富，铜器有鼎、剑、矛、戈、镞、斧、刮刀等，陶器有豆、簋、罐以及原始瓷豆等。陶器主要为泥质陶，纹饰有弦纹、水波纹、方格纹、夔纹、方块凸点纹、回纹和云雷纹等。M70出土一件人像剑首短剑，人像为裸体男性，头戴箍，扁圆脸，嘴、眼眶凹陷，鼻梁低矮，大耳贯孔，粗脖子，身形瘦窄，双手执于胸前，腰扎腰带，下体性器官粗壮凸出。其造型风格极具越人特色，为广东省首次发现。

曾屋岭遗址年代约在春秋中晚期，其发现对探索广东先秦时期社会文化面貌具有重要意义。

图54-1 曾屋岭遗址出土青铜剑

资料来源

[1] 冯孟钦（广东省文物考古研究所）：《广东博罗曾屋岭春秋时期墓地》，中国文物信息网，2011年4月18日。

55. 博罗梅花墩窑址

工作时间：1992年
工作单位：广东省文物考古研究所、博罗县博物馆

梅花墩窑址地处惠州市博罗县园洲镇田头管理区塘角村东面，东距博罗县城约35千米，西距园洲镇约5千米，南临东江，水上交通便利，分布范围10000平方米。梅花墩窑址1975年文物普查时发现，1992年1月和1995年1月，广东省文物考古研究所会同博罗县博物馆对窑址进行了发掘，揭露龙窑1座（图55-1）。

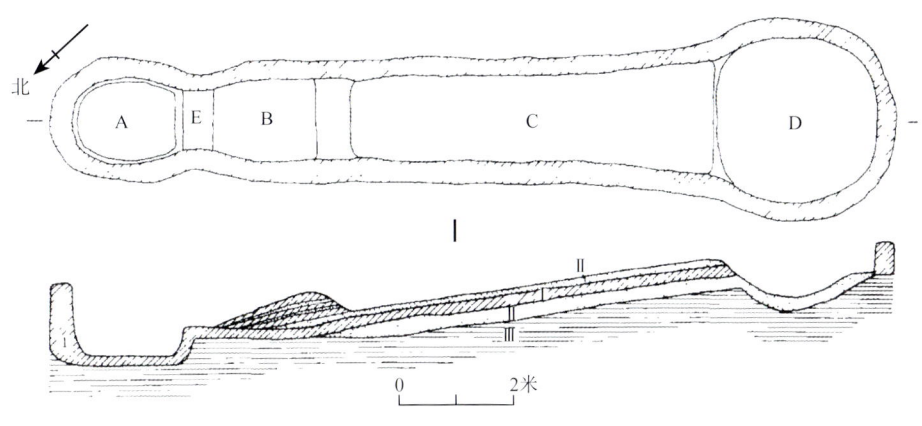

图55-1 梅花墩窑址平、剖面图
A.火膛 B.火道 C.窑床 D.窑尾 E.小平台 Ⅰ.窑底与窑壁 Ⅱ.铺沙层 Ⅲ.垫土

窑址堆积分4层，主要文化层为第3层，深15～30、厚50～130厘米。灰褐色土，质地松散，含有大量红烧土块、炭屑和窑渣。此层出土大量方格纹、夔纹、菱格纹、重圈纹、篦点纹及上述纹饰组合纹的印纹硬陶片（图55-2），还有一些酱釉和原始瓷片。陶器以罐和豆为主，另有盂、碗、杯、簋、器盖、纺轮、网坠、陶拍、陶垫和陶塑动物等；原始瓷器主要有豆、罐、盘和盂等。

龙窑窑顶倒塌，只存下部。该窑为西南至东北向，方向35°，由火膛、火道、窑床和窑尾等部分组成。全长15米，其中火膛长1.95、宽1.05～1.5、深0.5米，火道长2.2、宽1.05～1.45、残高0.5～1.3米，窑床长6.5、宽1.4～2、残高0.5～1.3米，窑床长6.5、宽1.4～2、残高0.4～1.1米，窑尾长2.75、宽2～2.9、残高0.5～0.9米。窑址中出土遗物较丰富，其中泥质硬陶占多数，还有原始瓷与釉陶，夹砂陶极少。陶器有罐、豆、瓮、釜、碗、钵、杯、簋、盘、壶等。陶器和原始瓷器上普遍发现刻划符号或文字，经初步统计有30余种。

图55-2　梅花墩窑址出土陶片

梅花墩窑烧造夔纹等几何印纹陶和原始青瓷，产品质量较高，产量较大，流通范围较广，是目前广东发现最早的龙窑之一，对几何印纹陶、东江先秦文明和我国瓷器起源的研究意义重大。

资料来源

［1］广东省文物考古研究所、博罗县博物馆：《广东博罗县园洲梅花墩窑址的发掘》，《考古》1998年第7期。

56. 博罗银岗遗址

工作时间：1996年、1998年、1999年、2003年
工作单位：广东省文物考古研究所

银岗遗址位于惠州市博罗县龙溪镇银岗管理区南东江北岸的河谷平原上，东距县城22千米，其南约2千米处为东江。遗址由河谷平原上七个东西向相连的低矮岗丘组成，总面积10万平方米。广东省文物考古研究所在1996年、1998年、1999年与2003年对该遗址进行了四次发掘。

发掘战国时期龙窑5座。遗址分两期。

第一期遗存以陶器为主，陶质主要为泥质陶，其中灰陶最多。纹饰有网格纹、夔纹、方格纹、菱格凸点纹、曲折纹、云雷纹、刻划弦纹、条状刻划纹、篦点纹和圆圈状戳印纹等，多组合纹饰，夔纹和菱格纹一般与方格纹、网格纹、弦纹、戳印纹等纹饰相组合。泥条盘筑为主，

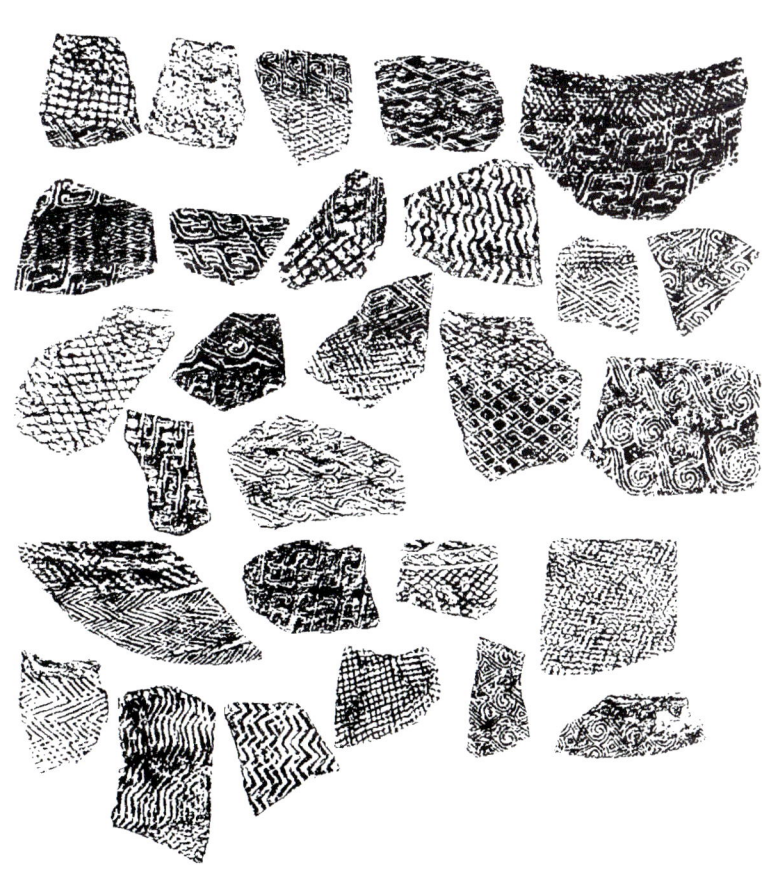

图56-1 银岗一期陶片纹饰拓片

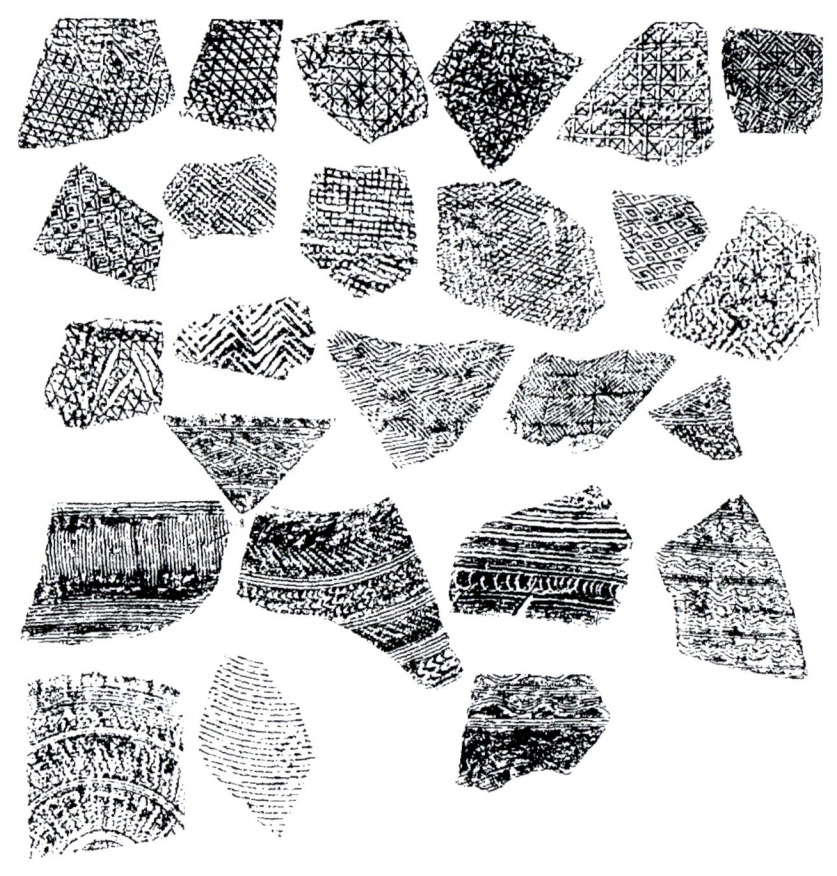

图56-2　银岗二期陶片纹饰拓片

还有轮制。施纹方法有拍印、压印、戳印、刻划等。饰拍印、压印几何图纹的均是手制成形器，器物内壁多有麻点状垫痕。器类有罐、豆、钵、器座、器盖、环、陶垫以及动植物模型等（图56-1）。

第二期遗存以陶器为主，主要为泥质灰陶，但红衣陶比例上升显著，出现带釉陶片。有釉陶片一般为灰胎酱黑或酱绿釉，釉层薄，易脱落。有的釉玻璃化良好，有明显裂纹。施釉较厚，常见流釉和积釉。素面占所有陶器的1/3，纹饰有三角格纹、方格纹、米字纹、网格纹、刻划弦纹、水波纹、条形纹、指甲状纹、篦点纹、之字状戳印纹和少量菱格凸点纹、云雷纹、曲折纹、夔纹等。组合纹饰少见，一般为刻花纹和戳印纹组合（图56-2）。刻划符号大量出现。手制和轮制并存，轮制成形器比例激增。常见器类有罐、釜、鼎、盒、三足盒、瓿、碗、钵、杯、豆、盖盒、三足洗、瓦、瓦当、纺轮、动植物模型、珠、陶垫、垫环等（图56-3）。

两期遗存在陶器器类、器形、纹饰等方面有明显差异，一期年代大致在西周、春秋时期，二期年代为战国时期，并可能延续至战国晚期。在广东先秦考古研究中，与银岗一期文化内涵相似的遗存一般被称为"夔纹陶类型遗存"，与银岗二期相似的则一般被称为"米字纹陶类型遗存"。银岗遗址首次从地层上证明了夔纹陶类型遗存早于米字纹陶类型遗存，其表现出先进的制陶工艺和庞大的生产规模，是东江流域两周时期文明进步的重要标志。2002年，银岗遗址被公布为广东省文物保护单位。

图56-3 银岗遗址出土陶器

资料来源

［1］广东省文物考古研究所：《广东博罗银岗遗址发掘简报》，《文物》1998年第7期。
［2］广东省文物考古研究所：《广东博罗银岗遗址第二次发掘》，《文物》2000年第6期。

57. 深圳叠石山遗址

工作时间：1987年10月
工作单位：深圳博物馆

叠石山遗址位于深圳市南头区茶光村南。叠石山海拔约为50米，坐落于大沙河西岸，遗址分布于叠石山的东坡和北坡，东坡延至大沙河河沿。遗址平面呈曲尺形，南北宽约100、东西长约300米，面积约3万平方米。1987年10月，深圳博物馆在叠石山北坡进行了发掘，面积330平方米。发现建筑遗迹1处，包括柱洞49个、灰坑1个（图57-1）。

柱洞直径13～35、深20～80厘米，柱洞内填土均为灰褐色，个别含陶片。有的在底部垫2块石头作为柱础石。靠近西南部的两排柱洞分布较有规律，余则较为零乱。建筑基址为西南

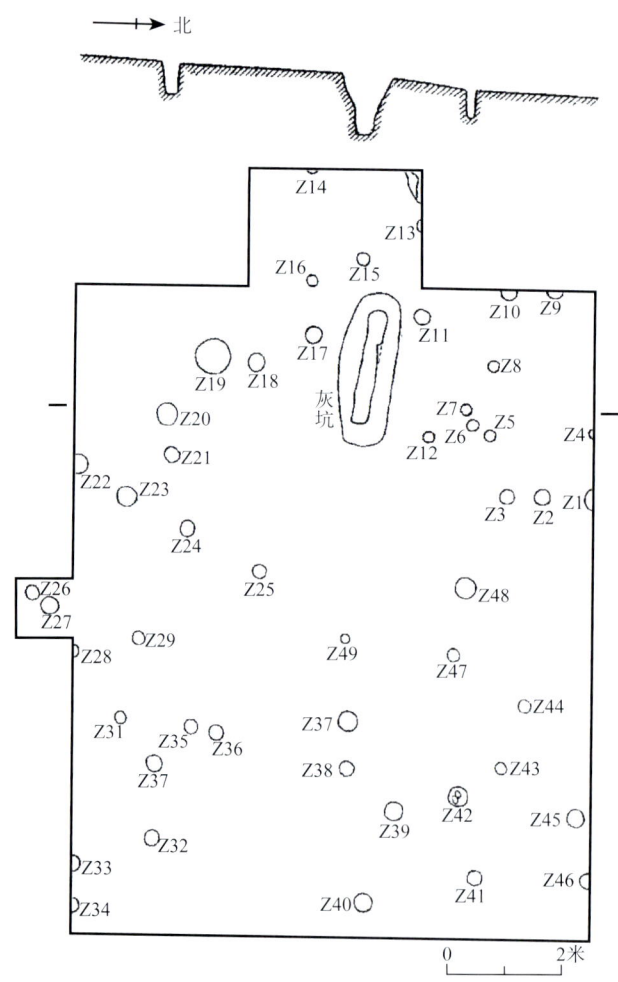

图57-1 叠石山遗址房址平、剖面图

背山、面朝东北的干栏式建筑基址。灰坑位于建筑基址西部，平面略呈长方形，口大底小，坑壁较整齐；填土呈灰黑色，黏性较大，出土少量陶片；口长2.6、宽0.9米，底长1.95、宽0.34米。

遗物有陶器、石器、青铜器和铁器等。陶器以泥质灰硬陶为主，泥质红陶次之，夹砂陶及釉陶极少。泥质灰硬陶火候较高，陶质坚硬、细腻。泥质红陶火候较低，陶质较软。夹砂陶含砂量较多，陶质松散。釉陶为灰白胎青黄色釉，器形为折腹豆。陶器制法均为轮制。纹饰种类繁多，做法主要有拍印、压印和刻划三种，通常以数种纹饰组合饰于器表。在器物肩部常见以小圆泥饼成对粘贴后压圈的附加"目"纹。拍印纹饰有方格纹、夔纹、回字纹、菱形纹、方格凸块纹、菱格凸块纹、重圈纹和三角格纹、编织纹、勾连云雷纹、连体云雷纹、"米"字纹、圈点纹等。压印纹以篦点纹为主，另有少量压圈纹和指甲纹。刻划纹以篦划夔龙纹和弦纹为主，另有少量曲折纹。器表一般通体饰纹，纹饰细致、清晰。陶器口沿及圈足内常见有简单刻划符号。陶器种类有罐、瓮、尊、盒、碗、豆、簋（图57-2）、壶、钵、鼎、器座和支座等，器耳多为条形耳，一般位于器物肩部两端，多以圆形泥饼粘贴加固。

图57-2 叠石山遗址出土陶簋

图57-3 叠石山遗址出土铁斧

叠石山遗址经树轮校正后的^{14}C测年数据为距今2250年±110年，其时代为战国中期前后。遗址出土的4件铁斧（图57-3），在广东"夔纹陶类型"遗存中属于首次发现，为研究广东早期铁器的使用和来源等问题提供了依据。

资料来源

［1］深圳博物馆：《深圳市叠石山遗址发掘简报》，《文物》1990年第11期。

58.清远马头岗墓葬

工作时间：1962年、1963年
工作单位：广东省文物管理委员会

马头岗遗址位于清远市清新区三坑镇马头岗村东，七龙湾河西岸，四周环山。1962年发现，后广东省文物管理委员会在此清理发掘出土一批青铜器、石器和陶器。

1962年发掘墓葬1座，编号M1，出土青铜器25件，有鼎、簋、罍、缶、钲、甬钟（图58-1）、钺、戚、矛、矛镦、匕首、车饰等，另有磨光石杵，方格纹与夔纹组合的印纹陶罐残片，年代为西周末至春秋时期。

1963在同一地点清理狭长形竖穴土坑墓1座，编号M2。M2打破第2层，第2层叠压的灰坑出土夹砂粗红陶、夹砂粗黑陶等遗物，第2层时代约为新石器时代晚期。M2长2.8、宽1.1、残深2.35米，墓向130°。墓壁平整，墓底铺平，厚0.35米。出土青铜器39件，有罍、钟、斧、钺、矛、矛镦、镞、匕首等（图58-2）。其中铜钟为4套共7件。另有石棒、石杵。饰弦纹、篦点纹与方格纹组合纹饰的几何印纹硬陶罐等，墓葬年代与M1近似，属春秋时期。

马头岗墓葬出土遗物带有比较明显的岭南越人特色，是研究岭南春秋时期文化面貌的重要材料。

图58-1　马头岗墓葬出土铜钟

图58-2　马头岗墓葬出土铜罍

资料来源

［1］广东省文物管理委员会：《广东清远发现周代青铜器》，《考古》1963年第2期。
［2］广东省文物管理委员会：《广东清远的东周墓葬》，《考古》1964年第3期。

59. 罗定背夫山墓葬

工作时间：1983年11月
工作单位：广东省博物馆、罗定县文化局

背夫山墓葬位于云浮市罗定市平圩镇东南7.5千米的横垌村后，其东南有高峻的石芽山岭，西北300米处有沙郎河自南向北流经，汇进南江河后注入西江。背夫山高约20米，墓葬位于其西南坡，1983年11月发现并一同清理。

墓葬为长方形竖穴土坑墓，墓坑长3、宽2、残深2.3米，墓向220°。墓底中部有圆形腰坑，直径0.45、深0.7米。墓内有约30厘米厚的填土经过夯打，葬具、人骨腐朽无存（图59-1）。

出土随葬器物共116件。青铜器98件，有鉴、鼎、铎、人首柱形器、戈、剑、短剑、矛、镞、钺、斧、叉、镰、锯、削刀、刮刀和凿等（图59-2～图59-5）；陶器7件，有瓮、罐、豆及杯；玉器3件，有觿形器和玦；石器8件，有凿、砺石、石块等。

背夫山墓葬的时代为战国早期。其墓坑保存完好，随葬品未经扰乱，器物组合完整成套，为研究战国时期广东地区埋葬制度和习俗提供了重要依据。腰坑常见于岭南同时期墓葬，有胡铜戈则是广东战国墓中保存较为完好的，铜剑上漆鞘的保存也较完整，十分难得。

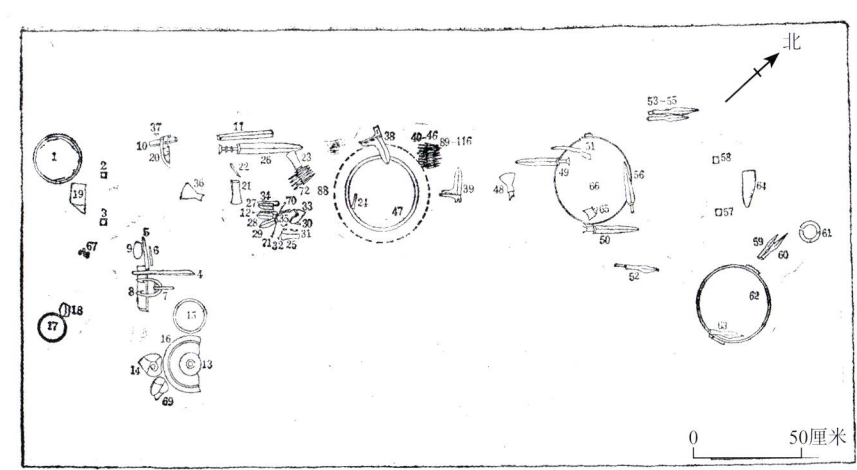

图59-1 背夫山墓葬平面图
1.陶罐 2、3、57、58.人形柱首器 4.石凿 5.铜凿 6、37.铜镞 7.铜叉 8～12.砺石
13～15、69.陶豆 16、17.铜鼎 18.原始瓷杯 19、64.石块 20.铜镰 21～25.铜斧 26.铜剑
27～29.铜篾刀 30.铜三叶矛 31、34.镈 32.三棱器 33、35、36、48.铜钺 38、39.铜戈
40～46、72～116.铜镞 47.陶瓮 49、50、56.铜短剑 51.玉觿形器 52～55、59、60、63、68.铜矛（填土）
61.玉玦 62、66.铜鉴 65.铜铎 67.玉器 70.铜削 71.铜锯

图59-2 背夫山墓葬出土铜器

图59-3 背夫山墓葬出土铜鉴

图59-4 背夫山墓葬出土铜镰

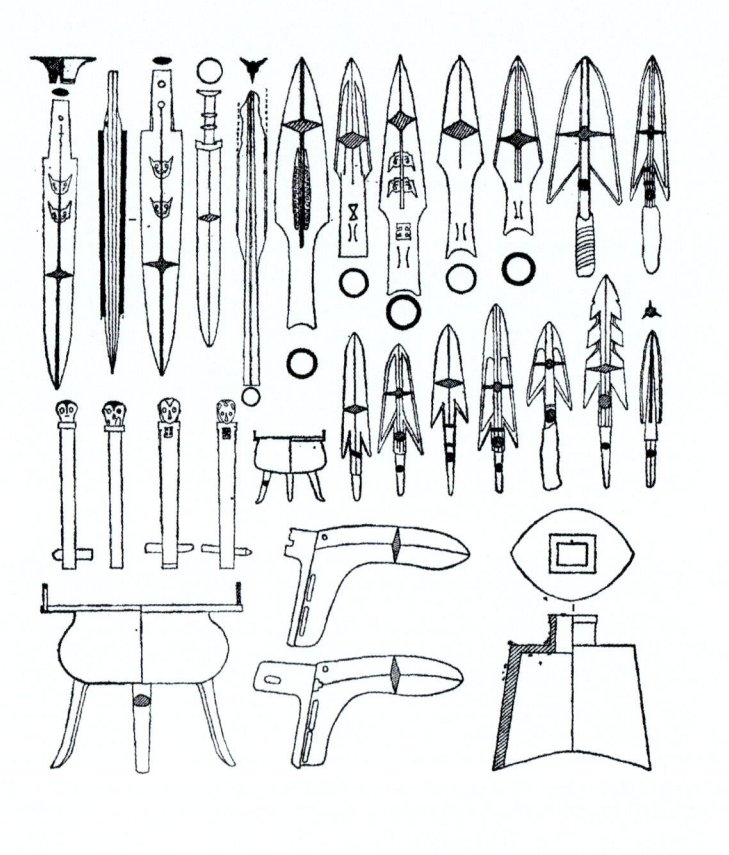

图59-5 背夫山墓葬出土铜器

资料来源

[1] 广东省博物馆、罗定县文化局：《广东罗定背夫山战国墓》，《考古》1986年第3期。

60. 四会鸟旦山战国墓

工作时间：1973年7~8月
工作单位：广东省博物馆

鸟旦山战国墓位于肇庆市四会县城东南17千米绥江和北江合流的三角地，西南距绥江3千米，东南距北江5千米，南面距西江15千米。鸟旦山南北狭长，比较低矮。1973年7月发现，8月上旬进行调查与清理。

墓葬为不规则长方形竖穴土坑墓，坑口南部被唐代窑室打破，残长5.7、宽3.5米。墓室分前后室，北为后室，宽0.7~1.15米，低于前室约0.15米。残高0.3~0.6米，墓向355°。前室西壁发现宽0.5厘米的板灰痕迹。后室中部有方形腰坑，埋藏1件陶罐。出土随葬器物共63件，集中在后室，其中青铜器59件，有鼎、盉、铎、戈、矛、剑、镞、斧、凿、削以及人首柱形器等；另有陶罐和砺石。

简报认为该墓年代属于战国早期或略晚。从随葬品器物摆放来看，可能存在严格的埋藏仪式，并且墓主人具有较高的等级和地位。

资料来源

[1] 广东省博物馆：《广东四会鸟旦山战国墓》，《考古》1975年第2期。

61. 肇庆北岭松山墓

工作时间：1972年11月
工作单位：广东省博物馆、肇庆市文化局

北岭松山墓位于肇庆市西7千米的北岭松山。1972年11月底发现，广东省博物馆会同肇庆市文化局随即进行了发掘。

墓葬为长方形土坑木椁墓，坑长8、宽约4.7、深6米，方向东偏南5°。棺椁已朽，仅存7条垫木，依朽痕推测椁长7、宽4.5、高1.3米。椁底设1个圆形腰坑，内置1件陶器。椁上和椁下铺设碎炭一层，以便防潮（图61-1）。

随葬器物139件，大部分是青铜器，其他有陶、金、玉、石、琉璃等器。此外，还有一些漆器，均已朽烂（图61-2、图61-3）。其中，青铜器有锅、鼎、错银铜罍、三足盘、提梁壶、

图61-1 北岭松山墓随葬品分布

附耳筲、甬钟（1套共6件）（图61-4）、剑、矛、镞、斧、锛、铲、镬形器、刻刀、削刀、人首柱形器、铺首和铜镜，鼎、罍、三足盘、剑、提梁壶，造型美观，饰飞鸟纹、云气纹、羽状纹、蟠螭纹、窃曲纹等，线条优美，纹样丰富，铸工精细。原始瓷器有瓿、钵、盒，瓿饰篦点、弦纹和栅纹，钵、盒有刻划符号。陶器有罐、瓮、珠等，纹饰有篦点纹、方格纹、米字纹。另有金柄玉璧、玉带钩、玉片、琉璃珠、砺石等。金柄玉环呈圆形，内外都有齿棱，金柄作长方形镶嵌于环上，柄端有銎，銎内装有三棱形铜条。

墓葬出土琉璃珠的来源尚有争议。有学者认为源自西亚，经印度传入我国；也有学者认为其与国内的铅钡玻璃系统和国外的钠钙玻璃系统均不太相似，考虑到同墓出土有不少楚国风格的器物，因此可能来自长沙。

松山墓葬的时代是战国晚期，是广东地区先秦时期形制较大、规格较高的一座墓葬。墓中出土随葬品较复杂，形制、花纹都颇具楚器风格，对研究广东青铜文化与楚文化的关系有重要价值。

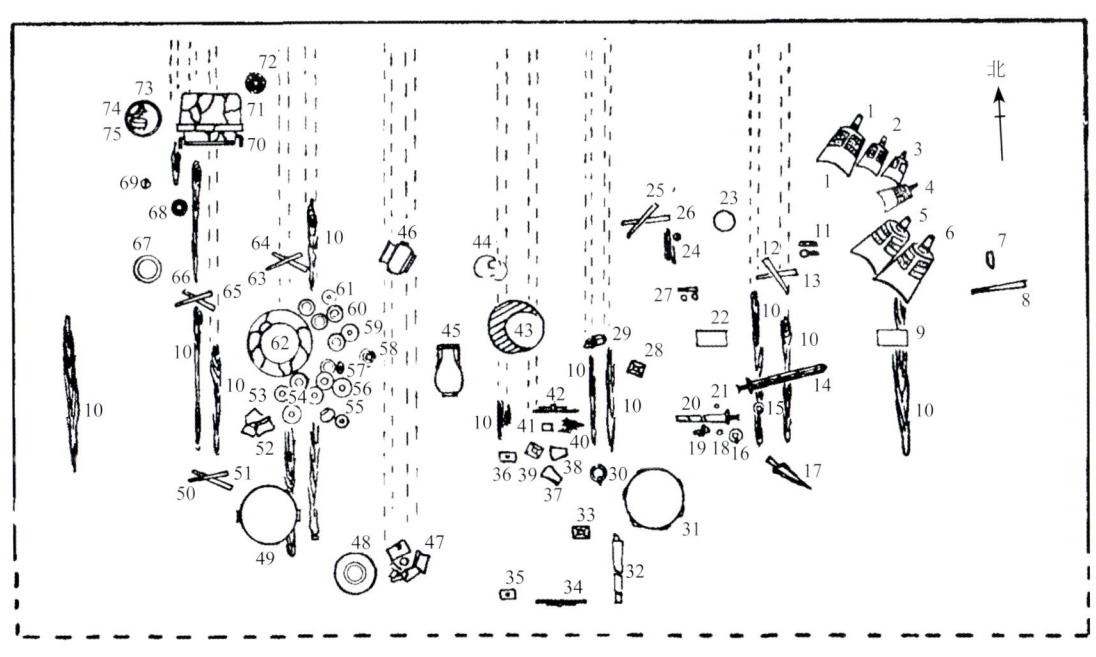

图61-2 北岭松山墓随葬器物平面图

1～6.铜编钟 7、8、12、13、25、26、50、51、63～66.铜镬形器 9、22、34、42.铺首 10.残留木头 11.残铜器 14、20.铜剑 15、16.金柄玉环 17.铜矛 18.玉片 19.玉带钩 21.琉璃珠 23.残铜器 24.刻刀、削刀及陶珠 27.玉棒、玉片 28、29、33、39.方形器 30.铜环 31.铜三足盘 32、35、36.铜柱 37.铜斧 38.铜锛 40.铜镞 41.砺石 43.底坑 44、60、61、68、72.陶罐 45.铜提梁壶 46.错银铜罍 47.铜罍 48.陶瓿 49.附耳筲 52.米字纹陶片 53～59.陶盒 62、73.陶瓮 67.陶钵 69.陶珠 70、74、75.铜钺 71.铜锅

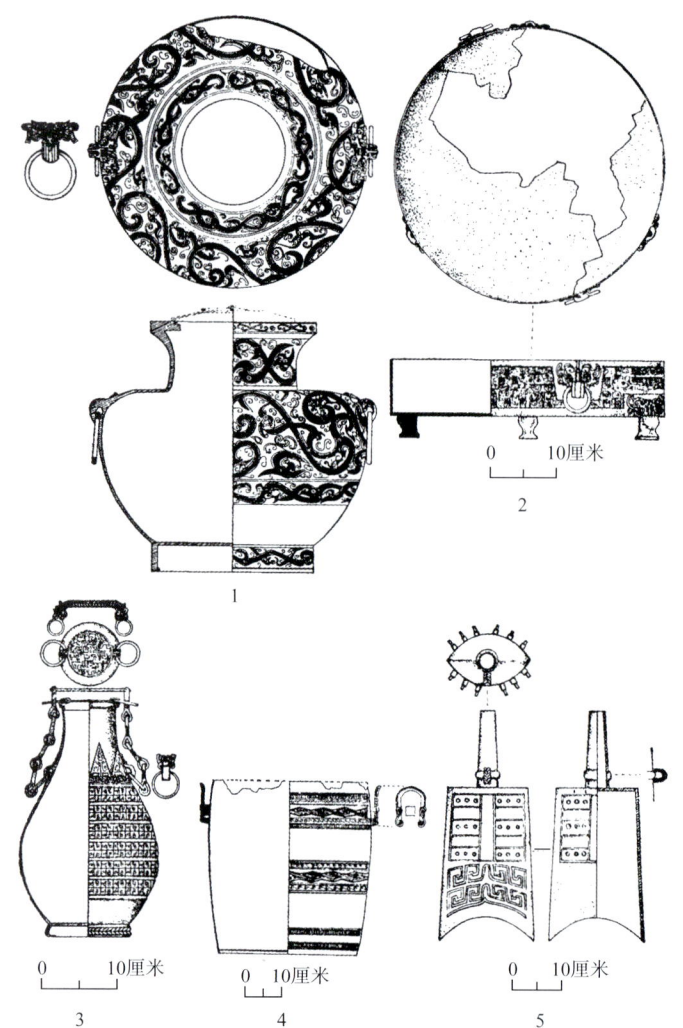

图61-3
北岭松山墓部分随葬器物线图
1.错银铜罍 2.三足盘 3.提梁壶 4.附耳筒 5.铜钟

图61-4
北岭松山墓编钟甲4235、4236号

资料来源

［1］广东省博物馆、肇庆市文化局：《广东肇庆市北岭松山古墓发掘简报》，《文物》1974年第11期。

［2］李青会、周虹志、黄教珍、干福熹、张平：《一批中国古代镶嵌玻璃珠化学成分的检测报告》，《江汉考古》2005年第4期。

62. 封开利羊墩墓葬群

工作时间：1988~1989年
工作单位：广东省博物馆、封开县博物馆

利羊墩墓葬群位于肇庆市封开县西北部南丰镇郊利羊墩，距贺江东岸0.5千米，相对贺江高度约6米。1988年9月发现，1988年底广东省文物考古研究所与封开县博物馆联合对该遗址进行了发掘。

发掘战国墓葬约30座，灰坑1个；西汉早期墓葬约11座；西汉晚期和东汉墓葬各1座；南朝墓葬2座；唐宋墓葬3座；明清墓9座。出土战国—西汉早期随葬器物170多件，包括陶器、原始瓷器、青铜器、铁器和玉石器（图62-1、图62-2）。

战国—西汉早期墓葬可分四期：第一期为战国早期，墓葬带圆形腰坑，多圜底器与圜凹底器；第二期为战国中期，陶器有印纹瓮、双耳罍，原始瓷以碗为主，还有杯和小盂，刮刀饰"王"字形纹样；第三期为战国晚期，圆形腰坑锐减，方形坑增加，陶器以"米"字纹或简化"米"字纹瓮罐为主，原始瓷盅较为普遍，有青铜长剑、戈、锥、带钩和鼎等；第四期为西汉早期，出现带斜坡墓道的"凸"字形土坑墓，出土三足盒、小碗和铜器。

利羊墩墓地带腰坑的狭长形竖穴土坑墓，可能为该区域古越族的一种葬俗；陶器的刻划符号比较少见，值得注意。

图62-1 利羊墩墓葬群出土铜刮刀

图62-2 利羊墩墓葬群出土铜剑

资料来源

［1］广东省文博物馆等：《广东封开利羊墩墓葬发掘简报》，《南方文物》1995年第3期。

63.增城西瓜岭遗址

工作时间：1962年7月
工作单位：广东省文物管理委员会、中央美术学院美术史美术理论系

西瓜岭遗址位于广州市增城区西南约15千米、太平农场西瓜岭村东南约0.5千米的小土岗上，俗名"鬼仔坪"。1958年发现，1962年春复查，同年7月，由广东省文物管理委员会和中央美术学院美术史美术理论系进行考古发掘，参加工作的还有中山大学历史系、广州哲学社会科学研究所、增城县文化馆等单位，发掘面积约110平方米。

发掘陶窑2座，一号窑仅保留残壁，残长7.6、残高1.54、宽2米。正东西向，长条形，圆圈顶龙窑。平地起建，窑室前端有一长2.2、深0.54米的方形坑，可能为火膛。窑内堆满红烧土、窑砖块、残陶器、制陶工具、砺石等。二号窑在一号窑南，残存长1.72、宽1.52、深0.26米的火膛。

出土器物多陶器，主要有瓮、罐、缶、釜、瓿、盆、盘、壶、盒、碗、杯、顶、支脚以及动物模型等（图63-1、图63-2）；以瓮、罐为主，多为大卷口，鼓腹，收腰，小平底，器身陡长，最大径在上腹；纹饰以米字纹最多，方格纹次之，水波纹与弦纹组合纹饰最少，其他还

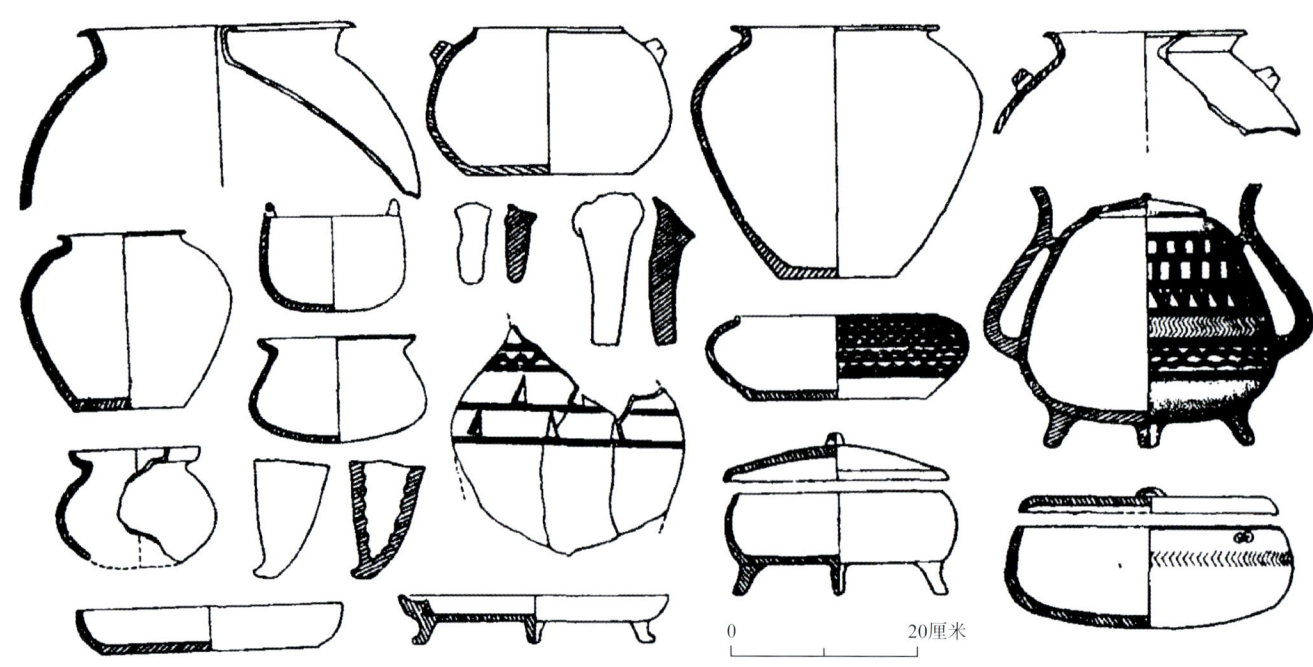

图63-1 西瓜岭战国遗址出土器物

有云雷纹、席纹等。此外，还有制陶工具、压槌、杵、印模、环形陶垫和青铜刮刀、砺石、石锤等。

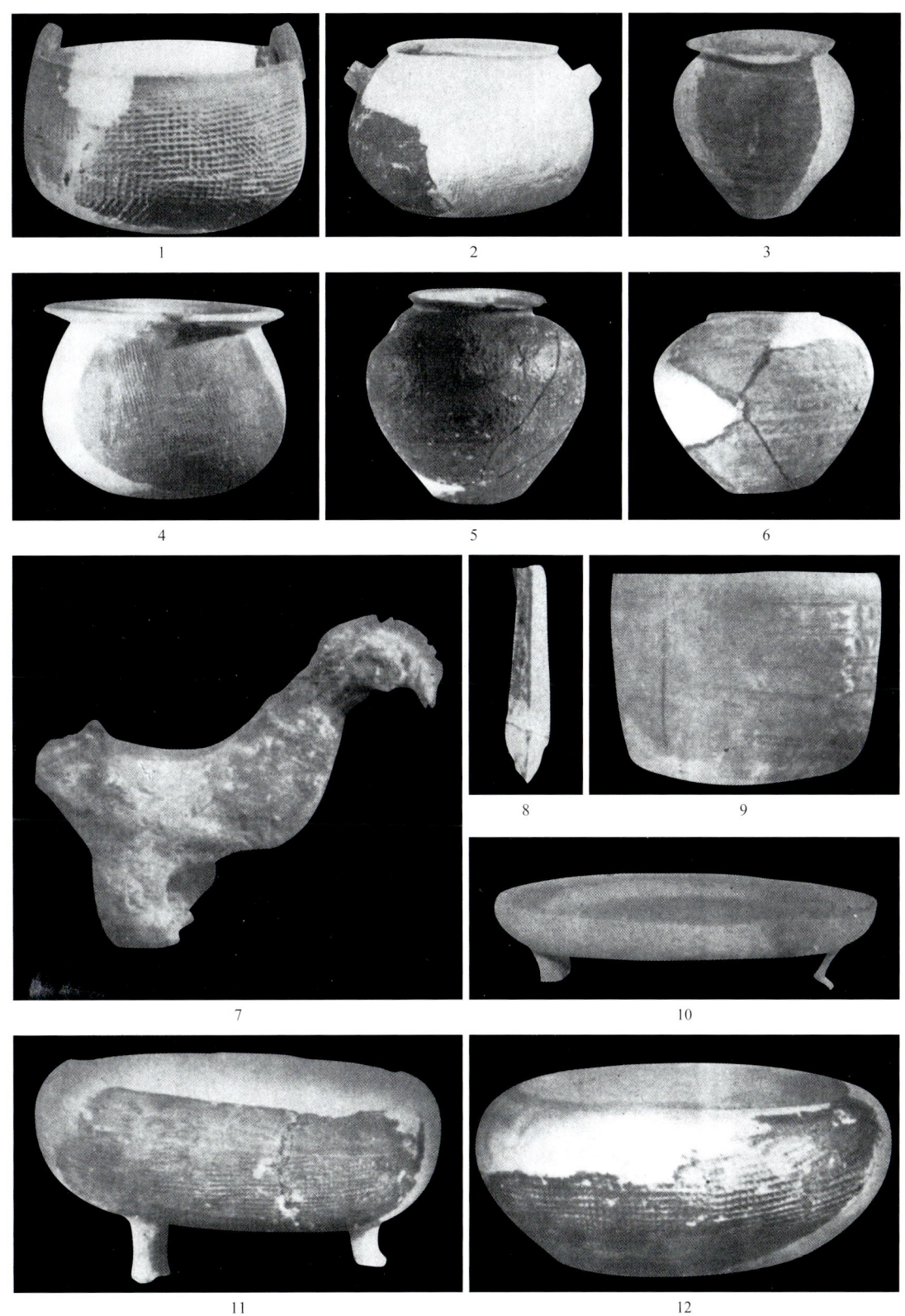

图63-2　西瓜岭战国遗址出土器物
1.陶釜　2.陶罍　3、5.陶罐　4.陶缶　6.陶瓮　7.陶鸡　8.铜刻刀　9.陶㼽　10.陶盘　11.陶盆　12.陶盂

西瓜岭窑址以米字纹陶为主，有学者认为其年代早于始兴白坪山遗址，大体相当于战国早中期。西瓜岭窑址对于研究广东先秦时期陶瓷手工业等具有重要意义。

资料来源

[1] 广东省文物管理委员会、中央美术学院美术史美术理论系：《广东增城、始兴的战国遗址》，《考古》1964年第3期。

64. 广宁龙嘴岗墓地

工作时间：1995年、1996年、2005年、2010年
工作单位：广东省文物考古研究所、广宁县博物馆

龙嘴岗墓地位于肇庆市广宁县南街镇南村，西距北江支流绥江2千米（图64-1）。龙嘴岗为山前侵蚀台地，呈东北—西南走向，相对高度约30米。龙嘴岗墓地于1995年、1996年、2005年以及2010年共进行了四次发掘，清理墓葬36座，出土大量铜器、陶器、原始瓷器和石器等文物。

龙嘴岗存在早晚两期遗存，早期遗存年代为新石器时代晚期，出土陶器以夹砂软黑陶为主，泥质硬陶次之；纹饰有条纹、交错条纹、曲折纹、方格纹、菱格纹、梯格纹等，器物腹部饰附加堆纹的现象较多；器类有罐、釜、矮圈足器、鼎足、纺轮等。

晚期遗存属战国至西汉早期，主要为长方形竖穴土坑墓，可见腰坑、二层台。随葬器物中铜器有刮刀、削刀、刻刀、斧、凿、镦、矛、镞、剑、短剑、鼎、盘、铎、带钩等；陶器以泥质硬陶为主，纹饰以水波纹、弦纹为主，其次为方格纹，还有少量米字纹、三角格纹、直线纹、篦点纹等，陶器肩部或底部多有刻划符号，器类有瓿、钵、盂、碗为主，壶、杯、罐、

图64-1 龙嘴岗墓地航拍照

图64-2　龙嘴岗墓地墓葬　　图64-3　龙嘴岗墓葬出土器物

瓮、鼎等数量较少；原始瓷器一般为灰白胎，青釉，釉脱落，器类有碗、小盒、杯、瓿等（图64-2、图64-3）。

龙嘴岗墓葬分布集中，排列有一定规律，多数墓葬随葬铜兵器。墓葬年代、位置和特征反映的墓地属性，非常值得研究。

资料来源

［1］广东省文物考古研究所、广宁县博物馆：《广东广宁县龙嘴岗战国墓》，《考古》1998年第7期。
［2］广东省文物考古研究所、广宁县博物馆：《广东广宁龙嘴岗战国墓地2010年的发掘》，《文物》2012年第2期。

65. 广宁铜鼓岗遗址

工作时间：1977年
工作单位：广东省博物馆

铜鼓岗遗址位于肇庆市广宁县城南10千米的北江支流绥江东岸，1997年发现，随后广东省博物馆进行了发掘，共清理战国墓葬22座。

墓葬主要为长方形竖穴土坑墓，有的带腰坑，腰坑内埋1件陶瓮。出土随葬器物357件，多数为青铜器，还有少量陶器和石器。铜器器类有鼎、盘、圆球形器、短剑、剑、矛、镈、钺、镞、斧、凿、锄、锸、削、刮刀等。高温釉陶为橙黄色胎，施青黄色薄釉，器类有盘、碗、杯等。陶器有瓮、罐、瓿、盅、小罐、盒、杯等。

铜鼓岗遗址年代为战国中期至战国晚期。青铜器尤其是青铜工具在随葬品中占比较大，对岭南青铜文化研究具有重要价值。

资料来源

［1］广东省博物馆：《广东广宁县铜鼓岗战国墓》，《广东文物考古资料选辑》（第一辑），广东省博物馆，1989年。

66.博罗公庄编钟窖藏

发现时间：1984年5月

公庄编钟窖藏1984年5月发现于惠州市博罗县公庄区陂头乡大沥散屋村。7件青铜甬钟呈层叠式堆放，距地表深约20厘米（图66-1～图66-4）。

7件铜钟均为合瓦形钟体，平舞，直铣，舞面置锥形甬，斡、旋具备。其中6件大小相递，形制一致，花纹风格基本相同。衡口密封，甬部中空，与钟腔不相通。干部有乳钉。舞面平直。器体两面各有18个枚，以3个为一组，每面两边又各有一组小乳钉围绕，两铣斜直。舞面

图66-1 公庄编钟

图66-2 公庄编钟口部

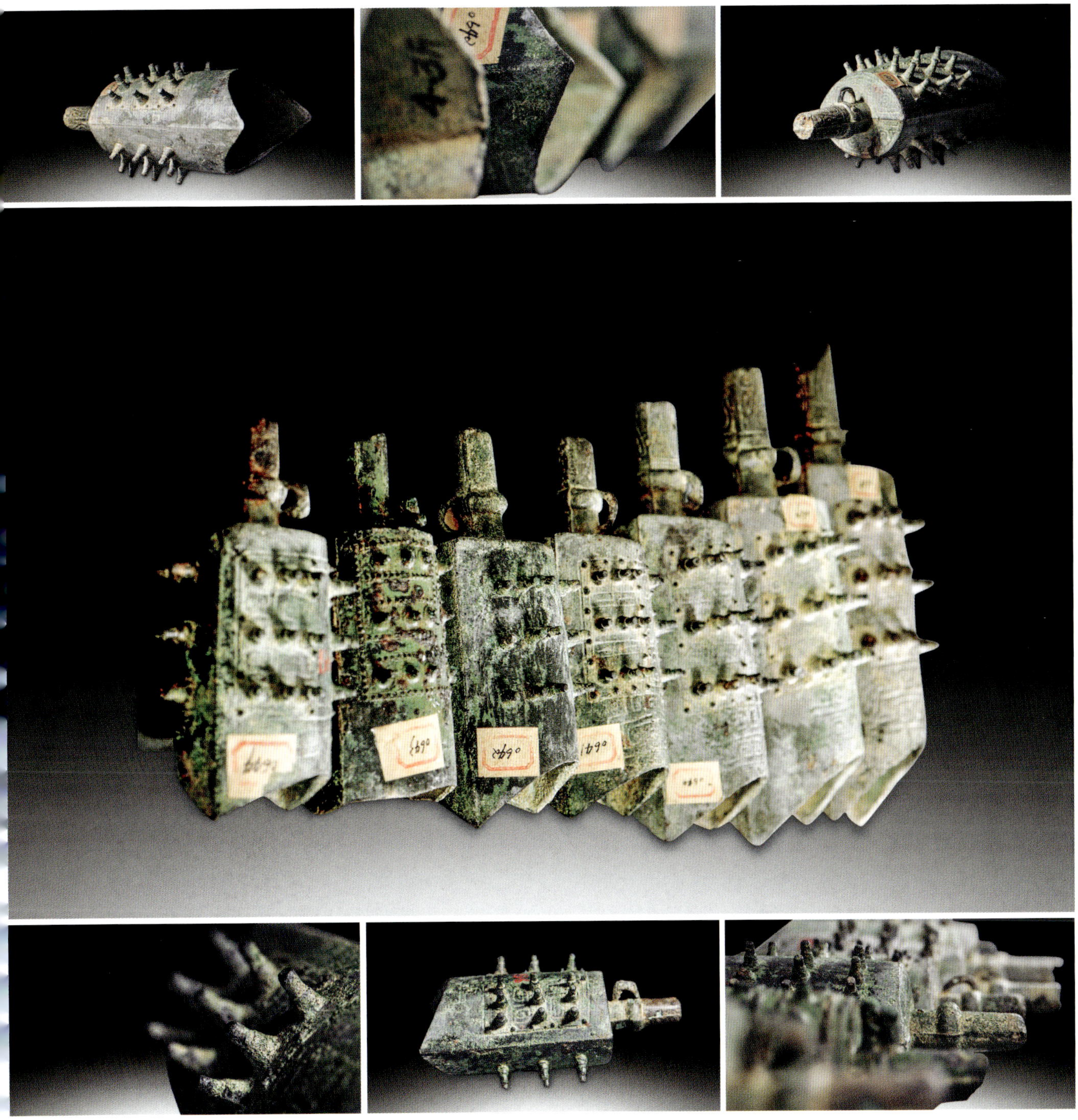

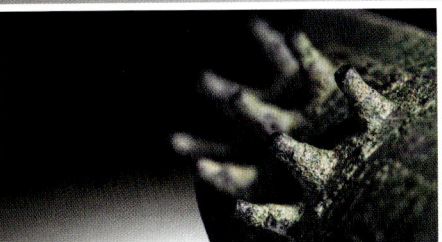

图66-3　公庄编钟

饰四组对称勾连雷纹。甬部有用勾连雷纹组成的三角形图案。钟体背面无纹，正面篆间有四组云雷纹，钲间则为变体蝉纹，鼓面饰两组云雷纹。

另一件形制略有不同，其衡口略残，有干和旋，旋已毁。器体除舞部有云雷纹外，其余部分无花纹。每面各有18个枚，3个为一组，每组用小乳钉围绕。

公庄窖藏编钟的年代为春秋时期。一至六号钟成组配套，七号钟为另行配入。公庄窖藏编钟为研究先秦时期青铜编钟在广东的使用情况提供了实物资料。

图66-4　公庄编钟口部

资料来源

［1］中国艺术研究院音乐研究所、广东省文物考古研究所：《中国音乐文物大系Ⅱ（广东卷）》，大象出版社，2010年。
［2］邱立诚、黄观礼：《广东博罗出土一组青铜编钟》，《考古与文物》1987年第6期。

67. 兴宁古树窝编钟窖藏

发现时间：1984年3月

古树窝编钟窖藏发现于梅州市兴宁县新圩镇大村古树窝，当地人称为"秦皇坪"。1984年3月采集战国编钟1套（共6件）（图67-1～图67-4），现藏于兴宁市博物馆。编钟为铜锡合金，保存尚好，通体绿锈，多数钟舞部有3或4个芯撑遗孔。

编钟均为合瓦形甬钟，平舞，舞面上置圆锥甬，甬端封衡，甬中空，甬下端有低矮的旋，旋与舞面间铸方形纽，作悬挂用。铣棱凸出，且中间略往外拱，铣角内收。钟面以粗单阳线分隔枚、篆、钲三区。正面枚分2区，每区3列，每列3枚，共18枚圆锥状长枚，背面12长枚作均匀分布。钲部饰复线菱形纹，篆带素面，鼓部正面饰云雷纹，背面无纹饰。6件编钟共有5个规格，钟身连甬最高52.7厘米、重14.3千克，最矮38.2厘米、重8.3千克。钟腔内壁平整，无内唇，未设音梁，亦无调音锉磨痕，其音调经测定分别为正C调12355。

此套编钟受楚文化影响，但造型式样、纹饰亦表现出强烈的秦汉文化特征。

图67-1 古树窝编钟0001～0003号

图67-2　古树窝编钟0004～0006号

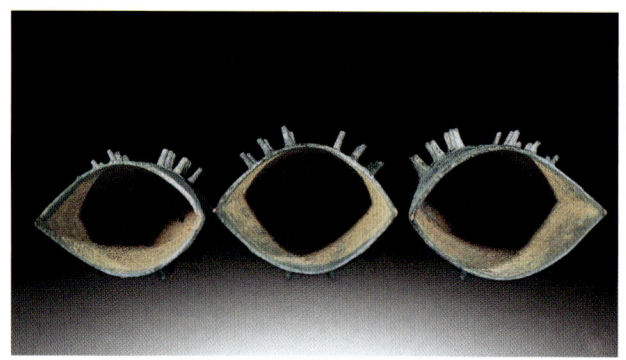

图67-3　古树窝编钟0001～0003号口部

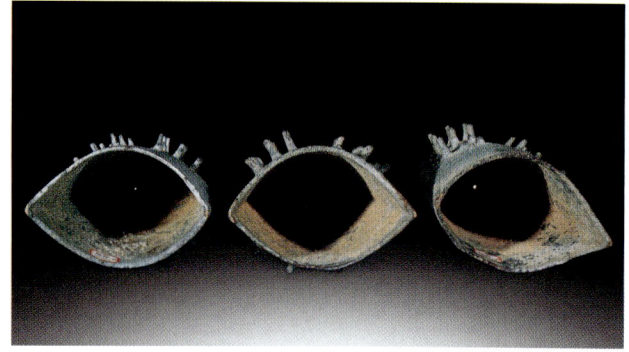

图67-4　古树窝编钟0004～0006号口部

资料来源

［1］中国艺术研究院音乐研究所、广东省文物考古研究所：《中国音乐文物大系Ⅱ（广东卷）》，大象出版社，2010年。
［2］黄红亮：《浅谈兴宁编钟的传奇》，《大众文艺》2014年第6期。

68. 五华狮雄山遗址

工作时间：1982年、1984~1990年、2011~2012年
工作单位：广东省文物考古研究所、广东省博物馆、五华县博物馆

狮雄山遗址位于华城盆地东南。狮雄山由南、北两个山冈组成，为马鞍形独立山丘，南北长约770、东西宽约300米，五华河自狮雄山西、南蜿蜒而过，最近处仅相距约100米（图68-1、图68-2）。

1982年，五华县博物馆在狮雄山采集到一批秦汉时期瓦片和戳印方格纹陶片，随后，广东省博物馆对遗址进行了复查。1984~1990年，广东省博物馆、广东省文物考古研究所和五华县博物馆对遗址进行了四次发掘，发掘面积共768平方米，发现建筑基址3处，出土建筑材料、陶器、铜器、铁器、石器等遗物。2011年1~7月，广东省文物考古研究所、五华县博物馆对遗址再次进行了调查勘探，2011年7月~2012年8月，进行了第五次考古发掘，发掘面积543.5平方米（图68-3）。

2011年、2012年的调查、勘探和发掘，在狮雄山遗址中发现了新石器时代、商—西周、春秋—战国、秦汉、唐宋、明清六个时期的文化遗存，新石器时代、商—西周、春秋—战国三个时期遗存分布较广，但保存欠佳。秦汉时期遗存有环壕、壕沟、建筑基址、水井、灰坑和

图68-1 狮雄山遗址远景

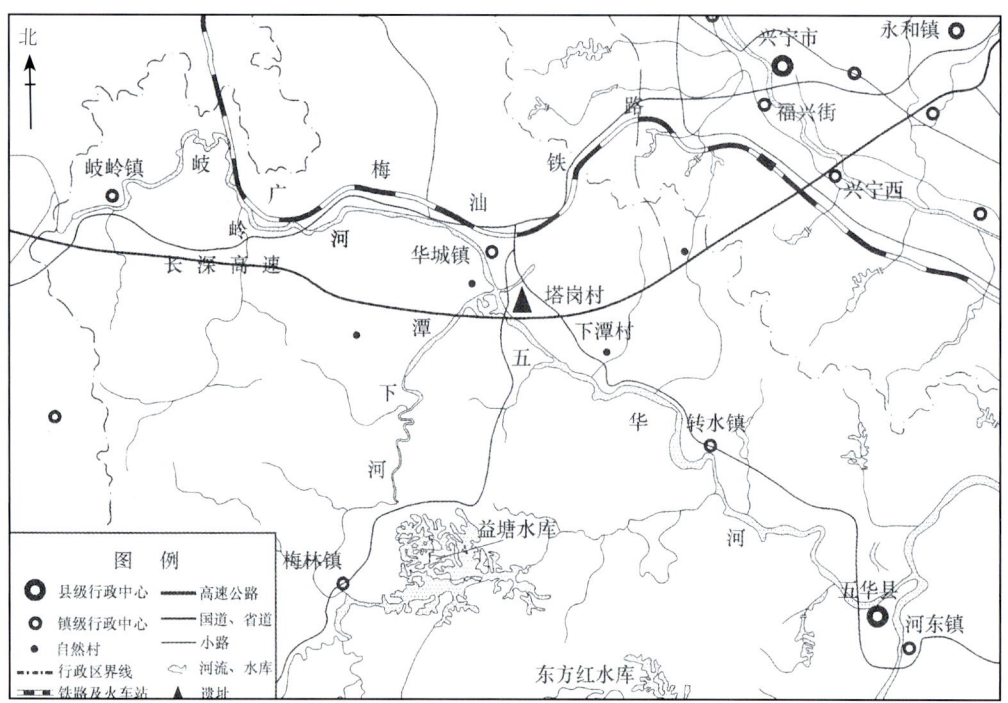

图68-2 狮雄山遗址位置示意图

图68-3 狮雄山遗址航拍照

168　溯本求源——广东重要考古发现概览

图68-4 狮雄山遗址北段环壕局部(南—北)

图68-5 狮雄山遗址出土部分封泥

68.五华狮雄山遗址　169

图68-6　狮雄山遗址出土陶罐　　　　图68-7　狮雄山遗址出土部分瓦当

陶窑等，保存比较完整，壕沟和同期建筑遗存构成一个典型的防御性聚落，为研究秦汉时期岭南城邑演变提供了证据（图68-4）。

出土遗物以秦汉时期最为丰富，主要有板瓦、筒瓦、瓦当、砖和其他建筑构件，日用陶器有瓮、罐、缸、盆、碗、瓿、盂、钵、盒、杯、盘、釜等，部分建筑材料和陶器上拍印文字或符号。尤其重要的是，出土封泥有的印有"定楬之印""定楬丞印"等文字，为研究遗址性质提供了依据（图68-5～图68-7）。

有学者认为狮雄山遗址为南越国时期的"长乐台"遗址，是赵佗所筑行宫。亦有学者认为狮雄山遗址应是"定楬"城的城址，是秦和南越国时期"定楬道"的治所。2019年，狮雄山遗址被公布为全国重点文物保护单位。

资料来源

［1］广东省文物考古研究所：《五华狮雄山》，科学出版社，2014年。
［2］广东省文物考古研究所、广东省博物馆、五华县博物馆：《广东五华狮雄山汉代建筑遗址》，《文物》1991年第11期。

69.广州秦代造船工场遗址

工作时间：1975年、1994年、1998年、2004年
工作单位：广州市文物考古研究所

广州秦代造船工场遗址位于广州市中山四路西段，先后进行了四次发掘，第一、二、三次都是局部发掘，第四次揭露了遗存东端。1975年第一次发掘400平方米，揭露1号船台东段、2号船台一小部分和船台南面部分木料加工场地；1994年第二次发掘，揭露3个船台横向的一段；1998年第三次发掘，发现造船木料加工场地被曲流石渠遗迹叠压；2004年第四次发掘，确定了船台的东界和北界（图69-1、图69-2）。

造船工场遗址由船台区和木料加工场地两部分组成，东界为3个船台的东端尽头处，北界为3号船台的北侧，南界大体在1998年发掘区的南边线附近，向西逾百米未到尽头，其面积不少于6000平方米。船台区位于造船工场的北面，有3个平行排列的造船台，呈东北—西南走向，方向西偏南10°，船台东端已经发掘至尽头的"横阵"，整体长度逾百米。3个船台的结构基本相同，均由两行平行的长木板拼接成滑道。滑道下面有大、小枕木垫承。滑道上平置短木墩，两两相对，均是上小下大，用以架承船体。木料加工场地位于船台区的南侧，面积相当大，从1号船台往南60米尚未到边，部分地方还堆放有木料（图69-3、图69-4）。

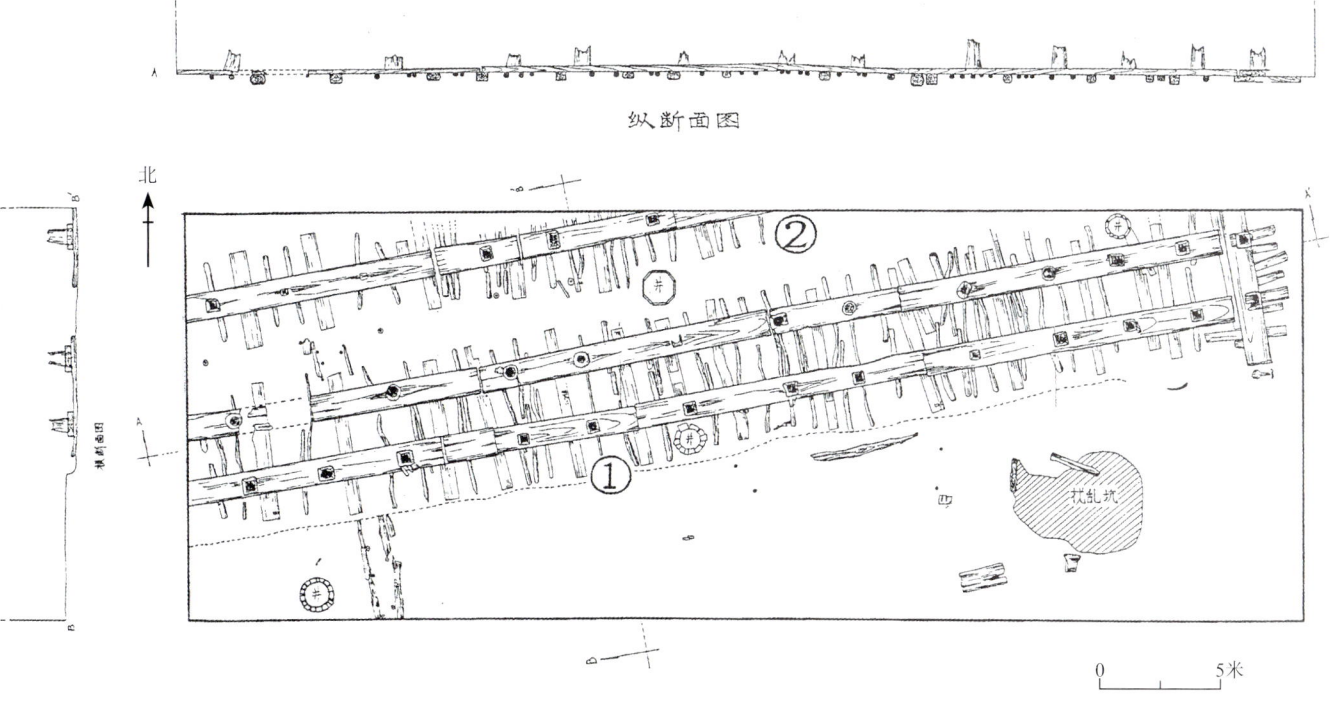

图69-1 广州秦代造船工场遗址平、剖面图

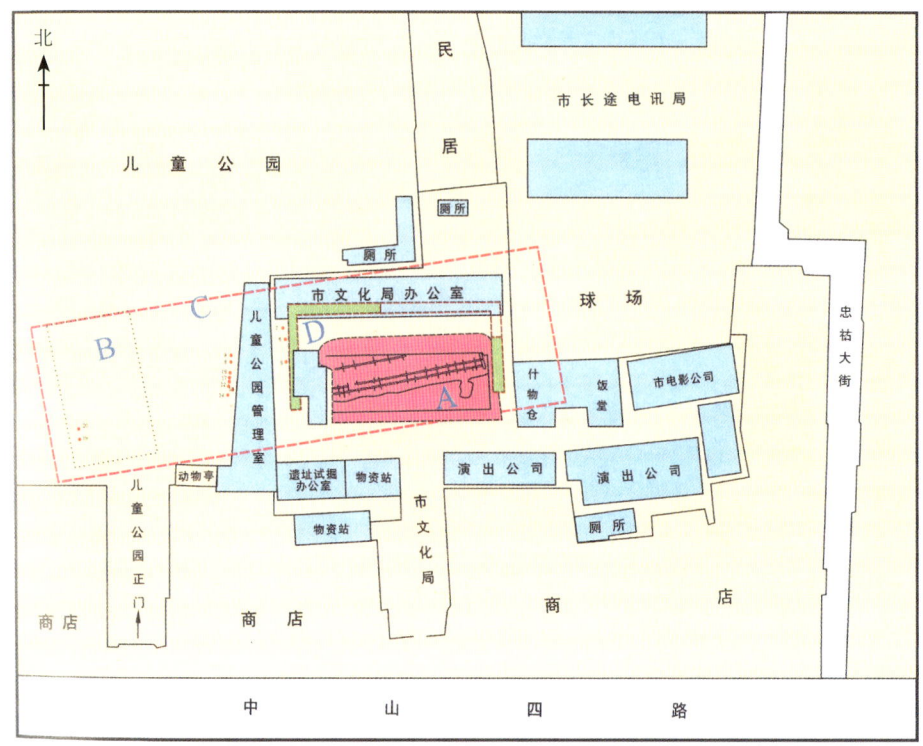

图69-2　广州秦代造船工场遗址发掘位置示意图

图69-3　广州秦代造船工场3个船台横向揭露一段

图69-4　广州秦代造船工场1号船台东端尽头处露出"横阵"

出土遗物除有残瓦、铜镞、炭屑和小木片外，还有铁凿、铁挣凿、铁钉和木垂球等（图69-5）。

遗址获得的^{14}C测年数据误差较大，发掘者根据第7层及以上南越国遗迹内均出土汉文帝四铢半两钱，推断遗址的废弃时间不晚于汉文帝五年，而遗址未见早于秦的遗物，因此其年代应在秦统一岭南到南越国立国二十九年之间的46年之内。

目前，遗址的性质尚有争议。有学者认为其是南越国时期引白云山溪水入城的水渠；也有学者认为该遗址是南越王朝汉台或南越国时期干栏式宫殿建筑的基础。

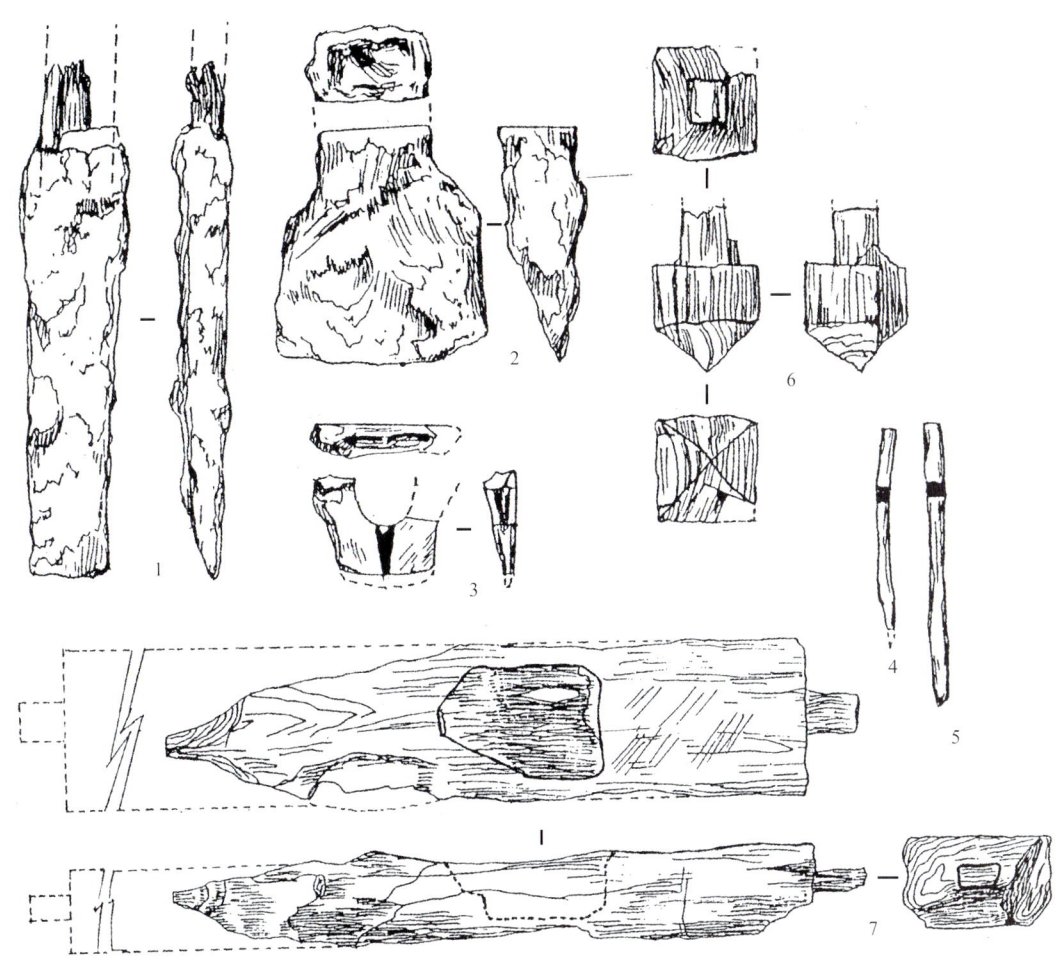

图69-5 广州秦代造船工场船台出土遗物
1.铁凿 2.铁锛 3.铁挣凿 4、5.铁钉 6.木垂球 7.桨脚下斗

资料来源

[1] 广州市文物管理处、中山大学考古专业75届工农兵学员：《广州秦汉造船工场遗址试掘》，《文物》1977年第4期。

[2] 广州市文化局：《广州秦汉考古三大发现》，广州出版社，1999年；广州市文物考古研究所：《广州文物考古集——广州秦造船遗址论稿专辑》，广州出版社，2001年。

[3] 广东省中山图书馆：《"广州秦代造船遗址"学术争鸣集》，中国建筑工业出版社，2002年。

[4] 龙庆忠：《广州南越王台遗址研究》，《羊城今古》1990年第6期。

[5] 杨鸿勋：《南越王宫殿辨》，《中国文物报》2000年4月26日；《积沙为洲屿，激水为波澜》，《中国文物报》2000年8月16日。

[6] 广东林学院林学系木材学小组：《广州秦汉造船工场遗址的木材鉴定》，《考古》1977年第4期。

[7] 中共广州市委宣传部、广州市文化局：《海上丝绸之路——广州文化遗产》，文物出版社，2008年。

[8] 中国造船工程学会船史研究会、广东省科学技术协会、广东造船工程学会等：《"广州秦代造船工场遗址真伪研讨会"纪要》，《学术研究》2001年第7期。

70. 广州南越王墓

工作时间：1983年

工作单位：广州市文物管理委员会、中国社会科学院考古研究所、广东省博物馆

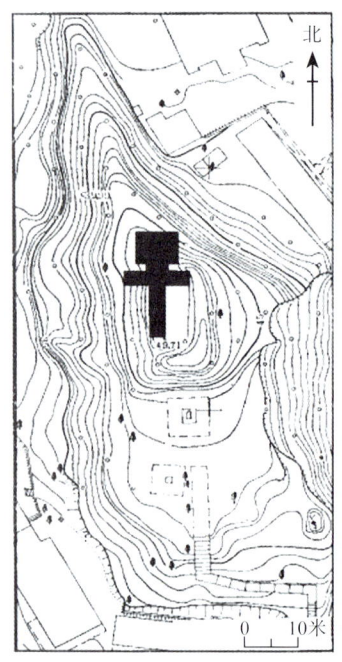

图70-1 象岗山地形及南越王墓位置示意图

汉南越王墓位于广州市越秀区解放北路的象岗山，是西汉初年南越文王的陵墓（图70-1）。1983年6月基建施工时发现，同年8月，广州市文物管理委员会、中国社会科学院考古研究所、广东省博物馆联合组成象岗汉墓发掘队对该墓进行了发掘。

南越王墓藏于象岗山腹心深处20余米，劈山为陵，墓坑构造为竖穴与掏洞相结合，出土"文帝行玺"金印、"赵眜"玉印和玉角杯等珍贵文物1万余件。墓室分前后两部分，前朝后寝，由石门隔开；前部为前室、东耳室、西耳室，后部为主棺室、东侧室、西侧室和后藏室。葬具为一棺一椁，安放在主棺室正中。墓中除众多随葬品外，还发现15具殉葬人（图70-2～图70-9）。

墓葬平面呈凸字形，南北长10.85、东西最宽12.5米。再从前端东、西侧掏横洞成耳室。墓门外长4.12米的一段

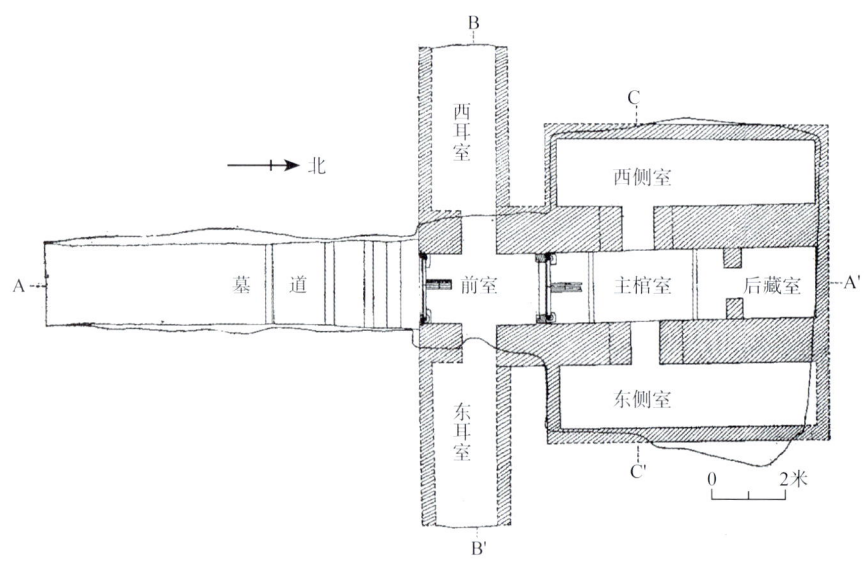

图70-2 南越王墓平面图

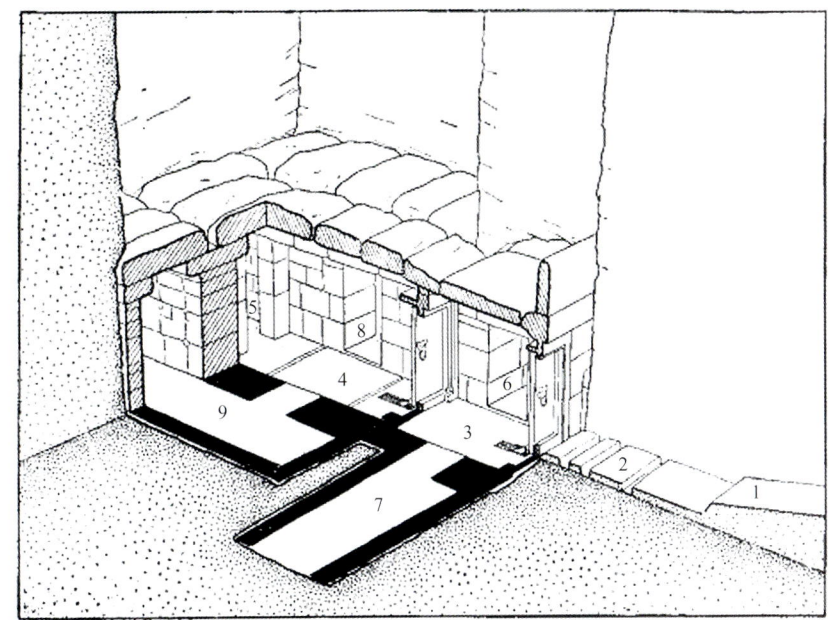

图70-3 南越王墓结构透视图
1.墓道 2.外藏椁 3.前室 4.主棺室
5.后藏室 6.东耳室 7.西耳室 8.东侧室
9.西侧室

图70-4 南越王墓发掘工作者测绘主棺室平面图

图70-5 南越王墓东侧室出土遗物

70.广州南越王墓　175

图70-6 南越王墓部分出土遗物
1. 丝缕玉衣 2. 右夫人（B组）组玉佩 3. 右夫人（A组）组玉佩 4. 墓主人组玉佩 5. 龙纽金印 6. 龙凤纹重环玉佩 7. 铜承盘高足玉杯
8. 玉角杯 9. 六山纹铜镜 10. 银盒 11. 四连体铜熏炉 12. 铜鼎 13. 铜船纹提筒

地面，与墓室底齐平，在这里用大木构筑一个外藏椁。椁南面开辟斜坡墓道，直达岗表，墓道两壁利用原岩作壁面。前部三室，前室居中，左、右两侧为东、西耳室。后部四室，正中为主棺室，两侧为东、西侧室，与主棺室平行排列，主室后部分隔出一个小间，为后藏室（图70-2、图70-3）。

前室四壁和顶上均绘有朱、墨两色云缎图案。东耳室内是饮宴用器，有青铜编钟、石编钟和提筒、钫、瓿等酒器以及六博棋盘等。西耳室内是兵器、车、马、甲胄、弓箭、五色药石和生活用品、珍宝藏所，尤其珍贵的是错金铜虎节、漆盒、熏炉、深蓝色玻璃片和来自波斯的银盒、来自非洲的象牙，这些文物证明南越国早期广州已与波斯和非洲东岸有海上贸易。

图70-7　南越王墓出土错金铭文铜虎节

图70-8　南越王墓东耳室编钟、编磬出土情况

70.广州南越王墓　177

图70-9　南越王墓出土"文帝行玺"金印及其他印章

后部主室居中，墓主身穿丝缕玉衣，随身印章9枚，最大一枚为"文帝行玺"龙纽金印，此外，还有螭虎纽"帝印"。龟纽"泰子"金印以及墓主"赵眜"玉印等。东侧室为姬妾藏室，殉葬姬妾4人均有夫人印1枚。西侧室为厨役之所，殉葬7人，无棺木，室后置猪、牛、羊三牲。后藏室为储藏食物库房，有近百件大型铜、铁、陶制炊具和容器（图70-6～图70-9）。

南越王墓出土文物精美，品种数量丰富，工艺技术精湛，丝缕玉衣、错金铜虎节等多件遗物均为国内唯一，"文帝行玺"印则是迄今所见最大的一枚西汉时期金印，更是是国内首次出土的汉代帝王金印，弥足珍贵。

南越王墓是岭南地区发现的规模最大、出土文物最丰富、年代最早的一座彩画石室墓，是中国汉代考古中的重要发现，对我国秦汉史研究、南越国史研究和中外交流史研究，具有极为重要的价值。

南越王墓被收入《二十世纪中国百项考古大发现》一书中，1996年，被公布为全国重点文物保护单位。

资料来源

［1］广州象岗汉墓发掘队：《西汉南越王墓发掘初步报告》，《考古》1984年第3期。

［2］广州市文物管理委员会、中国社会科学院考古研究所、广东省博物馆：《西汉南越王墓》，文物出版社，1991年。

［3］麦英豪、黎金：《广州象岗南越王墓墓主考》，《考古与文物》1986年第6期。

［4］吴海贵：《象岗南越王墓主新考》，《考古与文物》2000年第3期；吴海贵：《南越与东越的诸侯王陵墓》，《华夏考古》2006年第4期。

［5］刘瑞、冯雷：《广州象岗南越王墓的墓主》，《考古与文物》2002年增刊。

71. 广州南越国宫署遗址

工作时间：1995~2008年
工作单位：广州市文物考古研究所、中国社会科学院考古研究所、南越王宫博物馆筹建处等

南越国宫署遗址位于广州市越秀区北京街道禺山社区中山四路，为南越国都城和宫城所在（图71-1）。

图71-1　南越国宫苑遗址航拍照

图71-2　南越国宫署遗址曲流石渠发掘现场

图71-3　南越国宫署遗址专家论证会

图71-4　南越国宫署遗址蕃池

图71-5　南越国宫署遗址蕃池南壁石板上的"蕃"字

遗址大面积考古发掘工作从1995年开始，分为两个阶段：第一阶段是1995～1997年，为配合城市建设而进行的抢救性发掘，发掘面积约4000平方米，发掘出南越国宫苑的"蕃池"和曲流石渠等园林水景遗迹。第二阶段为2002～2008年，属于有计划的主动性科学发掘，发掘面积约11000平方米，发掘出1号宫殿基址、2号宫殿东北角散水、1号廊道和砖石走道、食水砖井以及宫城北城墙等重要遗迹（图71-2、图71-3）。

蕃池位于宫苑区北部，平面略呈长方形，为四壁向内倾斜、池底平正的仰斗状石砌水池，方向北偏西15°。水池未全面发掘，其面积约4000平方米，仅揭露其西南东西长24.7、南北宽20米一角，残存最深约2.5米。池壁刻有篆体"蕃"字，可称为蕃池。蕃池是南越国宫苑园林的主体部分，它的发现明确了遗址的年代和性质，确认了南越国都城的坐标（图71-4、图71-5）。

曲流石渠位于蕃池西南，向北通过木暗槽与蕃池相连接，全长约180米，自东北而南，曲折向东，再逶迤西去。渠体由挡墙、渠壁和渠底三部分构成，其中有入水口、急弯处、弯月池、渠陂、斜口、平桥步石、出水闸口、回廊等几部分（图71-6、图71-7）。

1号宫殿基址位于发掘二区中部，台基平面呈东西向长方形，中轴线方向北偏西11°。台

图71-6　南越国宫署遗址曲流石渠远景照

图71-7　南越国宫署遗址弯月形石池

基破坏严重，由红褐色土夯筑而成，其周围局部残存包边砖，东西长30.2、南北宽14.4米，面积434.88平方米。台基表面局部发现经火烧烤过的活动硬面，外侧有宽1.5米的散水。台基东、西两侧各伸出一条通道通往殿内，其南北侧也有散水设施（图71-8、图71-9）。

出土大量砖、瓦、石等建筑材料以及木简、生活器具、工具、兵器和钱币等遗物。砖可分为方砖、长方砖、三角砖、带榫砖、转角砖、扇形砖、凹槽砖和空心砖等。瓦少量施青釉，分为普通板瓦、带钉板瓦、折腰板瓦、普通筒瓦和带钉筒瓦。瓦当有"四叶纹""云箭纹"和"万岁"文字。石质建筑材料有望柱、石门楣、石算、石板和其他石构件。木简100多枚，全出土于渗水井内，完整木简长约25、宽1.7～2.4、厚0.19～0.2厘米，文字皆墨书，隶书体，字数不等，以12字为主。这批木简是南越国王宫的纪实文书，反映出南越国宫廷生活中的各种制度（图71-10～图71-13）。

图71-8 南越国宫城北宫墙

图71-9 南越国1号宫殿东北角散水局部

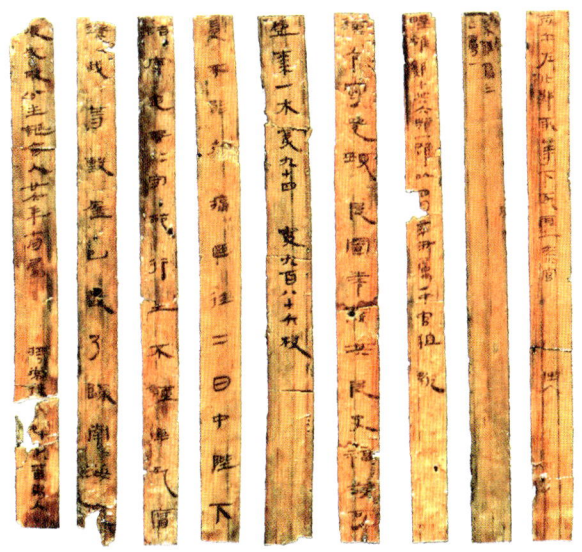

图71-10 南越国宫署遗址出土南越木简

图71-11 南越国宫署遗址出土大型方砖

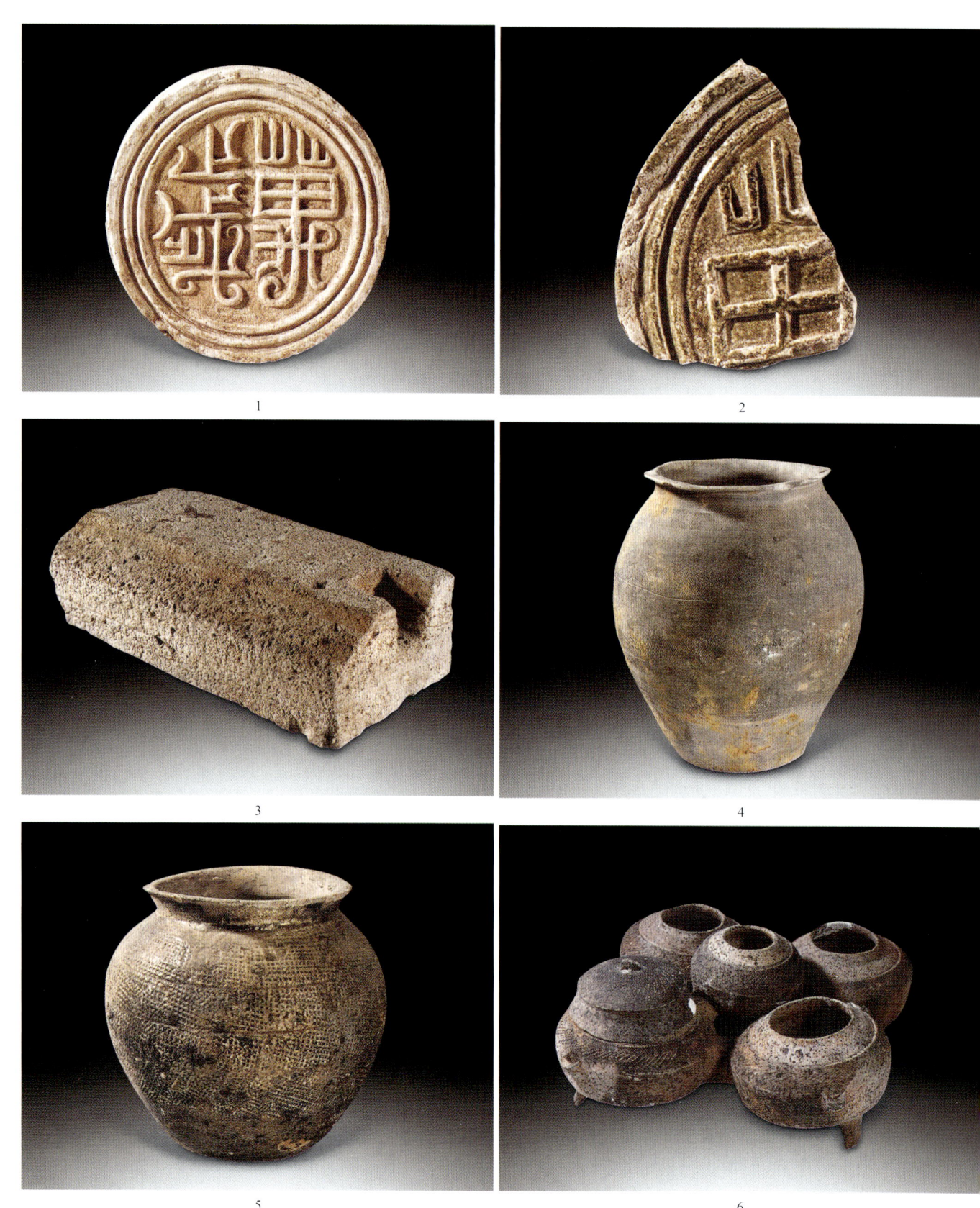

图71-12 南越国宫署遗址部分出土遗物
1. Aa 型Ⅱ式"万岁"文字瓦当（97T19⑩:3） 2. Ba 型青釉"万岁"文字瓦当（97T16⑩:4）
3. Aa 型望柱座石（97T19⑩:47） 4. B 型Ⅱ式陶瓮（97T3SQ①:3）
5. Ba 型Ⅰ式陶罐（97T3SQ①:18） 6. 陶五联罐（97T20⑩:8）

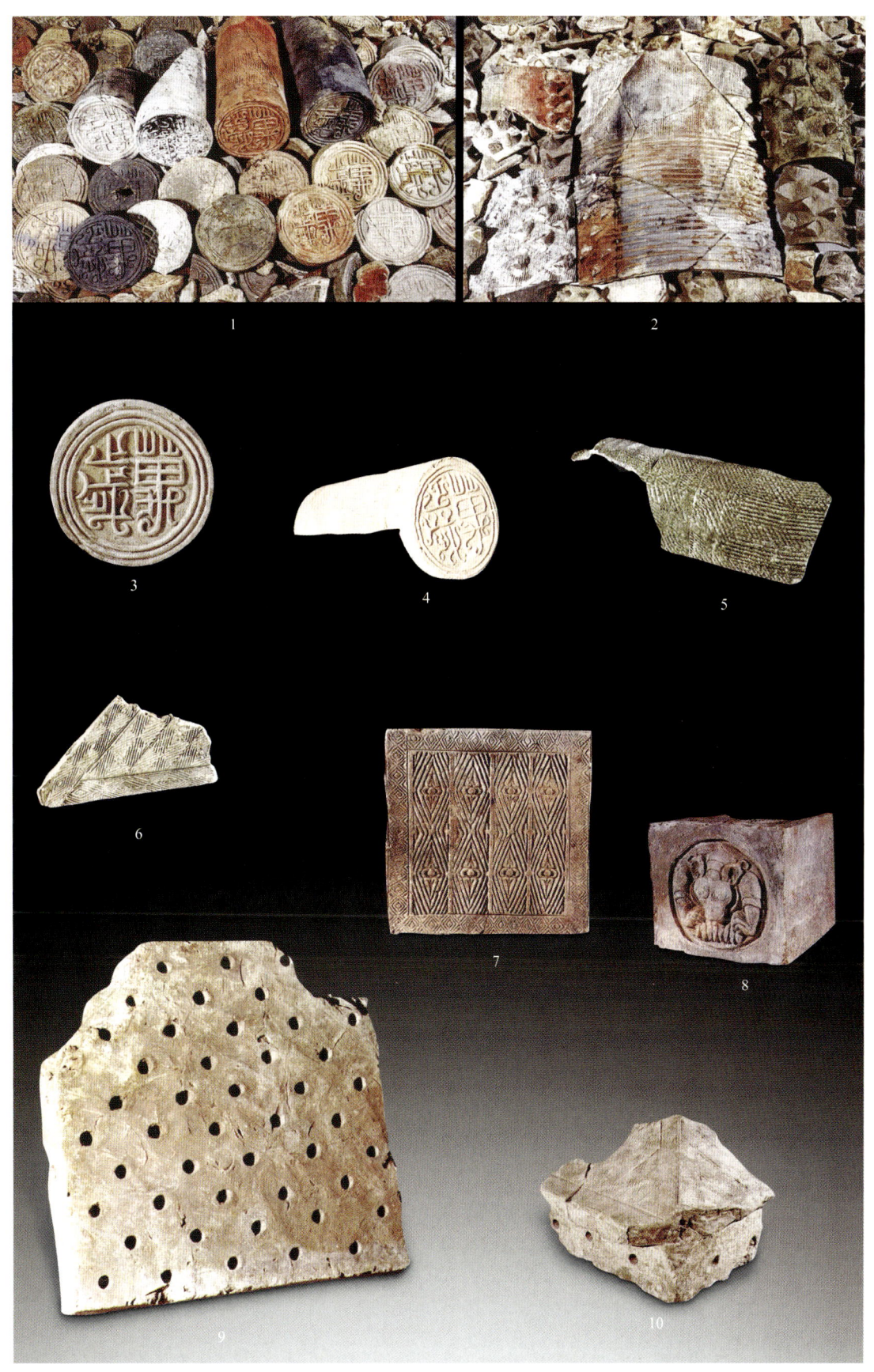

图71-13 南越国宫署遗址出土建筑构件
1. 南越国时期瓦当 2. 南越国时期各种带式钉瓦 3."万岁"瓦当 4."万岁"筒瓦 5. 青釉筒瓦 6. 三角砖 7. 印花大方砖
8. 熊文踏跺 9. 大方砖（边长95厘米、非常大的砖、戳孔利于烧透） 10. 转角砖

71. 广州南越国宫署遗址

南越国宫苑的建造时代在汉文帝五年之后（公元前175年），建成后一直沿用至汉武帝元鼎六年（公元前111年）。南越国宫苑遗迹是我国考古发现年代最早的宫苑实例，是广州历史文化名城的精华所在，体现了秦汉造园的要素及岭南特色，是研究中国历史文化、中国古代都城、古代建筑史、古代工艺史，特别是中国古代造园思想、园林设计和造园技术等方面极为难得的实物资料。南越国宫署遗址是广东考古最为重要的遗址之一，是我国秦汉考古的突破性发现。

南越国宫署遗址1995年、1997年两次入选全国十大考古新发现，1996年被公布为全国重点文物保护单位，2011年入选世界历史遗址基金会名单，2012年被列入中国世界文化遗产预备名单。

资料来源

［1］广州市文物考古研究所、南越王宫博物馆筹建办公室：《广州南越国宫署遗址1995～1997年发掘简报》，《文物》2000年第9期。

［2］广州市文物考古研究所、中国社会科学院考古研究所、南越王宫博物馆筹建处：《广州市南越国宫署遗址2003年发掘简报》，《考古》2007年第3期。

［3］广州市文物考古研究所、中国社会科学院考古研究所、南越王宫博物馆筹建处：《广州市南越国宫署遗址西汉木简发掘简报》，《考古》2006年第3期。

［4］中国社会科学院考古研究所、广州市文物考古研究所、南越王宫博物馆筹建处：《广州南越国宫署遗址2000年发掘报告》，《考古学报》2002年第2期。

［5］南越王宫博物馆筹建处、广州市文物考古研究所：《南越宫苑遗址——1995、1997年考古发掘报告》，文物出版社，2008年。

72. 澄海龟山遗址

工作时间：1988年、1992年、2019~2020年
工作单位：广东省博物馆文物队、广东省文物考古研究所、汕头市文物管理委员会、澄海县博物馆、汕头市博物馆、澄海区文化广电旅游体育局

龟山遗址位于汕头市澄海区广益街道官湖村与北陇村交界的东溪河西岸，龟山为低矮台地，遗址北部、西部残毁，现存平面近刀形，东宽西窄，北直南弧，东西长约180、南北宽处约55米，面积近7900平方米（图72-1、图72-2）。

1988年1月，广东省博物馆文物队会同澄海县博物馆对遗址进行发掘，揭露房址1处。1992年广东省文物考古所、汕头市文物管理委员会、澄海县博物馆等对遗址再次进行发掘，发掘面积410平方米，发掘4处汉代房址，编号F1~F4。2019年8月~2020年1月，为配合澄海区政府对龟山遗址的文物保护和环境整治工作，广东省文物考古研究所、澄海区文化广电旅游体育局和汕头市博物馆对遗址及其周边进行了调查勘探。钻探面积约8000平方米，重探面积约200平方米，发现汉代夯土城墙、壕沟、夯土台基、房址等遗迹（图72-3）。

1992年发现的4座建筑，F1、F2和F3均位于南坡第三级平台，F4位于第一级平台。其中F2屋内地面经抹平烧烤呈硬面状，近门道处有小河卵石铺砌的踏面。F3呈三合庭院式，有中央殿堂、东西配房、庭院、廊房等结构，残存1~2厘米厚的红烧土地面。出土铜器有鼎、箭镞，铁器有钩、刮刀、凿、斧、刀，陶器有碗、钵、罐、瓮、魁、盆、盂、纺轮、网坠、权等遗物（图72-4~图72-7）。

图72-1 龟山遗址位置示意图

图72-2 澄海龟山遗址航拍照

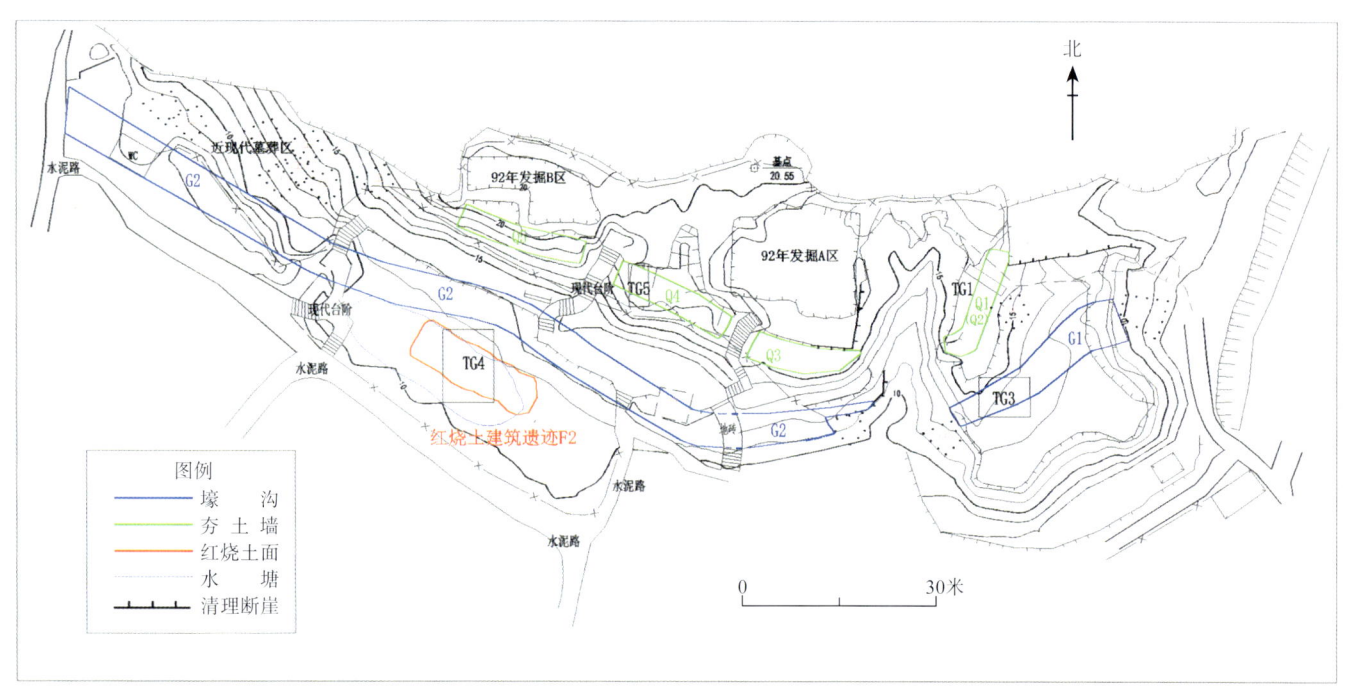

图72-3 澄海龟山遗址地形图

2019年调查首次发现了夯土城墙、壕沟、房址等重要遗迹。

城墙仅存东城墙南端和南城墙的局部墙体,墙体为夯土砌筑,东墙残长约20、南墙残长约72米。城墙残高约5.3米,墙基宽约5.1米(图72-8、图72-9)。

壕沟距离城墙6~10、开口宽4.5~6.6、深1.5~5.5米。

房址2处,残存墙槽、柱槽和柱洞,其中一处房址铺垫红烧土活动面,出土东汉时期板瓦、筒瓦、瓦当及少量方格纹陶片(图72-10、图72-11)。

龟山遗址出土遗物的时代可分为三期:第一期为西汉前期,第二期为西汉中晚期,第三期为东汉。夯土城墙和环壕属西汉前期遗存,已发现的房址多分布于城墙内外,属东汉时期。

龟山遗址是潮汕地区保存较好、规模较大的汉代遗址,出土遗物之丰富在广东同时期同类

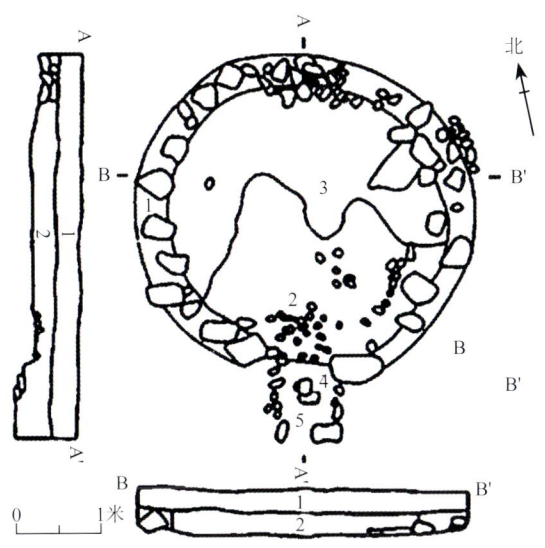

图72-4 龟山遗址1992年发掘清理F2平、剖面图

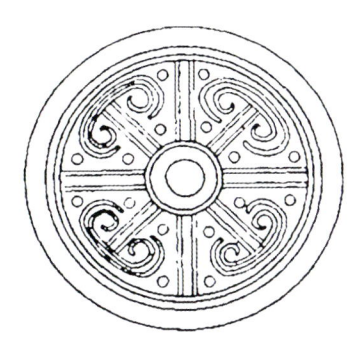

图72-5 龟山遗址1992年发掘出土瓦当

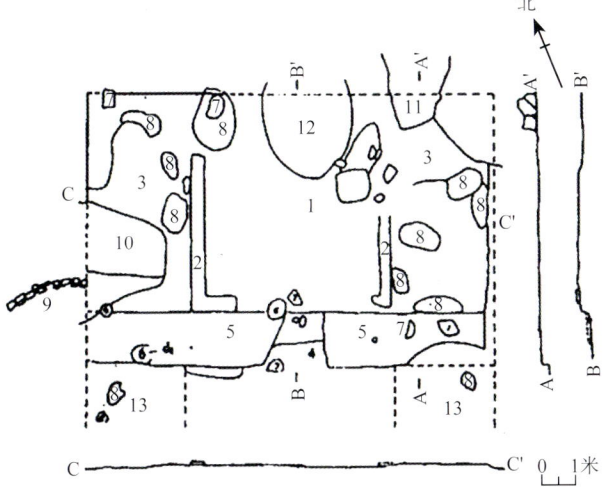

图72-6 龟山遗址1992年发掘清理F3平、剖面图

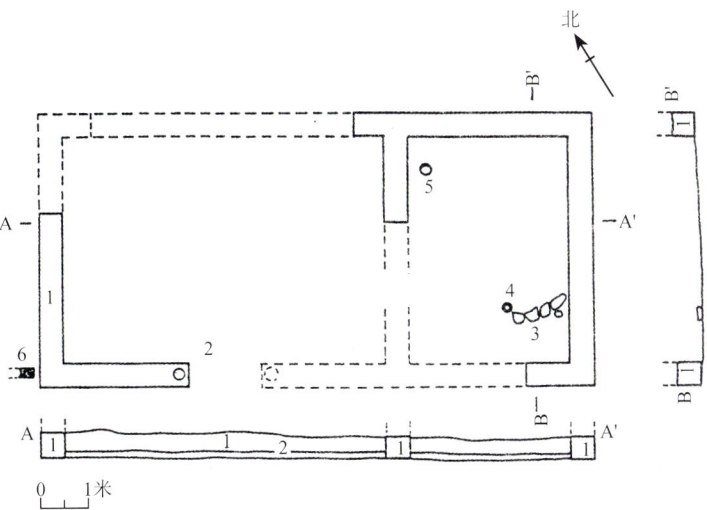

图72-7 龟山遗址1992年发掘清理F4平、剖面图

图72-8 龟山遗址南侧夯土城墙

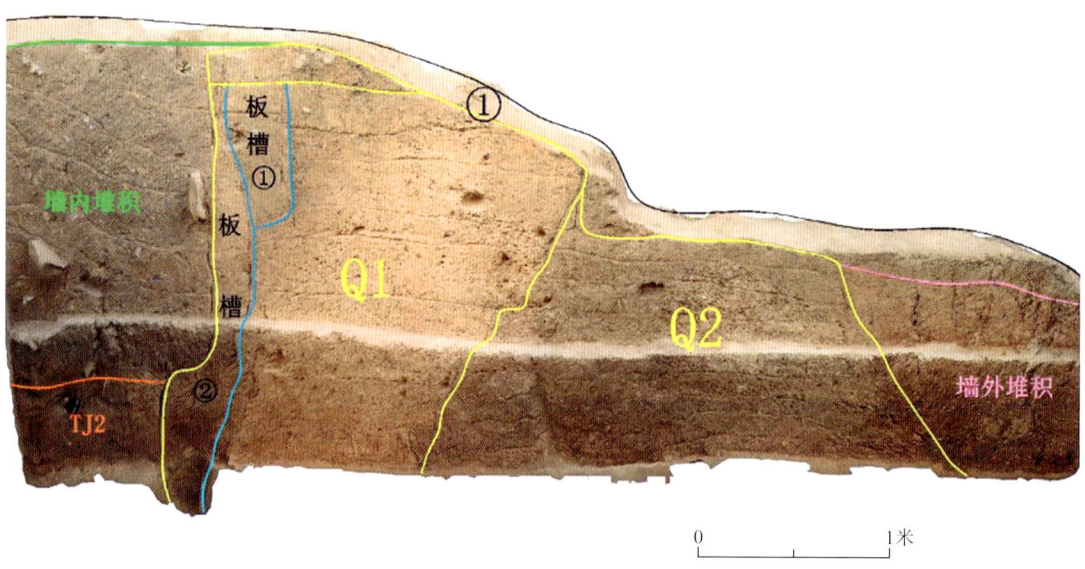

图72-9 龟山遗址东侧夯土城墙

型的遗址中亦为数不多。龟山遗址与汉代揭阳县治关系密切，应为一处重要的汉代城邑遗址，为探讨该地区汉代的历史面貌和研究我国秦汉时期东南沿海边城制度等，提供了宝贵资料。1989年，龟山遗址被公布为广东省文物保护单位。

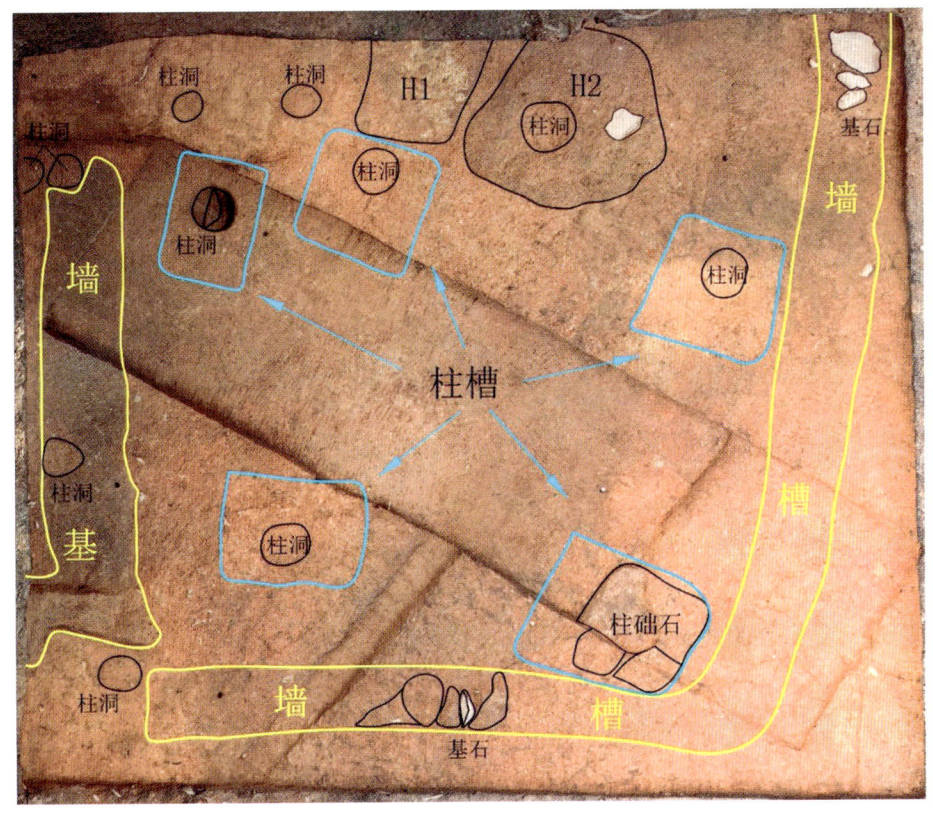

图72-10 龟山遗址2019年调查发现房址

图72-11 龟山遗址2019年调查发现房址

资料来源

[1] 广东省文物考古研究所、汕头文物管理委员会、澄海市博物馆：《澄海龟山汉代遗址》，广东人民出版社，1997年。

[2] 广东省文物考古研究所等：《汕头市澄海区龟山遗址文物考古调查勘探报告》，广东省文物考古研究所内部资料。

73. 徐闻二桥遗址

工作时间：1990年、1993年、2018年
工作单位：广东省文物考古研究所、广东省文物管理委员会、广东省博物馆文物队、湛江市博物馆、徐闻县博物馆、徐闻县文化局

二桥遗址位于湛江市徐闻县西南南山镇（原五里乡）二桥村、南湾村和仕尾村，其地形为伸向琼州海峡的半岛形岬角，前临大海，峙三墩，海拔约10米（图73-1）。1990年5月，广东省文管会、广东省博物馆文物队、湛江市博物馆、徐闻县博物馆对遗址进行了调查，采集到板瓦、筒瓦、瓦当及陶片。1993年10~11月，广东省文物考古研究所、湛江市博物馆、徐闻县文化局对遗址进行了发掘，发掘面积350平方米。2018年广东省文物考古研究所等对遗址进行了第二次调查，发现汉代壕沟等遗迹（图73-2）。

1993年的发掘，发现墓葬、灰坑、房屋、井、烧土面和柱洞等遗迹，出土板瓦、筒瓦和瓦当等建筑材料，陶釜、罐、瓮、钵、盆、碗、器盖等生活用具和铜箭镞等遗物，采集"万岁"瓦当和"臣固私印"龟纽鎏金铜印1枚（图73-3～图73-5）。"万岁"瓦当为红褐色泥质陶，饰双线卷云纹和篆体阳文"万岁"，直径14.5厘米。铜印长2.5、宽2、高1.3厘米。二桥遗址应是两汉时期一处重要的官署遗址。

图73-1　二桥遗址位置示意图

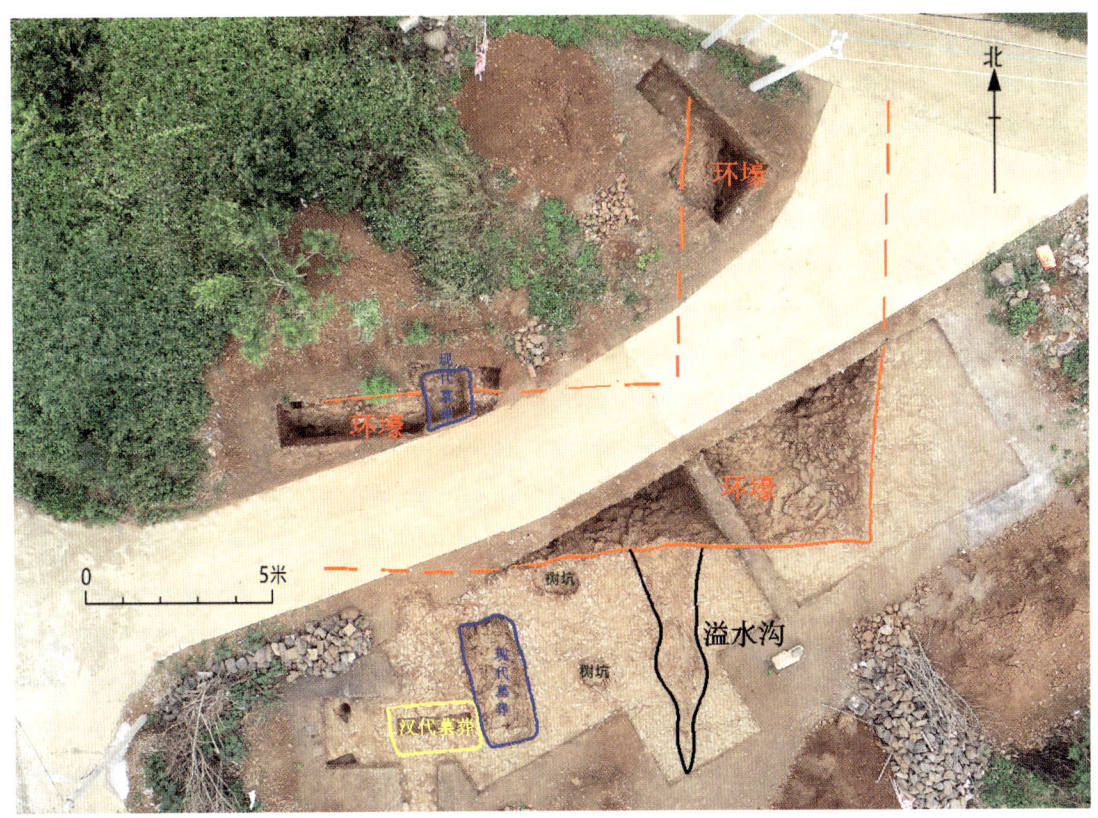

图73-2　二桥遗址2018年发掘环壕东南角

图73-3　二桥遗址1993年发掘现场

73.徐闻二桥遗址

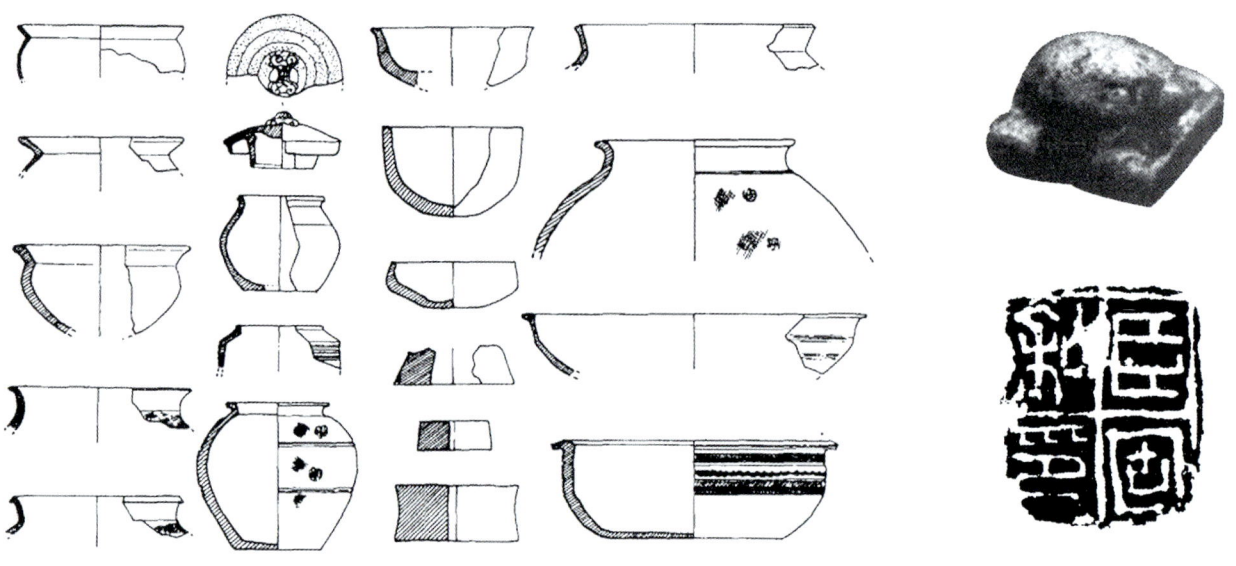

图73-4 二桥遗址1993年出土陶器

图73-5 二桥遗址1993年发现"臣固私印"

图73-6 二桥遗址采集"万岁"瓦当

图73-7 二桥遗址2018年采集筒瓦

图73-8 二桥遗址2018年环壕内出土陶蒜头壶口沿

图73-9 二桥遗址2018年环壕内出土陶三足盒

194　溯本求源——广东重要考古发现概览

2018年在二桥村东南发现壕沟1条。壕沟平面呈曲尺形，截面呈V字形，沟口宽约4.5、深约1.8米，出土板瓦、筒瓦及罐、盆、三足盒等遗物，时代为西汉早期至中期（图73-6～图73-9）。

据《汉书·地理志》记载，徐闻在西汉时期是我国海上丝绸之路的始发港。二桥村、仕尾村地处海湾，与"三墩"仅咫尺之遥，地理位置与史料记载相吻合。目前，二桥遗址的性质待定，但所发现的遗存为探讨汉徐闻县治和汉徐闻港旧址提供了重要资料，为研究汉代海上丝绸之路提供了线索。

资料来源

[1] 广东省文物考古研究所、湛江市博物馆、徐闻县博物馆：《广东徐闻县五里镇汉代遗址》，《文物》2000年第9期。
[2] 徐闻县历史文化研究领导小组办公室：《大汉徐闻两千年》，商务印书馆，2014年。
[3] 湛江海上丝绸之路史迹申遗办公室：《海上丝绸之路——湛江文化遗产》，岭南美术出版社，2015年。

74. 广州黄花岗汉唐墓地

工作时间：1997～1999年
工作单位：广州市文物考古研究所

黄花岗汉唐墓地位于广州市越秀区黄花岗先烈中路附近，这一带原为广州市郊，地势较高，山冈绵连，是广州市重要的古代墓葬分布区之一（图74-1）。1997～1999年，广州市文物考古研究所先后进行了五次发掘，清理西汉墓1座、东汉墓7座、南朝墓3座、唐墓5座，出土遗物近300件。

西汉墓属西汉早期，墓葬为长方形单室木椁墓，墓底平整，分布2道与墓坑等长的纵向枕木沟。棺室居左，出土铜镜、玛瑙珠、骨饰等。随葬品多置于棺室外右侧，前部有陶瓮、罐和内置铜勺的铜鼎；右侧后部较多，有陶鼎、盒、壶、钫、瓮、罐、小罐、双耳小罐、三足盒、盂、纺轮及铜盆、熏炉、镜等（图74-2、图74-3）。

东汉墓均为砖室墓，已遭不同程度的破坏，分为二型：一型为横直券顶砖室墓，平面呈中字形，前有斜坡墓道，墓内分甬道、横前堂、棺室三部分，横前堂的券顶较高，跨在甬道与棺

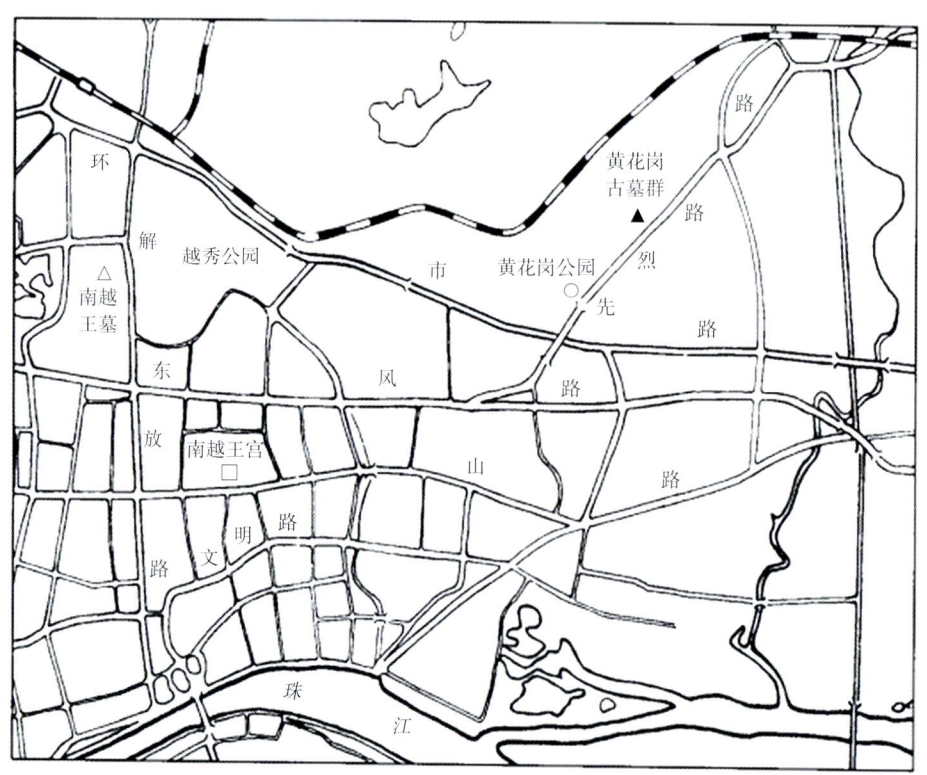

图74-1 黄花岗墓群位置示意图

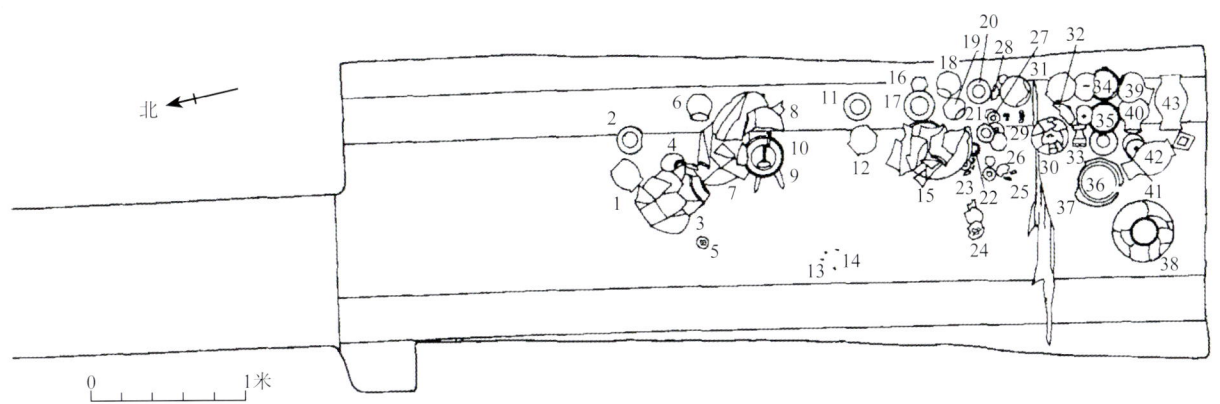

图74-2 黄花岗墓群M1平面图
1、2、4、6、11、12、17、18、20、31.陶罐 3、7、8、15、38.陶瓮 5、30.铜镜 9.铜鼎 10.铜勺 13.骨饰 14.玛瑙珠
16、19、22、24、26.小陶罐 21.双耳小陶罐 23、25、27.陶盂 28.陶三足小盒 29.陶纺轮 32.陶三足盆 33.铜熏炉
34、35.陶鼎 36、41.陶盒 37.铜盆 39、40.陶壶 42、43.陶钫

图74-3 黄花岗墓葬随葬器物

74.广州黄花岗汉唐墓地

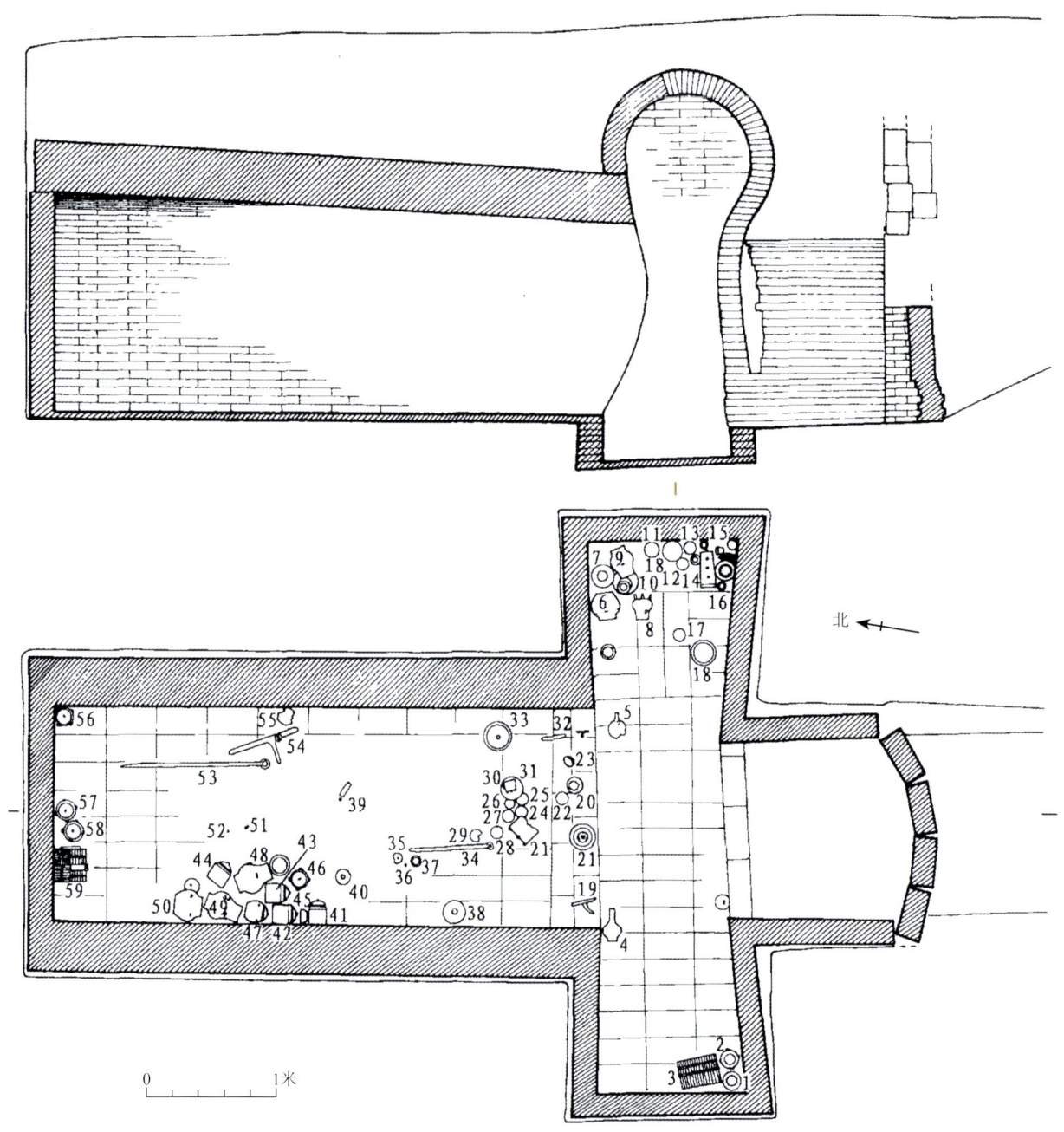

图74-4 黄花岗墓群M8平、剖面图
1、41~44.陶直身罐 2、46、47、56~58.陶四耳罐 3.陶仓 4.陶长颈瓶 5.陶魁 6、50.陶四耳展唇罐 7.陶熏炉 8.陶三足釜 9、48、49.陶壶 10、31.陶盆 11~13、15、17、22~29、37.陶碗 14.陶井 16.陶井 18.陶灶 19.陶甑 20.铜灯 21.陶温酒樽 30.陶? 32.铜矛 33.陶簋 34.铜环首刀 35、40.铜镜 36.铜五铢钱 38.青石砚 39.黛砚 45.陶器盖 51.玛瑙珠 52.金指环 53.铁环首刀 54.铁戟 55.铜盆 59.陶屋

室的纵券顶上，成十字形纵横交叠结合。另一型为穹隆顶合券顶砖室墓，前室平面呈方形，四角起券成穹隆顶，与甬道、棺室的券顶相结合。随葬器物包括陶、铜、铁、金、石、玛瑙等质料的生活用器，模型明器及兵器等（图74-4～图74-7）。

南朝墓有长方形券顶砖室墓和凸字形券顶砖室墓，均已遭破坏。出土随葬品较少，代表性器物有青瓷鸡首壶、洗、碗、盘、灯和杯等。

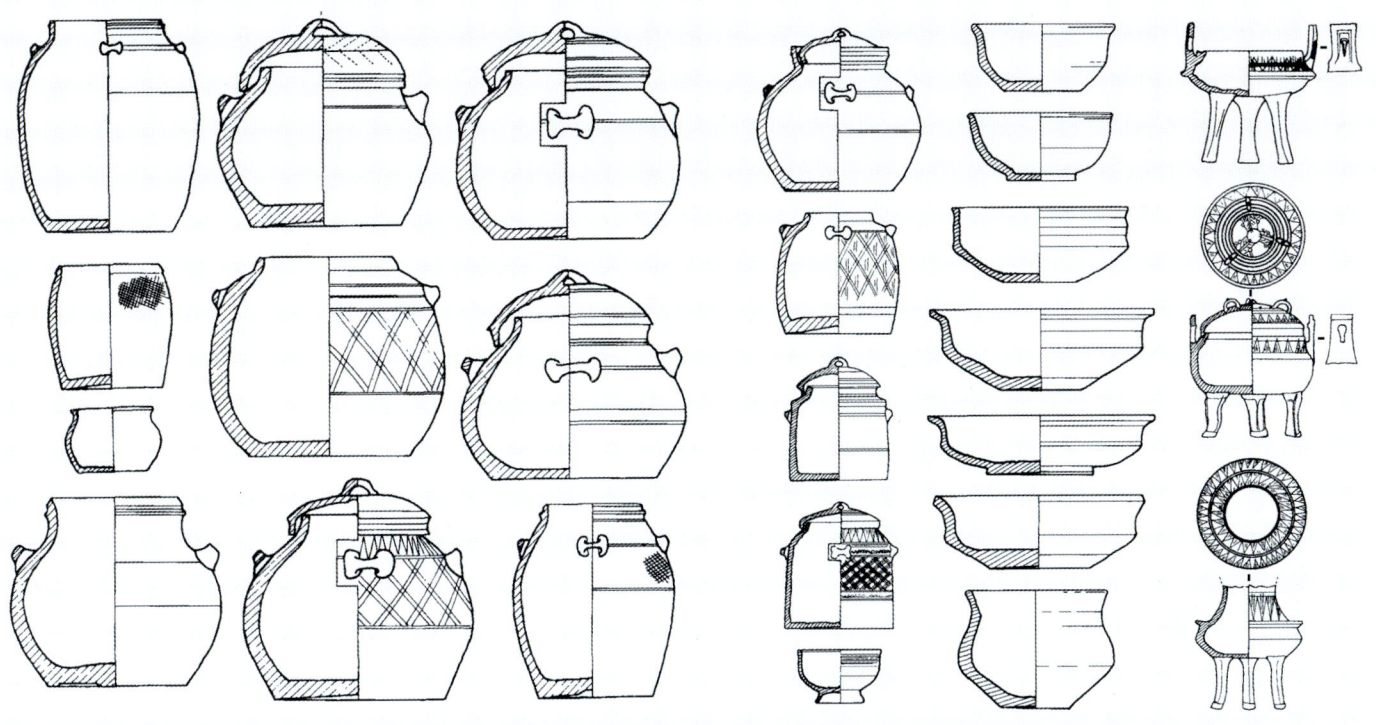

图74-5 黄花岗墓群东汉墓出土陶器　　　　图74-6 黄花岗墓群东汉墓出土陶器

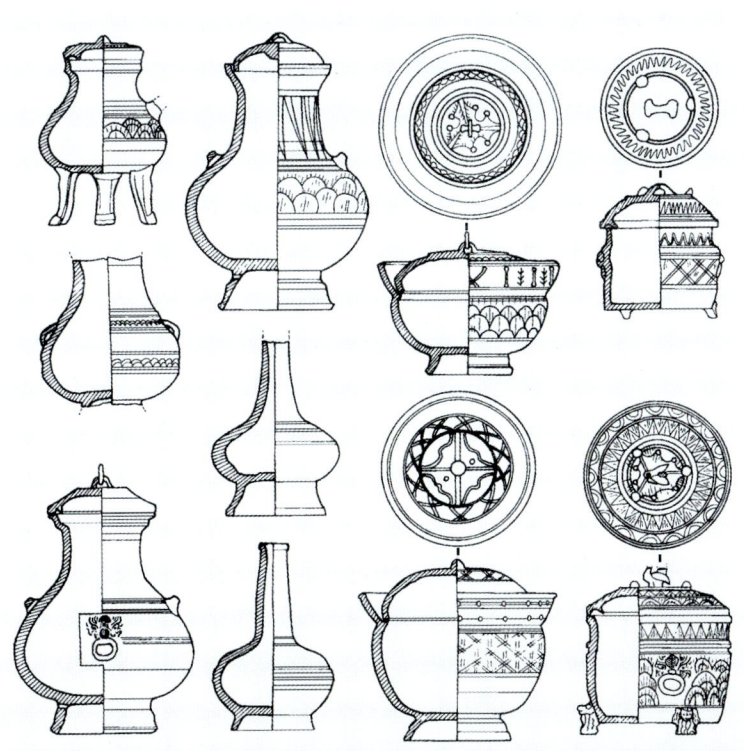

图74-7 黄花岗墓群东汉墓出土陶器

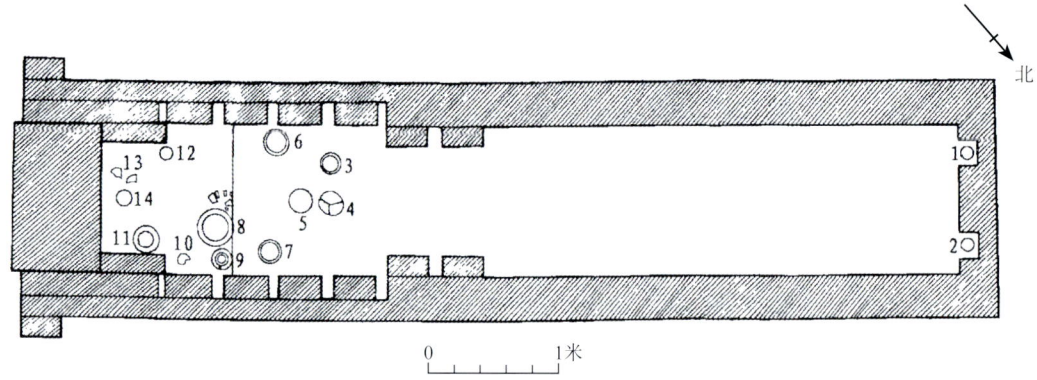

图74-8 黄花岗墓群M9平面图
1、2、12～14.青瓷碗 3～7.青瓷盘 8.青瓷洗 9.青瓷鸡首壶 10.铜碗 11.青瓷灯

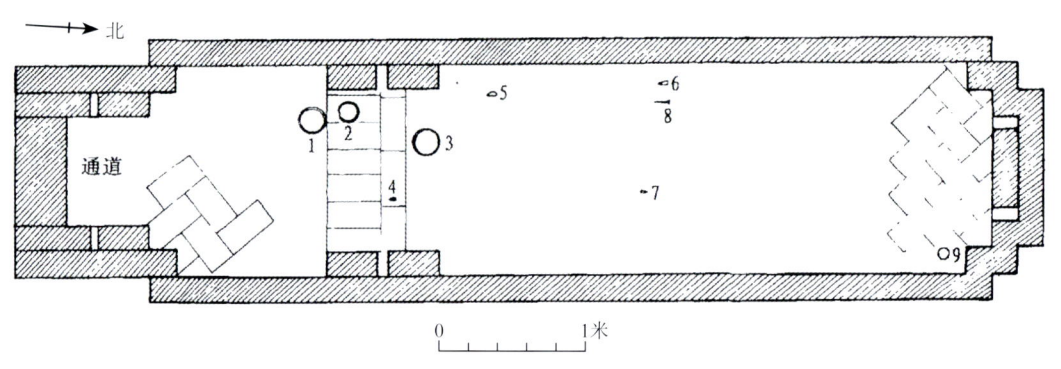

图74-9 黄花岗墓群M11平面图
1、2.青瓷盘 3.青瓷灯 4～7.滑石猪 8.铜棺钉 9.青瓷碗

唐墓均为砖室墓，已遭破坏，残存底部，券顶无存。墓葬形制可分为二型。A型为凸字形券顶砖室墓；B型为长方形券顶砖室墓，可分为分室墓、单室墓两种。随葬器物简单，数量较少，多为青瓷罐、碗等，还有黑釉陶罐、泥质灰黑色陶灶、侍女俑、铜镜和滑石笔架等（图74-8、图74-9）。

广州自秦以来，一直是岭南的政治、经济、文化中心，又是对外贸易的一个重要口岸。黄花岗汉唐墓地发现的墓葬延续时间长，墓葬形制多样，为广州城市变迁和发展的研究提供了资料。

资料来源

[1] 广州市文物考古研究所：《广州黄花岗汉唐墓葬发掘报告》，《考古学报》2004年第4期。

75. 深圳铁仔山墓地

工作时间：1983~1989年、2000年初、2014年10~11月、2015年5~9月
工作单位：深圳市文物管理委员会办公室、深圳市博物馆、宝安区文化局

铁仔山墓地位于深圳市宝安区西乡镇铁仔山东南坡，南临海岸。铁仔山海拔约200米，呈东南—西北走向。1983年发现，到1989年，进行了多次发掘，清理汉、晋、南朝、宋、明清墓数十座（图75-1）。2000年初，再次进行了发掘（图75-2、图75-3）。2014年10~11月，墓地西区清理晋墓2座（图75-4）、清墓1座。2015年5~9月，墓地东区清理墓葬11座。

图75-1 铁仔山墓地出土墓砖

图75-2 铁仔山墓地局部

图75-3 铁仔山墓地中砖室墓　　　　图75-4 铁仔山墓地东晋墓

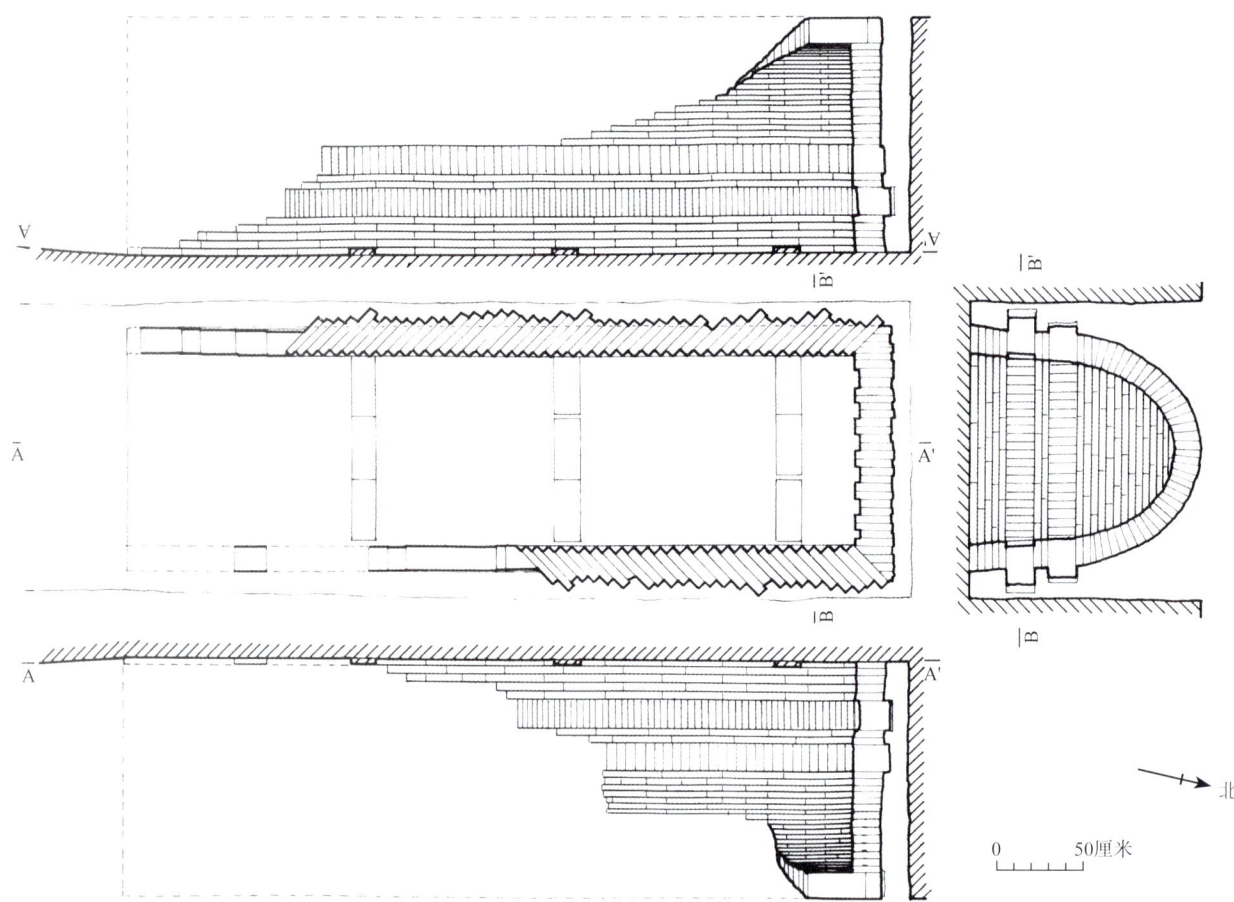

图75-5 铁仔山墓地东晋墓平、剖面图

2000年度的发掘分为A、B两区，布设探方17个，探沟50条，总面积为3585平方米。共揭露墓葬226座，其中东晋墓16座、南朝墓58座、宋墓6座、明墓94座、清墓52座。

东晋墓主要位于A区西部，包括单室砖墓9座和长方形竖穴土坑墓7座（图75-5）。砖室墓券顶或叠涩顶，带墓道，均有纪年，年号有"太兴二年（319年）""太宁二年（324年）"等。随葬品共40件，多为陶、瓷器，有四系罐、钵、碟、纺轮等。砖室墓随葬品较少；土坑墓常见罐、钵组合，并随葬发笄、银手镯、指环和剪刀（图75-6）。

南朝墓多为砖室墓，达50座，有大小两型，大型墓多分前、后室，券顶；小型墓皆单室，叠涩顶。另有8座土坑墓。砖室墓破坏严重。随葬品以青瓷为主，四系罐、钵、碗、碟数量较多，也有盘、三足砚、鸡首壶、器盖、唾壶等。土坑墓随葬品常见两罐与两钵或两碗的组合，保存完整（图75-7～图75-9）。

宋墓有瓦砌墓4座、土坑墓和特殊形制墓各1座。瓦砌墓以板瓦、残瓦砌成，墓顶以石板和石条封盖。特殊形制墓为瓦砌与土壁相结合。随葬品较少，有魂瓶4件、砚台1件，另有若干铜钱与铁剑。

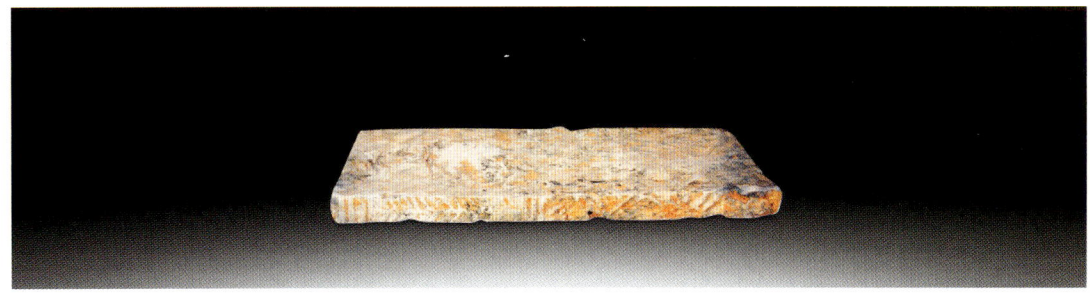

图75-6　铁仔山墓地东晋墓叶脉纹砖

图75-7　铁仔山墓地出土南朝鸡首壶

图75-8　铁仔山墓地出土南朝青釉六系罐

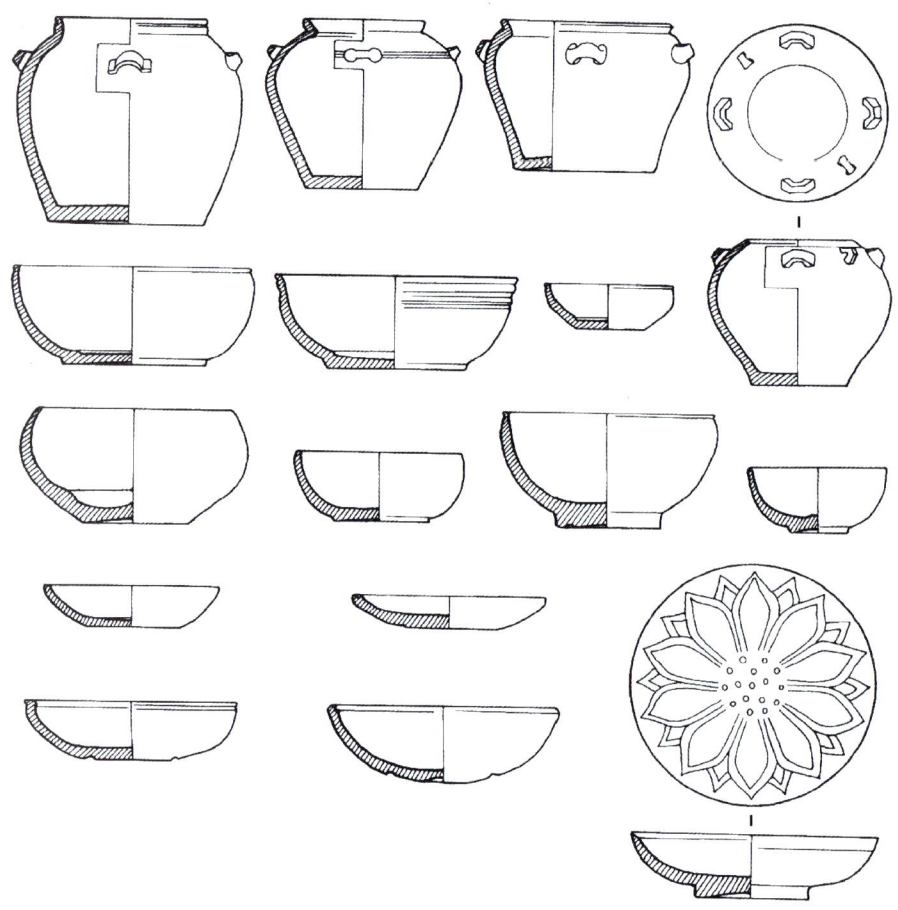

图75-9 铁仔山墓地南朝墓出土器物

明墓分两种：长方形竖穴土坑墓91座，带地表建筑的墓葬3座。土坑墓形制接近，大小差异不大。带地表建筑的M185，地表有碑亭、祭台、水槽、护坡墙等。随葬品基本为2罐、1碗和1碟相组合，并随葬铜钱；碗、碟扣于罐口，两罐各装稻谷与酒，有的罐中置小瓷杯。另有铁剑和铜饰。

清墓中竖穴土坑墓有48座，二次瓮棺葬墓有4座。随葬品以绿釉罐、青花瓷碗为主，另有少量青花瓷盘、小瓶、杯和砖碑2件。

铁仔山墓葬数量多、年代跨度大、分布密集，为深圳地区少见，为研究南头古城与深圳城市变迁与发展提供了重要依据。2008年，铁仔山墓群被公布为广东省文物保护单位。

资料来源

[1] 深圳市文物管理委员会办公室、深圳市博物馆、宝安区文化局：《深圳铁仔山古墓群发掘简报》，《华南考古2》，文物出版社，2008年，第290～325页。
[2] 深圳市文物考古鉴定所、深圳市宝安区文物管理所：《深圳宝安铁仔山古墓群西区调查简报》，《黄河·黄土·黄种人》2017年第10期。
[3] 国家文物局：《2000中国重要考古发现》，文物出版社，2001年，第82～86页。
[4] 深圳市文物管理委员会：《深圳文物志》，文物出版社，2005年，第87～89页。

76. 肇庆康乐中路墓地

工作时间：2004年11月
工作单位：广东省文物考古研究所

康乐中路墓地位于肇庆市端州区康乐中路，北为端州六路，南邻宋城西路，中心坐标为东经112°27′03.7″、北纬23°03′10.8″。2004年11月发现，广东省文物考古研究所随后进行了调查和发掘。发掘墓葬12座、水井3口和灰坑2个（图76-1、图76-2）。

12座墓葬中4座为土坑墓，其中M6、M7、M9为汉墓，M11为宋墓；8座为砖室墓，其中M8为东晋时期，M1～M5、M10为南朝时期，M12为唐墓（图76-3～图76-12）。水井J1、J2为宋代，J3为明代。灰坑均为宋代。

3座汉墓为三种不同形制的土坑竖穴墓，长均在6米以上。其中亚字形和带棺床的长方形墓为西江流域首次发现。3座汉墓出土130多件随葬品，计有陶耳杯、陶豆、滑石方炉、滑石罐、滑石璧、青铜剑、陶提筒、陶壶、陶鼎、珠饰等。东晋墓为长方形单室砖室墓。出土器物20件，主要放置在封门处，有青瓷果盒、青瓷耳杯、青瓷盆、青瓷碗、青瓷四耳罐、银钗等。

5座南朝砖室墓，其中平面呈凸字形的4座、平面呈长方形的1座，均为单室墓。4号墓墓室长10、宽3.3米，结构最为复杂，墓内砖砌仿木建筑的人字形斗拱、棂条窗、菱角牙砖、枋额、拱拴和门闩，后壁用异型砖叠砌的花墙则更加罕见。

康乐中路墓葬延续时间长，部分墓葬等级高。历史时期尤其是晋南朝以后，扼西江要冲的肇庆，重要地位不断得到彰显和提升。康乐中路的考古发现，为研究肇庆城市的历史和变迁，提供了重要支撑。

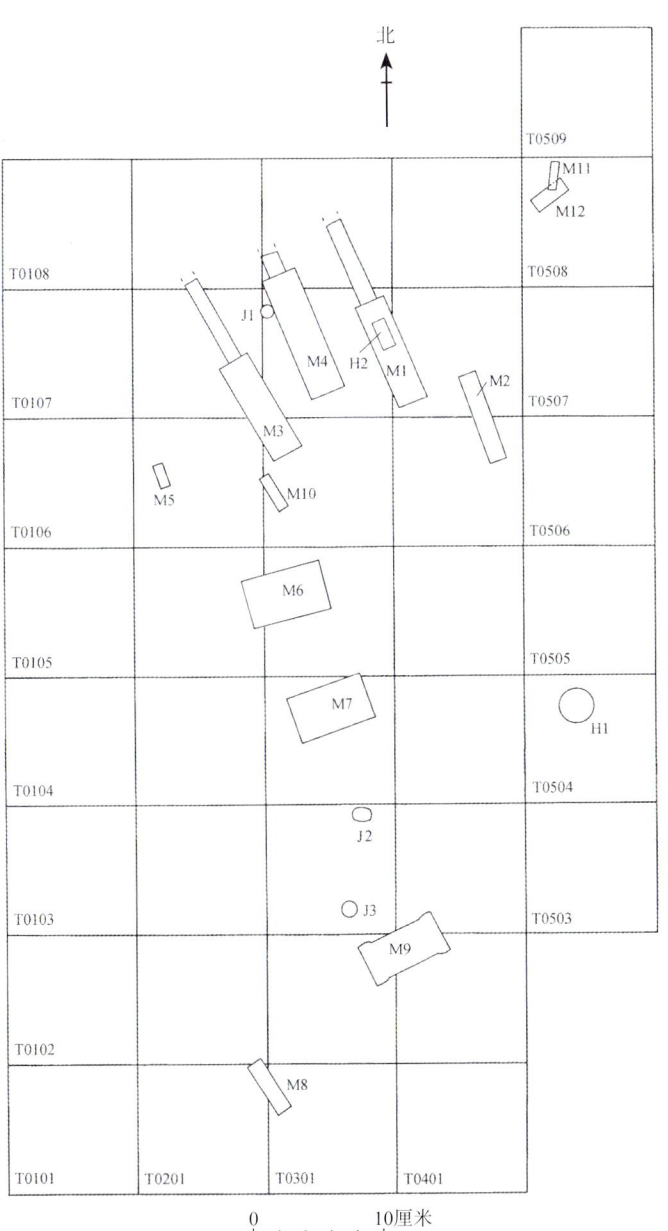

图76-1　康乐中路墓地总平面图
（图中探方及遗迹、墓葬号前均省去2004ZK）

图76-2 康乐中路墓地发掘现场

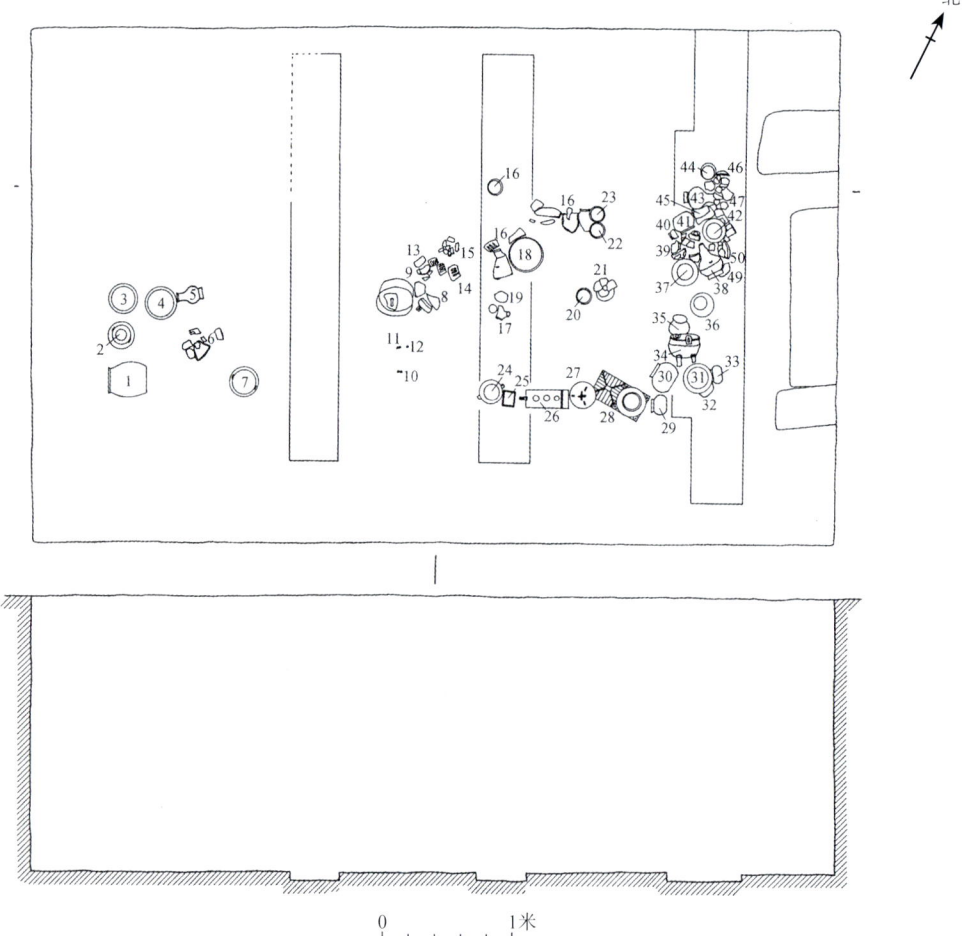

图76-3 康乐中路M6平、剖面图
1、3、4、29～33、35～37、41、42、45、46、52.釉陶罐 2、5、16、43、49.釉陶壶 6、15.滑石璧 7、8、34.釉陶鼎 9、18、19.釉陶盆 10～12.珠饰 13.陶盉 14、17、22、23、39、40、44、47、48.陶豆 20.陶熏炉 21.陶灯 24.滑石双鋬罐 25.滑石暖炉 26.陶灶 27.陶器盖 28.釉陶井 38.釉陶匏壶 50、51.陶釜 53.陶卮
（其中48压于38之下，51压于50之下，52压于45之下，53压于43之下）

206　溯本求源——广东重要考古发现概览

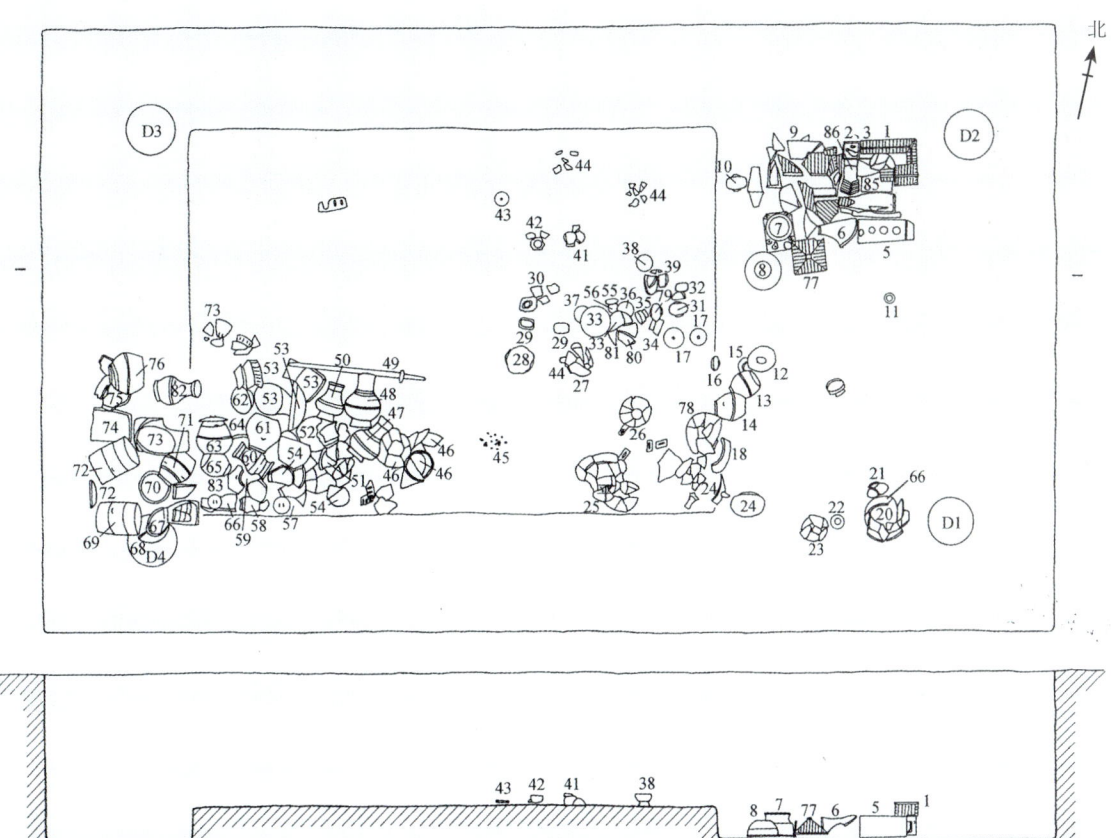

图76-4　康乐中路M7平、剖面图

1、9. 陶屋　2、3. 陶猪　4、10、16、21、31、32、39、40、66、79、81. 陶耳杯　5. 釉陶灶　6、20、52、54、76. 釉陶罐　7. 陶井　8、12、80. 釉陶盆　11、22、77. 陶釜　13、14、18、27、51、58、59、61、63、65、71、75. 釉陶四耳罐　15、19、30、34、35、36、38、56、78. 陶豆　17. 陶灯　23、62. 釉陶钵　24、25. 釉陶鼎　26. 釉陶魁　28、55. 铜耳杯　29. 陶套盒　33. 釉陶盒　37、43、44. 滑石璧　41、42. 釉陶釜　45. 珠饰　46、53. 釉陶簋　47、48、50、60、64. 釉陶壶　49. 铜剑　57. 陶仓　67、69、70、72、74. 釉陶提筒　68、73. 釉陶器盖

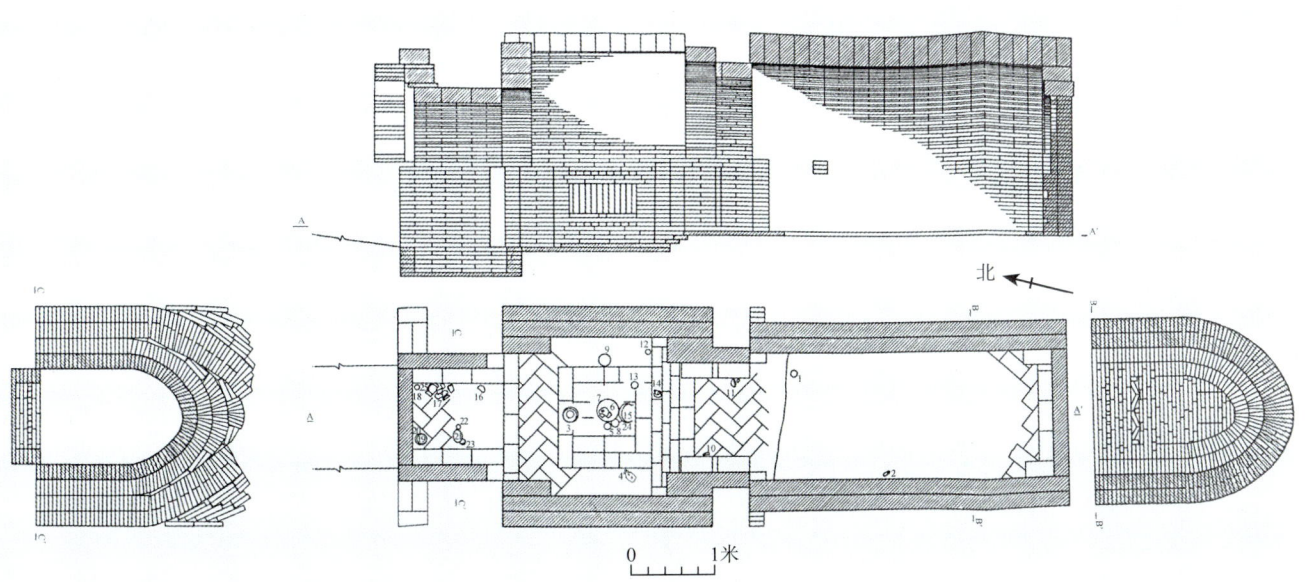

图76-5　康乐中路M1平、剖面图

1、5、11、12、14、16、18～23. 青瓷碗　2、10. 滑石猪　3. 青瓷三足炉　4. 青瓷鸡首壶　6～9、24. 青瓷碟　13. 铜镜　15. 釉陶凭几　17. 青瓷四耳罐　25. 青瓷六耳罐

76. 肇庆康乐中路墓地　207

图76-6 康乐中路墓地发掘现场

图76-7 康乐中路M1墓葬结构
1. M1清理中　2. M1盗洞　3. 甬道顶部结构　4. M1后壁

图76-8　康乐中路M3墓葬结构
1. M3清理中　2. M3封门　3. M3前室侧壁

图76-9　康乐中路M7清理中

76.肇庆康乐中路墓地

图76-10 康乐中路M6出土陶罐
1、2. A型（M6：4、M6：31） 3. B型（M6：30） 4. C型（M6：29）

图76-11 康乐中路M6出土釉陶器
1、2. A型壶（M6：2、M6：16） 3、4. B型壶（M6：5、M6：43） 5. C型壶（M6：49） 6～8. A型鼎（M6：7、M6：34、M6：4）
9. B型鼎（M6：8） 10. 盆（M6：9）

210　溯本求源——广东重要考古发现概览

图76-12 康乐中路M7出土釉陶器
1、2.簋（M7：46、M7：53） 3、10.钵（M7：62、M7：23） 4、7.釜（M7：41、M7：42）
5、6.A型盆（M7：8、M7：80） 8.釉陶盒（M7：33） 9.B型盆（M7：12） 11.魁（M7：26）

资料来源

［1］广东省文物考古研究所：《广东肇庆市康乐中路七号汉墓发掘简报》，《考古》2009年第11期。
［2］广东省文物考古研究所：《广东肇庆市康乐中路M8发掘报告》，《四川文物》2008年第3期。
［3］广东省文物考古研究所：《肇庆古墓》，科学出版社，2008年。

77. 广州西湖路三国钱币窖藏和唐代铸币遗址

工作时间：2000年11月～2001年1月
工作单位：广州市文物考古研究所

遗址位于广州市越秀区西湖路广州百货大厦新翼广场。2000年11月～2001年1月，广州市文物考古研究所对该工地进行了发掘，发掘面积340平方米，发掘三国时期钱币窖藏和唐代铸币遗址各1处（图77-1）。

三国时期窖藏位于发掘Ⅰ区T1中部，压在南汉建筑基址垫土下，打破西汉建筑基槽及生土。口径1.4、深4米。发掘者认为这处窖藏原为土壁井，使用一段时间后被改作窖藏。出土遗物有铜钱、陶瓷器和建筑材料，铜钱数量约3000枚，种类有汉半两、五铢钱（图77-2）、新莽钱及三国时期的钱币。

唐代铸币遗址揭露的遗迹有高温烘烤的两类硬结面、小型坑、积水坑、灰坑和水井（图77-3）。出土与铸币有关的遗物包括金属工具、加工砺石、坩埚碎块以及陶、铁质鼓风管碎块、藤条、回炉料、冲渣和木炭等。此外，还出土较多"开元通宝"铜钱，陶瓷罐、碗、盆、盘、钵、砚台、灯等。遗址时代为唐初时期。

两处遗存的发掘，丰富了广州地区历史时期考古学研究内涵。

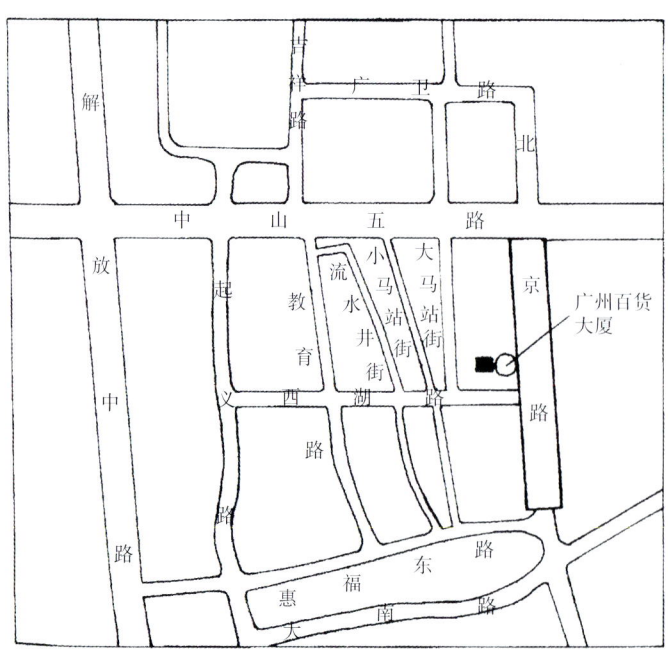

图77-1 广州西湖路遗址位置示意图

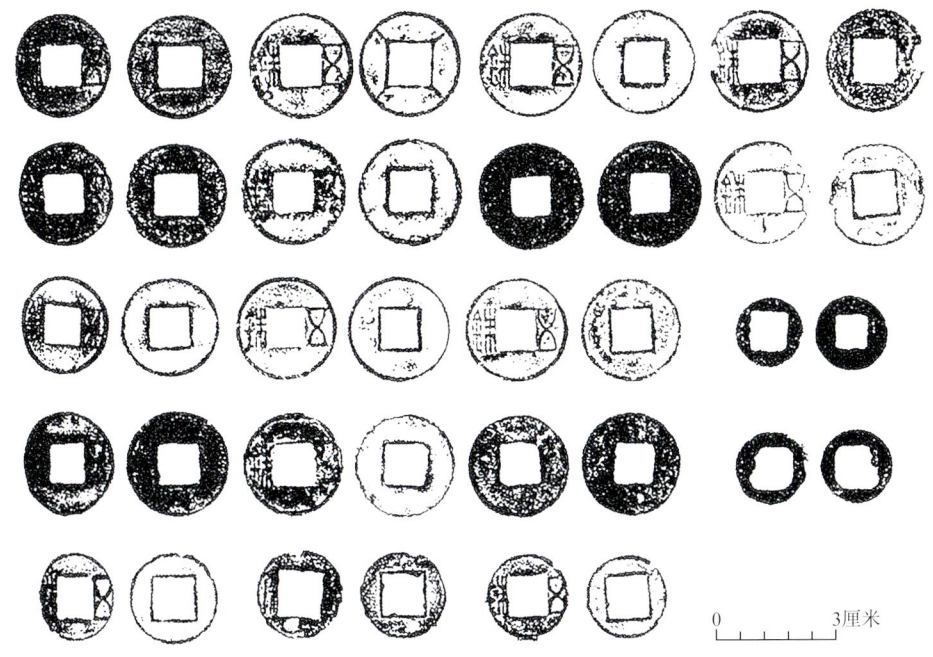

图77-2 广州西湖路窖藏出土五铢钱拓片

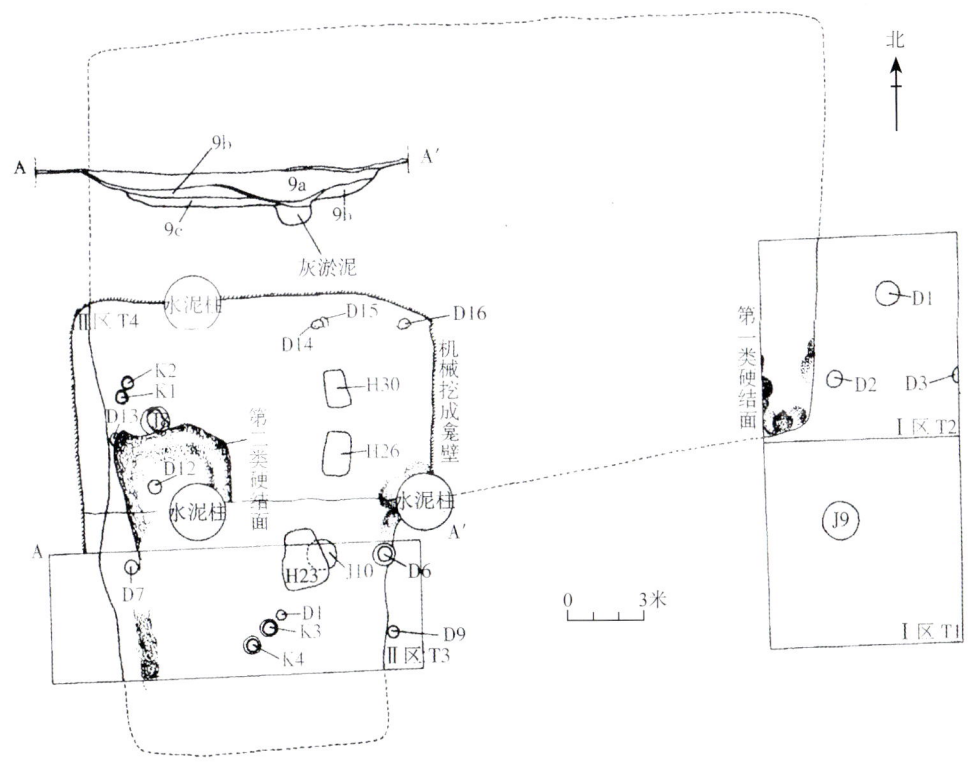

图77-3 广州西湖路唐代铸币遗址遗迹分布图
D1～D3、D6、D7、D9、D9、D11、D14～D16 为柱洞，K1、K2 为竹壁坑，K3、K4 为木壁坑，
H23 为积水坑，H26、H30 为灰坑，J8、J10 为水井

资料来源

[1] 广州市文物考古研究所：《广州市西湖路三国钱币窖藏和唐代铸币遗址》，《羊城考古发现研究（一）》，文物出版社，2005年。

78. 乳源泽桥山墓地

工作时间：1984年、1985年、1998年、2000年
工作单位：广东省文物考古研究所、韶关市文物管理委员会办公室、乳源瑶族自治县文化局、乳源瑶族自治县民族博物馆

泽桥山墓地位于韶关市乳源瑶族自治县侯公渡镇泽桥山、墟赴岭和林屋背三座低缓冈丘，西距乳城镇4千米（图78-1）。因泽桥山墓葬分布最为密集，故称泽桥山墓地。墓地分布面积相当宽广，三处冈丘的平面投影面积达50万平方米左右。墓地发现于1984年，1985年进行了复查，1998年进行了首次抢救发掘。2000年9～12月，广东省文物考古研究所在韶关市文化局、乳源瑶族自治县文化局、乳源瑶族自治县民族博物馆的配合下，对墓地再次进行了抢救发掘。

发掘共分3区，布设探方82个，发掘面积8200平方米。墓葬数量较多，位置分散。共发掘墓葬99座，其中2座完全残毁，形制不详，95座砖室墓，2座土坑墓（图78-2～图78-11）。

砖室墓分为单室墓和合葬墓，多数墓葬曾被扰动或遭盗掘，墓顶多已塌毁，罕有完整保存者，墓内未见葬具及尸骨。随葬品多置于墓室前部，青瓷器占9成，另有陶器、铁器、铜器、石质及木质明器、金银器和铜钱等共590件（组）。青瓷器器类有四（六）耳罐、宽耳罐、带

图78-1　泽桥山墓地全景

耳梭腹罐、碗、钵形碗、大敞口碗、碟、盘、托盘、钵、灯盏、盆、壶和砚台等。其他器类有陶四耳罐、陶釜、铁剪刀、铜镜、铜豆、铜鐎斗、滑石猪、木狮子、金珠饰、金指环、银手镯、银指环、银钗、绿松石珠饰等。铜钱仅辨识"开元通宝"一种。

7座墓有纪年砖，分别为东晋泰和三年（368年）、泰元十八年（393年）和刘宋元嘉、元嘉九年（432年）、元嘉十年（433年，2座）和大明三年（459年）。

图78-2　泽桥山墓地Ⅰ、Ⅱ区全景

图78-3　泽桥山墓地Ⅲ区全景

78. 乳源泽桥山墓地　215

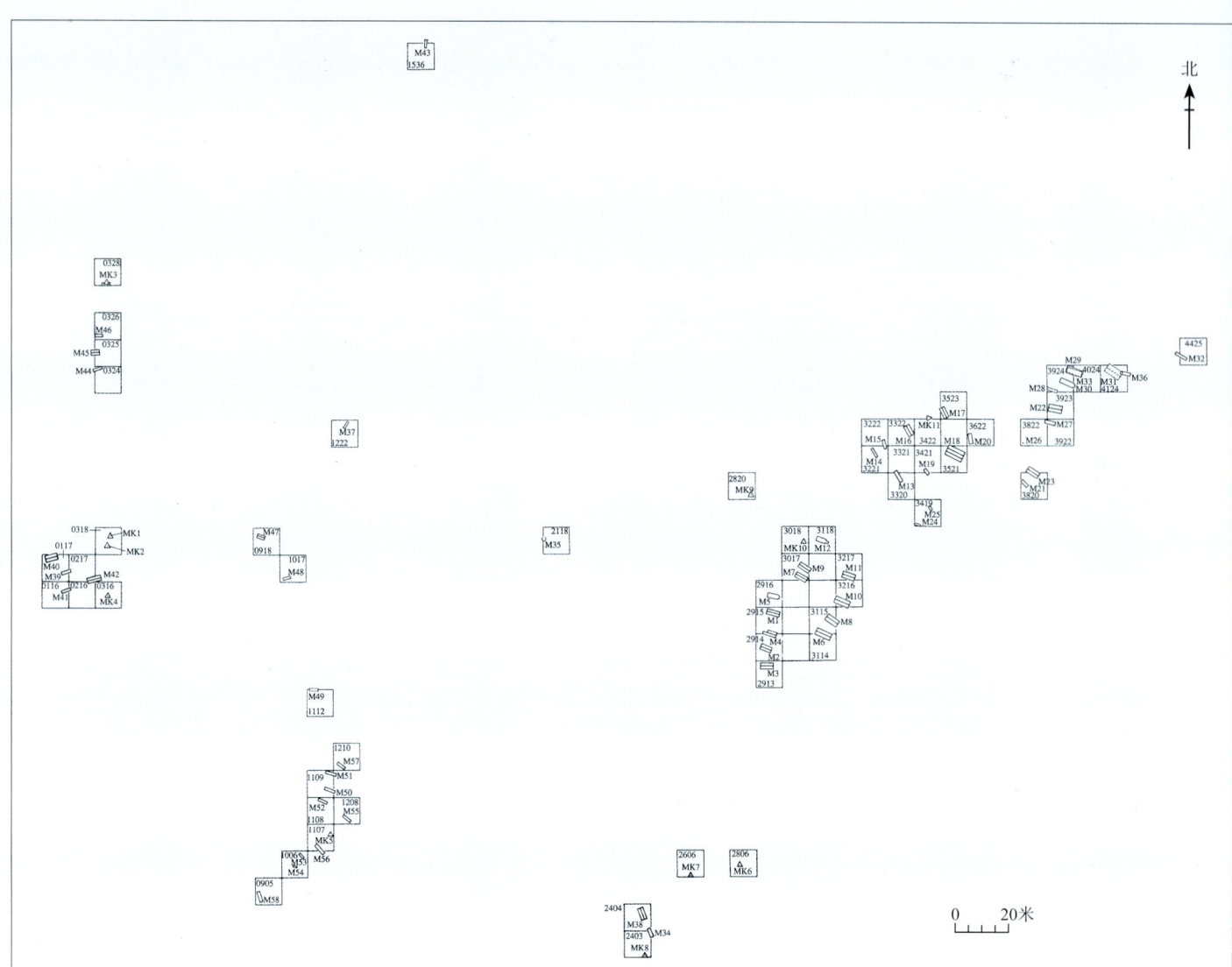

图78-4 泽桥山墓地Ⅰ区总平面图

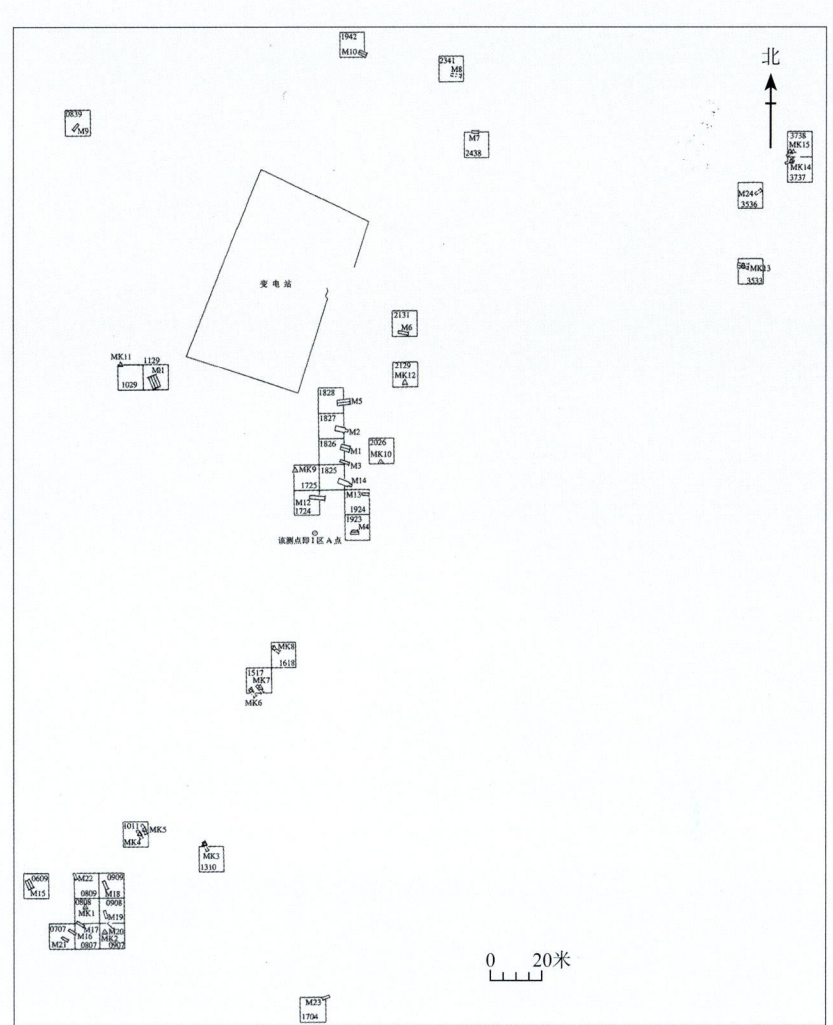

图78-5
泽桥山墓地Ⅱ区总平面图

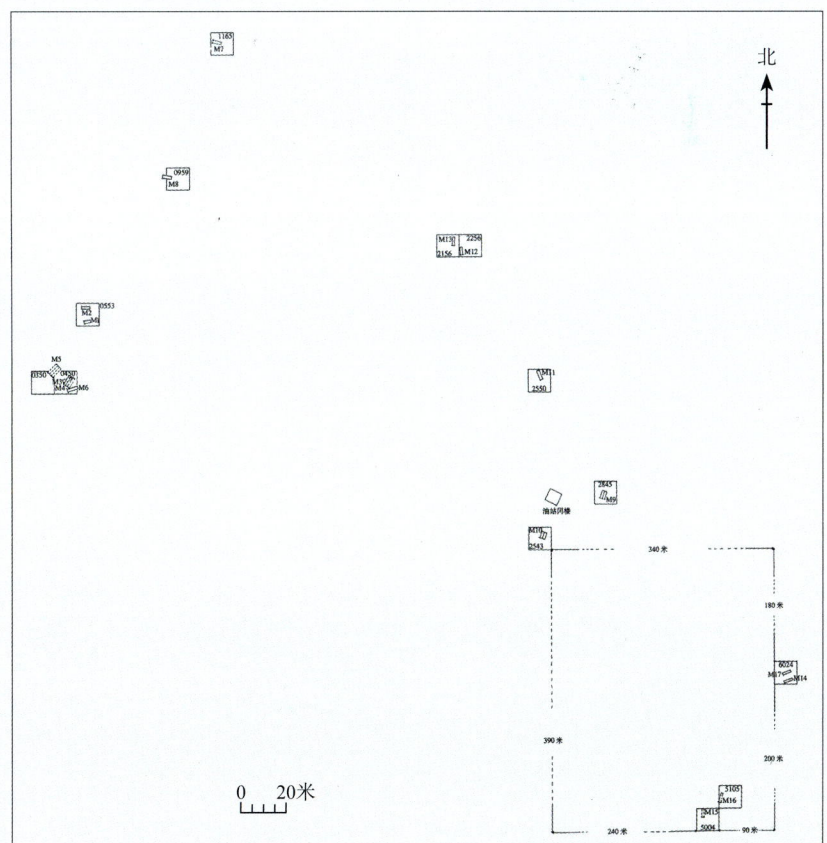

图78-6
泽桥山墓地Ⅲ区总平面图

78.乳源泽桥山墓地

图78-7 泽桥山墓地M14

图78-8 泽桥山墓地M30

1

2

图78-9 泽桥山墓地M8
1. 墓室结构全景（东南—西北） 2. 右室天井、排水孔（西北—东南）

墓地分为两个时期。第一时期为六朝时期，分四期，相当于东晋晚期至南朝陈末。第二时期为隋唐时期，也分四期。

东晋至南朝初期墓葬全部成组分布，无一散墓，贯彻族葬制度最为彻底；南朝的中心墓葬区、次要墓葬区和零散孤墓并存，说明族葬制度有了强族中兴盛和弱族中衰亡的两种发展方向；隋代不流行族葬；族葬制度在初唐复苏以后，趋于完全消失。

六朝隋唐时期是岭南开发的一个特别重要的时期，泽桥山墓地既有我国南方地区同时期墓葬的一些普遍特征，也具有比较浓郁的地域特征，其发掘的墓葬数量极多，延续时间很长，出土随葬品非常丰富，建立的分期体系比较完整。相关考古报告，则是广东省文物考古研究所编著的第一本广东地区历史时期墓葬考古专门报告，为广东历史时期考古学研究提供了重要素材。2000年，泽桥山墓地被公布为乳源瑶族自治县文物保护单位。

图78-10　乳源泽桥山墓地M30出土器物

1、4、7. Ⅲ式青瓷碗（ⅠM30∶8、ⅠM30∶09、ⅠM30∶5）　2、3、5、6. A型Ⅲ式青瓷四耳罐（ⅠM30∶6、ⅠM30∶7、ⅠM30∶011、ⅠM30∶012）
8. 青瓷砚（ⅠM30∶3）　9. 滑石猪（ⅠM30∶2、ⅠM30∶1）

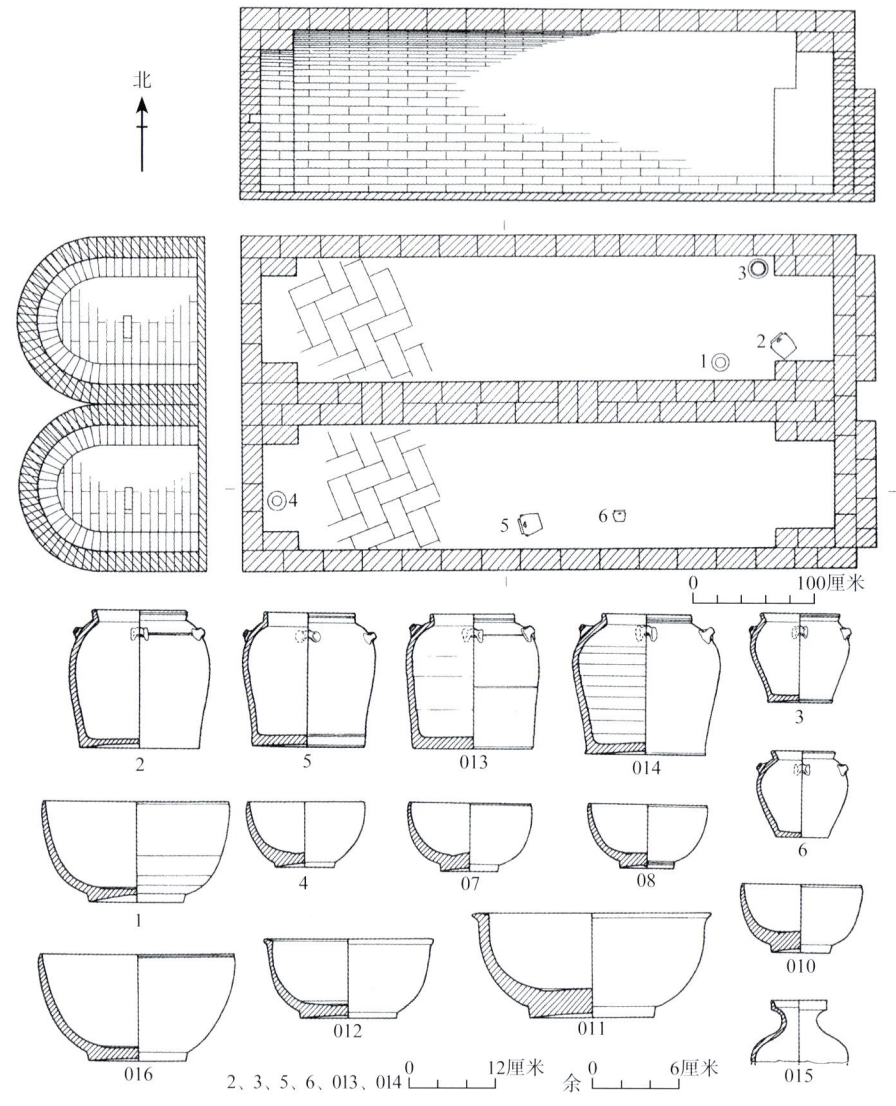

图78-11 泽桥山墓地M22平、剖面图及出土器物
1、4、07、08、010、016. Ⅲ式青瓷碗　2、5、013. A型Ⅲ式青瓷四耳罐　3、6. Ba型Ⅱ式青瓷四耳罐
011、012. 青瓷盆　014. A型Ⅳ式青瓷四耳罐　015. 残青瓷壶

资料来源

［1］广东省文物考古研究所：《乳源泽桥山六朝隋唐墓》，文物出版社，2006年。

79. 乳源莱山墓地

工作时间：2018年～2019年
工作单位：广东省文物考古研究所、乳源瑶族自治县民族博物馆

莱山遗址位于韶关市乳源瑶族自治县桂头镇，西距武江约1千米，东南距镇政府约2.5千米。遗址分布于林角塘、鸭帽冲、莱山、盐冲岭4处山冈之上，涉及大坝、上桂、白土螺、凰村4个自然村，海拔80～100米（图79-1）。2016年发现，2018年9月～2019年4月进行了发掘。

发掘分4区，清理六朝隋唐时期墓葬57座（图79-2～图79-5）。其中，两晋时期的纪年墓有8座。单室墓分为长方形、凸字形和竖穴土坑铺底砖墓，另有双室、三室合葬墓。墓砖包括素面砖、纹饰砖和铭文砖，纹饰砖主要包括叶脉纹、车轮纹、菱格纹、钱纹等，铭文砖有年号款、吉祥语和姓氏砖。

随葬器物包括陶、瓷、金、银、铜、铁、玻璃、滑石8大类，共520余件（套）（图79-6～图79-12）。六朝时期主要随葬器物有瓷四（六）系罐、碗、碟、盆、扁壶、砚滴、虎子，陶模型器如屋、碾米房、禽圈、水井、舆轿、牛圈、牛耕田、水田和陶釜等。唐时期墓葬主要随葬器物有瓷宽耳罐、梭腹罐、大敞口碗、灯盏和铜钱等。

莱山墓地时间跨度长，墓葬数量多。其两晋纪年墓的发现，对完善岭南六朝墓葬分期体系

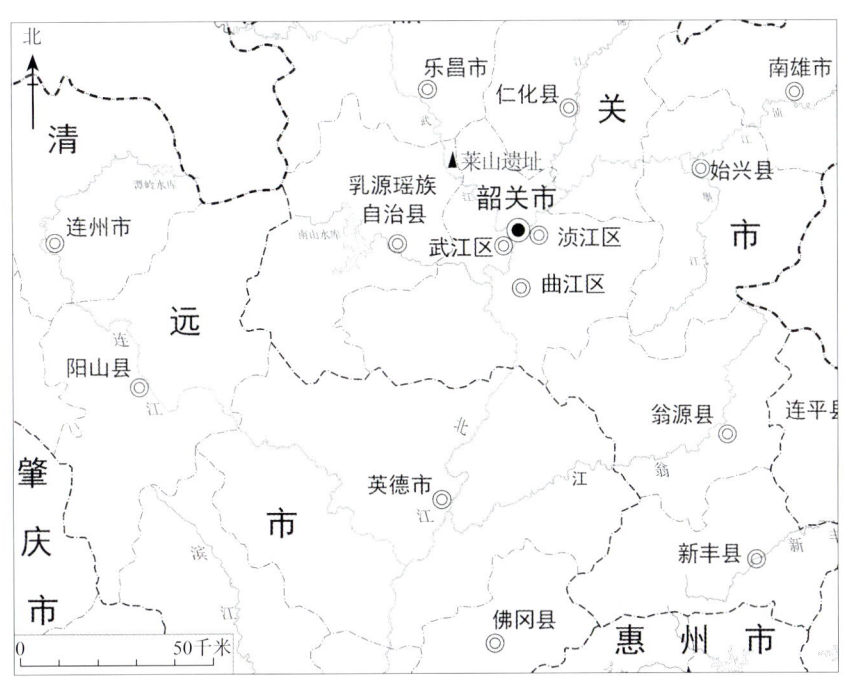

图79-1　莱山遗址位置示意图

图79-2 莱山遗址Ⅱ区墓葬航拍照

图79-3
莱山遗址ⅡM11墓葬清理(前室)

图79-4 莱山遗址ⅡM17墓葬清理

图79-5 莱山遗址合葬墓（ⅡM2）

具有重要意义。莱山墓地随葬器物组合完整，出土遗物丰富，种类繁多，舆轿、扁壶、砚滴等在广东罕见，为探讨岭南地区"北人南迁""岭南开发"和五岭南北文化交流等提供了新材料。

图79-6 莱山遗址出土瓷扁壶（ⅢM2：3正面）

图79-7 莱山遗址出土瓷虎子（ⅡM11：8）

图79-8 莱山遗址出土陶禽圈（ⅡM11：38）

图79-9 莱山遗址出土瓷砚滴（ⅢM2：4）

图79-10 莱山遗址出土瓷盒（ⅡM12：10）

图79-11 莱山遗址出土瓷六系罐（ⅢM11：1）

图79-12 莱山遗址出土陶舆轿模型（ⅡM11：41）

资料来源

[1] 广东省文物考古研究所、乳源瑶族自治县民族博物馆：《古道传"真"——2018—2019年韶关机场考古发掘成果展》，广东高等教育出版社，2020年。

80. 韶关小茶山墓地

工作时间：2006年4～6月
工作单位：广东省文物考古研究所、韶关市博物馆、韶关市曲江区马坝人遗址博物馆

小茶山墓地位于韶关市武江区重阳镇水口村北约500米，西距重阳镇3千米（图80-1）。2006年4～6月进行了发掘，共清理晋至宋时期墓葬59座。

墓葬大体按山体走势排列，均为券顶砖室墓，葬具、人骨皆无。随葬器物有青瓷四系罐、碗，陶罐、铜镜等（图80-2～图80-4）。

小茶山墓葬群年代跨度大，墓葬数量较多。韶关地区历史时期大型墓地屡有发现，值得深入研究。

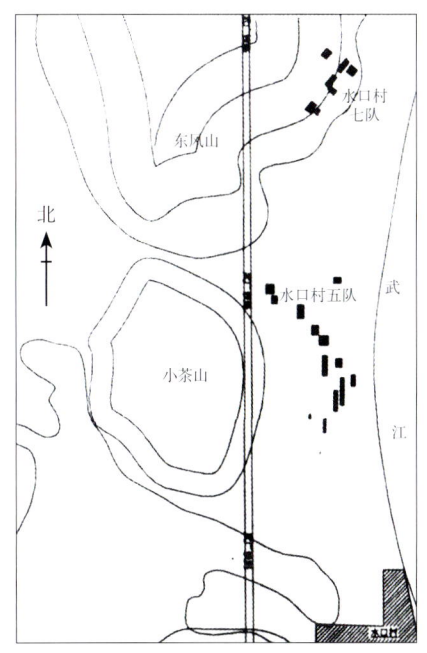

图80-1 小茶山墓地位置示意图

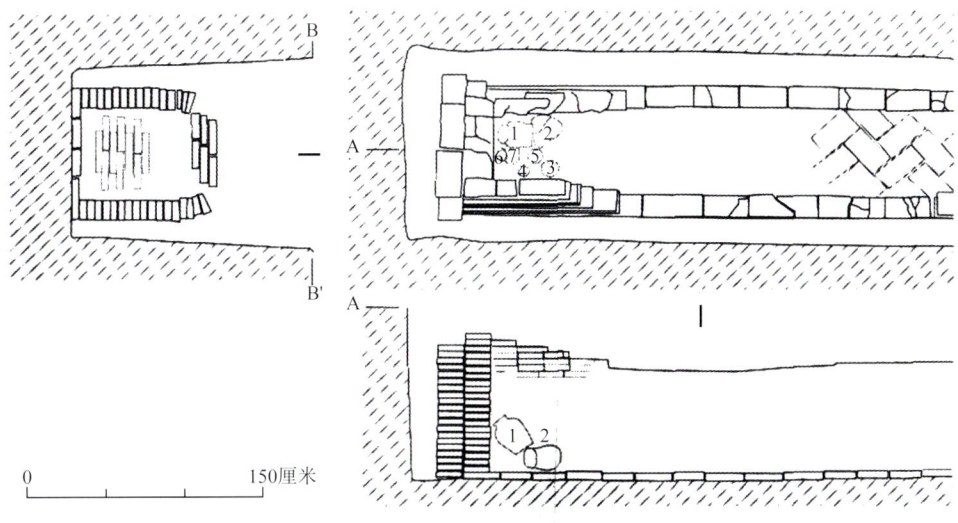

图80-2 小茶山墓地M4平、剖面图
1、2. A型四系罐（M4：1、M4：2） 3. B型四系罐（M4：3） 4～7. 碗（M4：4～M4：7）

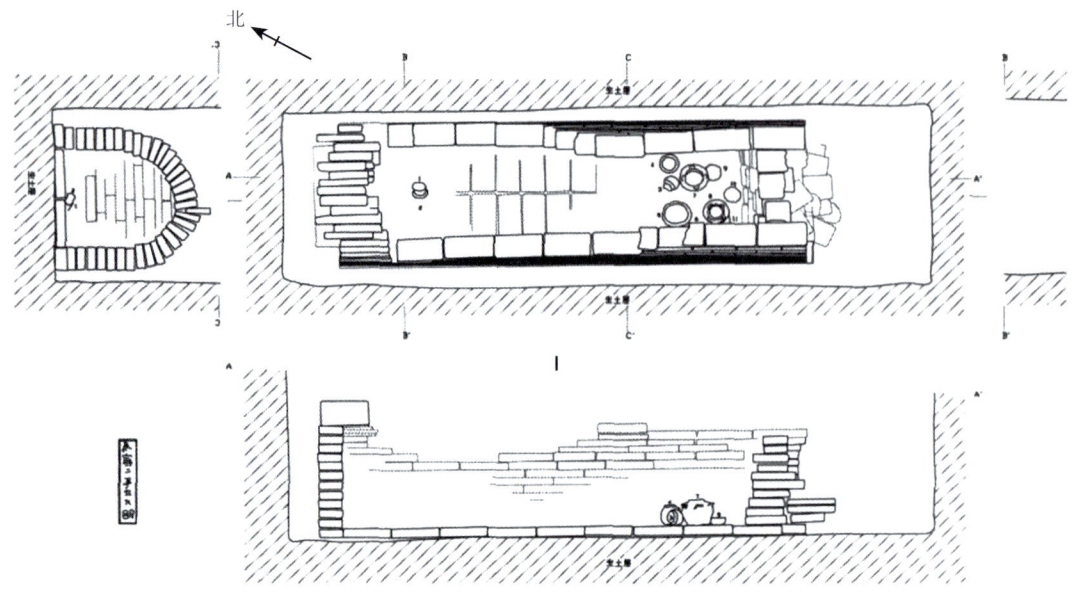

图80-3 小茶山墓地M8平、剖面图
1、2.四系罐(M8:7、M8:8) 3、4.陶罐(M8:3、M8:4) 5、6.A型碗(M8:2、M8:5)
7～11.B型碗(M8:9、M8:10、M8:11、M8:12、M8:6)

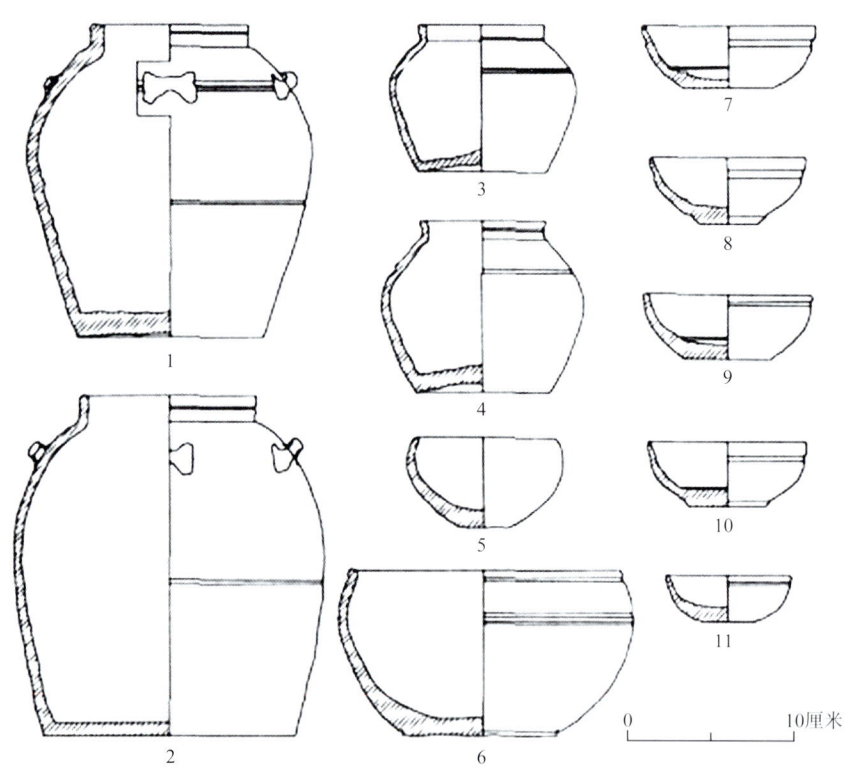

图80-4 小茶山墓地M8出土器物
1、2.四系罐(M8:7、M8:8) 3、4.陶罐(M8:3、M8:4) 5、6.A型碗(M8:2、M8:5)
7～11.B型碗(M8:9、M8:10、M8:11、M8:12、M8:6)

资料来源

[1]广东省文物考古研究所、广东韶关市曲江区马坝人遗址博物馆：《广东韶关市小茶山墓葬群发掘简报》，《南方文物》2008年第2期。

81. 连州六朝隋唐墓葬群

工作时间：2011~2012年
工作单位：广东省文物考古研究所、连州市博物馆、连州市文化广电新闻出版局

墓葬位于清远市连州市附城镇、西岸镇、连州镇及丰阳镇的麦田村、西岸互通、石兰寨、鹅江村、佑地岭、上横墩、竹兜墩、新开墩、铁鬼坪和大地等（图81-1~图81-3）。2011年11月，为配合相关建设，广东省文物考古研究所等对其进行了考古发掘。

共清理东晋至唐宋时期墓葬110座，均为中小型砖室墓，多为长方形单室单券顶墓，少量双室合葬墓、双层券顶或三层券顶墓，也有个别墓葬为叠涩顶，部分墓葬有墓道和排水沟（图81-4~图81-9）。出土随葬品有青瓷四（六）系罐、碗、盘、钵形碗、杯形碗，滑石猪，金银饰品等。

连州六朝隋唐墓分布范围广，墓葬数量多，时代跨度长，是粤北地区重要考古发现。本次发掘，首次在广东唐墓中发现了保存较完整的人骨架及龙纹墓砖，砖室墓底铺垫成对鹅卵石的葬俗，亦比较特殊。

图81-1 铁鬼坪墓地远景

图81-2　上横墩地貌

图81-3　大地墓地远景

图81-4　大地墓地M6～M8

图81-5
铁鬼坪墓地M8发掘后(南—北)

图81-6
上横墩墓地M4清理后(东—西)

图81-7　新开墩M5(东—西)

81. 连州六朝隋唐墓葬群

图81-8　晨景冲墓地M1清理后

图81-9　晨景冲墓地M3清理后

资料来源

[1] 广东省文物考古研究所：《广东连州市铁鬼坪墓地清理简报》，《四川文物》2016年第6期。
[2] 广东省文物考古研究所田野考古研究中心：《广东省连州大地墓地发掘简报》，《客家文博》2017年第2期。
[3] 中国考古学会：《连州六朝隋唐及宋代墓葬》，《中国考古学年鉴·2013》，中国社会科学出版社，2014年。

82. 粤西六朝隋唐俚人遗存

工作时间：20世纪80年代至今
工作单位：广东省文物考古研究所

粤西六朝隋唐俚人遗存主要分布于茂名、湛江与阳江，江门西部及西江流域的肇庆、云浮地区也有发现，类似遗存亦分布于广西南部和海南。这些遗存一般位于低冈和台地之上，信宜、高州的遗址相对高度较高，有50米左右；吴川、电白相对高度较低，一般不高于30米（图82-1）。

到20世纪80年代，此类遗存已发现近70处，由于缺乏系统发掘和研究，多数遗存的性质不明，时代也被判定为秦汉时期。90年代以后，广东省文物考古研究所等在粤西多地区调查发现近200处同类遗存，其中，经过发掘的有高州亚公山遗址、屋背岭遗址和上村岭遗址，信宜马岭岗遗址、荔枝岗遗址、白坟岭遗址和屋背山遗址，电白丁村遗址、蔡公山遗址、霞洞墟唐墓和唐代许夫人墓，吴川马飘岭遗址（图82-2）和湖村岭遗址（图82-3、图82-4）等多处。此

图82-1 马飘岭遗址远景（南—北）

图82-2 马飘岭遗址发掘区局部（西南—东北）

图82-3 湖村岭遗址内壕沟

图82-4 湖村岭遗址内袋状坑

外，廉江青平镇多别村、遂溪界炮镇西边山村和雷州企水镇覃态岭等地，还发现同类性质的瓮棺葬。高州亚公山遗址与电白霞洞墟唐墓等取得的收获比较突出。

亚公山遗址位于茂名市高州市山美街道同进村委会新村，遗址西临鉴江支流。2007年3～10月进行了发掘。发掘面积3400平方米。发现多重环壕、袋形坑和瓮棺葬等遗迹。环壕宽深，具有防御功能；袋形坑数量众多，分布密集，挖制规整，坑壁光滑，部分坑壁残留工具痕迹，有的坑底中心有柱洞。4号坑底发现厚30厘米的炭化稻米。瓮棺葬有4座，坑平面为圆形，瓮棺竖立安放。

出土器物以陶器为主，有四系罐、内耳釜、双耳钵、内耳盆、甑形器和提梁壶等，器类多样。陶罐多在颈肩部饰有多重水波纹、弦纹或水波纹与弦纹的组合纹饰，提梁壶有小流与入水小孔。另有箭镞石范、单脊无格铁剑、铁刀和瓷器等。共存瓷器的年代序列比较清楚，遗址时代为南朝末至隋唐时期。

霞洞墟唐墓位于电白区霞洞墟西北宴公庙（冼夫人庙）后，1983年发现，1984年1月进行了发掘。该墓为长方形砖室墓，长5.15、宽4.1米，墓向150°。墓室分前后两室，前室呈横长方形，后室近方形，由4重砖墙分隔为左右棺室。棺床砖砌，3层砖高。墓底砖铺作人字形，侧壁及后壁各砌3个壁龛（图82-5）。

出土随葬品共18件。青瓷碗9件，敞口，饼足较深；青瓷罐1件，敞口鼓腹，下腹微束，肩有四耳，平底。另有铜镜、铜合页、金钗以及墓志铭1方。从墓志可知，墓主为冼夫人第六代孙夫妇，约卒于神功元年（697年），随葬青瓷器则具有唐代前期风格。

上述遗存分布范围广、密度大、数量多，文化特征鲜明（图82-6～图82-9），茂名地区是其分布的核心区域。由于遗存的时代、地域和文献记载的南朝隋唐时期岭南俚人关联度极强，故其应为俚人文化的代表性遗存。不过，由于资料整理、刊布尚较滞后，研究的深度、广度皆有待加强。

图82-5　唐代许夫人墓志拓片

图82-6 湖村岭遗址袋状坑中出土陶罐

图82-7 马飘岭遗址出土陶罐

图82-8 马飘岭遗址出土陶器

图82-9 马飘岭遗址出土瓷碗

资料来源

［1］冯孟钦：《信宜市马岭岗和高州市亚公山晋至唐代遗址》，《中国考古学年鉴·2007》，文物出版社，2008年，第278～379页。

［2］冯孟钦：《高州市亚公山隋唐遗址》，《中国考古学年鉴·2008》，文物出版社，2009年，第332、333页。

［3］冯孟钦：《广东俚人遗存的考古学观察》，《百越研究（第一辑）——中国百越民族史研究会第十三届年会论文集》，广西科学技术出版社，2007年，第217、218页。

［4］冯孟钦：《追寻俚人文化的踪迹——俚人遗存的民族考古学研究之一》，《中国魏晋南北朝史学会第十届年会暨国际学术研讨会论文集》，北岳文艺出版社，2012年，第608页。

［5］广东省博物馆、电白县文化局：《广东电白县霞洞墟唐墓简报》，《考古》1986年第1期。

83. 隋谯国夫人冼氏墓

工作时间：2004年、2015~2016年
工作单位：广东省文物考古研究所、电白县文化体育局、电白县博物馆

冼夫人墓园遗址位于茂名市电白县电城镇北5千米，山兜娘娘庙（冼夫人庙）后。遗址东邻山兜村村委会，东南角紧靠冼夫人庙，西为乡道，中心坐标为北纬21.5627°、东经111.2921°，海拔29米，遗址面积约15220平方米（图83-1）。

2004年7~9月，广东省文物考古研究所对"隋谯国夫人冼氏墓"进行了考古调查勘探。2015年12月~2016年2月，广东省文物考古研究所再次进行了调查与勘探。

2004年的调查勘探，发现方向一致的墓上建筑3组，其中，1、2组为"廊"类建筑，第3组是第2组建筑的散水。勘探发现的墓葬为砖室墓，平面呈凸字形，墓室长4、宽3.5米，带墓道。

图83-1 冼夫人墓园航拍照

现存清嘉庆墓碑，高207、宽70、厚10厘米，阴刻楷书，左记"嘉庆己卯"，中署"隋谯国夫人冼氏墓"，右记"电白县知县特克星阿、电茂场大使张炳立石"。

出土遗物有筒瓦、板瓦、砖、柱础等建筑材料，陶瓷碗、罐、盏、盆、瓮等生活用品和铁矛等。遗物以唐代为主，少数可能早到隋代，第3组建筑所用青砖时代应为隋代。

2015~2016年的调查勘探共布设探沟11条，发现墓园墙垣5段，墙垣外设围沟，保存状况较差。墓园东南角发现夯土台基遗迹1处，概为土堠、角阙类建筑遗迹，墙垣下叠压唐代灰沟1条（图83-2、图83-3）。

出土遗物有莲花纹瓦当、筒瓦、板瓦、花纹砖等建筑材料和罐、盏、杯、香炉等陶瓷日用器皿等（图83-4~图83-6）。

冼夫人墓园的建成年代不晚于唐代，并延续至北宋时期。墓园主体建筑分布井然有序，多位于墓园中轴线上，从南端东侧的龟趺开始，向北依次为中门、回廊、天井、墓上主体建筑及墓葬。北宋时期墓园应进行过大规模扩建。

图83-2 冼夫人墓园灰沟

图83-3 冼夫人墓园角阙

图83-4 冼夫人墓园出土青瓷四系罐

图83-5 冼夫人墓园出土莲花瓣纹瓦当

图83-6 冼夫人墓园出土筒瓦

冼夫人墓园是广东省重要的唐宋墓园建筑实例。冼夫人（522～602年）为高凉俚人部落首领，高凉太守冯宝之妻，毕生致力于国家统一和民族团结，在梁、陈、隋三朝对岭南的繁荣稳定做出了卓越贡献。2013年，隋谯国夫人冼氏墓被公布为全国重点文物保护单位。

资料来源

［1］广东省文物考古研究所：《隋谯国夫人冼氏墓考古调查工作报告》，广东省文物考古研究所内部资料。

［2］广东省文物考古研究所：《电白冼夫人墓园建筑遗址2015～2016年度考古工作报告》，广东省文物考古研究所内部资料。

84. 广州光孝寺建筑遗址

工作时间：1990年、1999年11月～2000年5月
工作单位：广东省文物考古研究所

光孝寺位于广州市越秀区光孝路北端近净慧路处。1990年，为修建光孝寺钟楼、鼓楼，广东省文物考古所对其进行了首次发掘，面积730平方米。1999年11月～2000年5月，为配合光孝寺二期修建工程建设，再次进行了发掘。发掘分为两区，其中Ⅰ区中北部布设9个10米×10米的探方，发掘总面积800多平方米。

1990年度的发掘，地层堆积可分为4层，其中第3层为宋元文化层，第4层为六朝至唐代文化层，发现汉代陶片等遗物。

1999～2000年度的发掘区地层分8层：第1层为现代表土层，第2、3A、3B层为明清文化层，出土砖瓦、陶瓷残片及建筑构件等，第4A、4B、5、6层为五代至北宋文化层，其中第4A、4B层为短期内人工平整土地而形成。第3B与4A、4B层下均发现建筑基址。

第二次发掘发现建筑基址7处。7号基址残存台基、慢道与散水，保存较好。7号基址台基为直方形，东西15.25～15.76、南北12.28、残高约0.83米。台基以较为纯净的黄红色土夯筑，分4层。台基外壁包砖，东、南台壁保存较完整。台基上发现方形磉墩13个。磉墩边长约1.4米，平底直壁，其内以泥土和砖瓦碎片间隔成层夯填，码筑规范。由磉墩推测其建筑面阔、进深均为3间。台基东侧偏南处残存慢道，台基南设散水。

5号基址由7号基址扩建而成，其台基为直方型，东西长25、南北宽13.5米以上。4号基址位于5号基址西南，残留台基与磉墩。2号基址残存两条砖砌排水暗沟。1号基址残存15个磉墩底部，推测其建筑为5开间，4进深，通面阔约25、通进深约14米（图84-1～图84-4）。

出土遗物种类较多，分为日常用器与建筑构件两类。其中瓷器有碗、钵、罐、盘、执壶、器盖、碟、盏、高足杯、盒、盆、塔等，陶器有香炉、釉陶灯、研磨盆、器座等（图84-5～84-7）。建筑构件以泥质黑皮灰陶为主，少量为釉陶，种类有长方形砖、瓦当、滴水、筒瓦、脊饰与鸱尾（图84-8）。此外，还有开元通宝、乾亨重宝、熙宁通宝等铜钱。

7座建筑基址年代为五代至南宋，可分四期，其中第6、7号建筑为第一期，第3、4、5号建筑为第二期，第2号建筑为第三期，第1号建筑为第四期。

第二次发掘揭露的五代两宋建筑基址位于今光孝寺大殿和六祖殿东北，发掘者认为7号基址等主要基址，是光孝寺五代两宋时期的戒堂基址。第一期建筑的磉墩、台基、散水构筑规范，与（宋）《营造法式》的记载相符。两次发掘，有利于复原光孝寺寺院布局，探讨岭南佛教寺院戒堂结构和研究唐宋时期禅宗寺院伽蓝配置等问题。

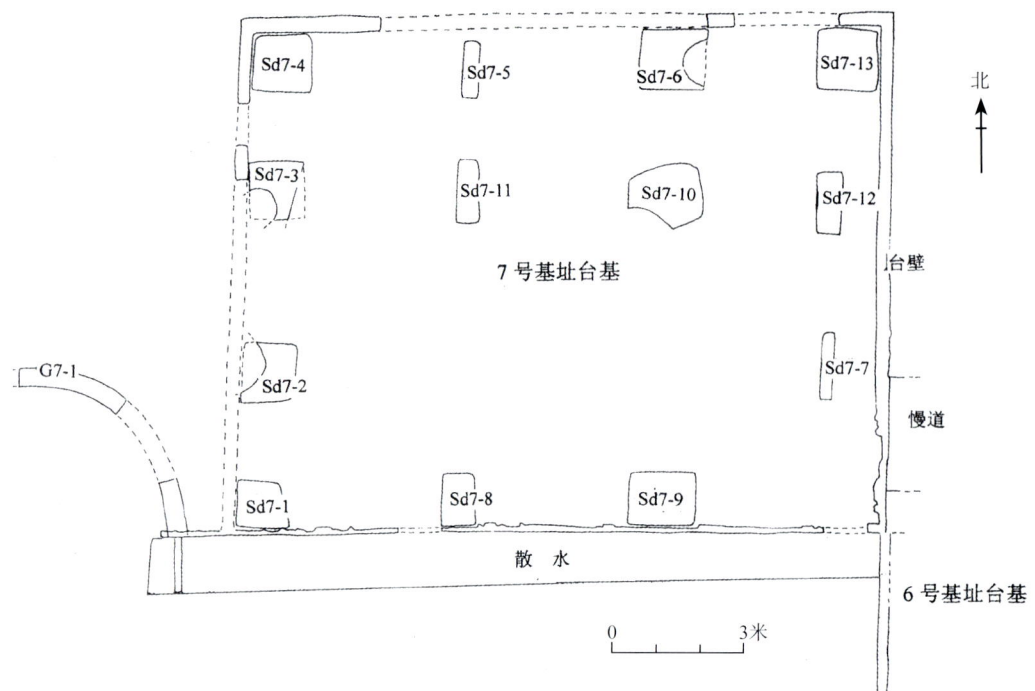

图84-1　光孝寺遗址第一期建筑基址平面图

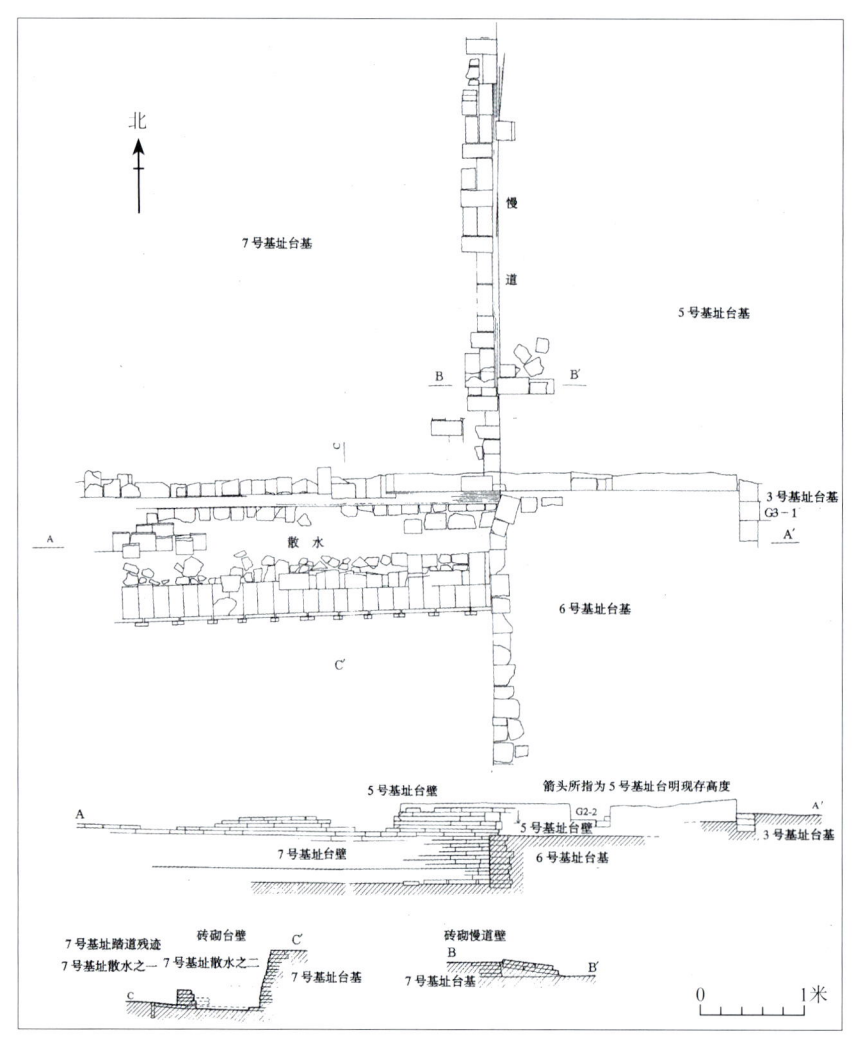

图84-2　光孝寺遗址7号基址东南角平、剖面图

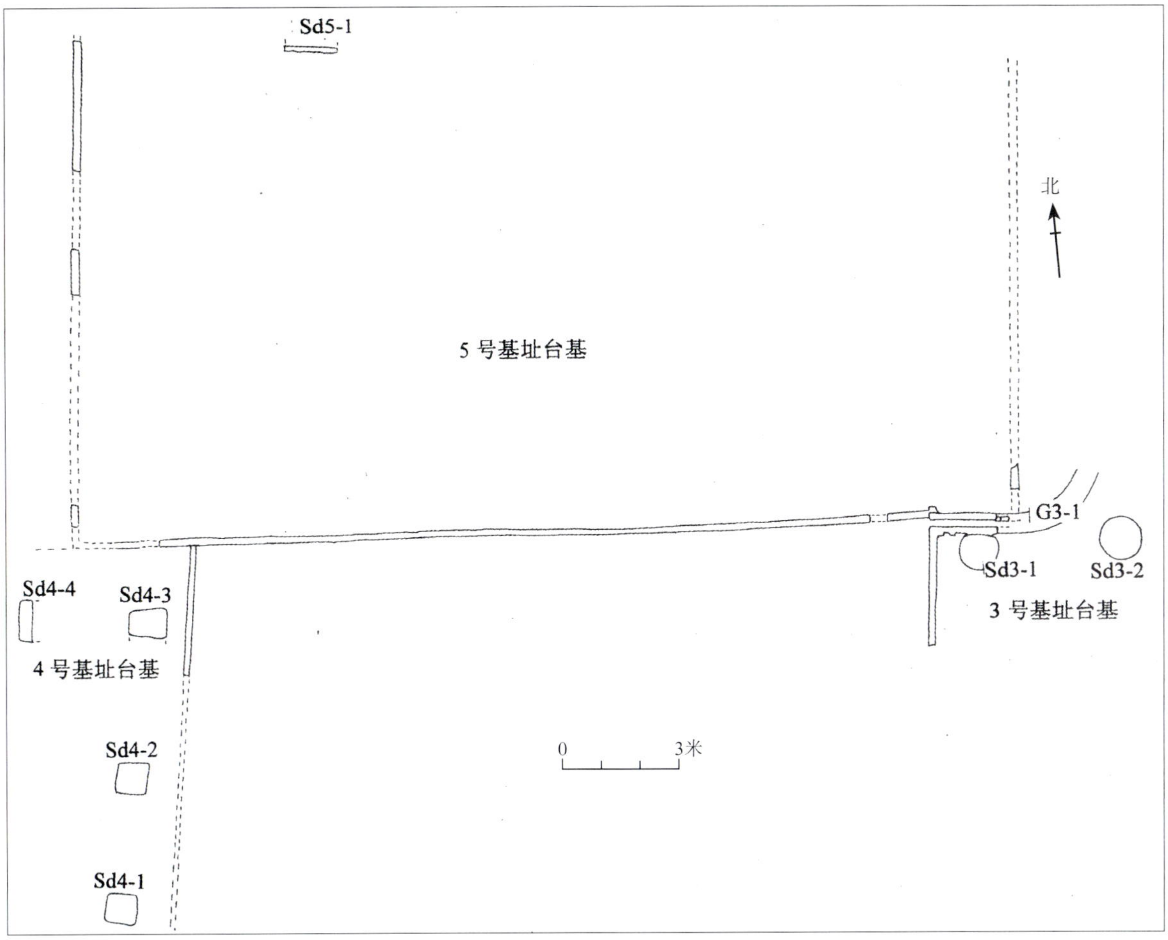

图84-3 光孝寺遗址第二期建筑基址平面图

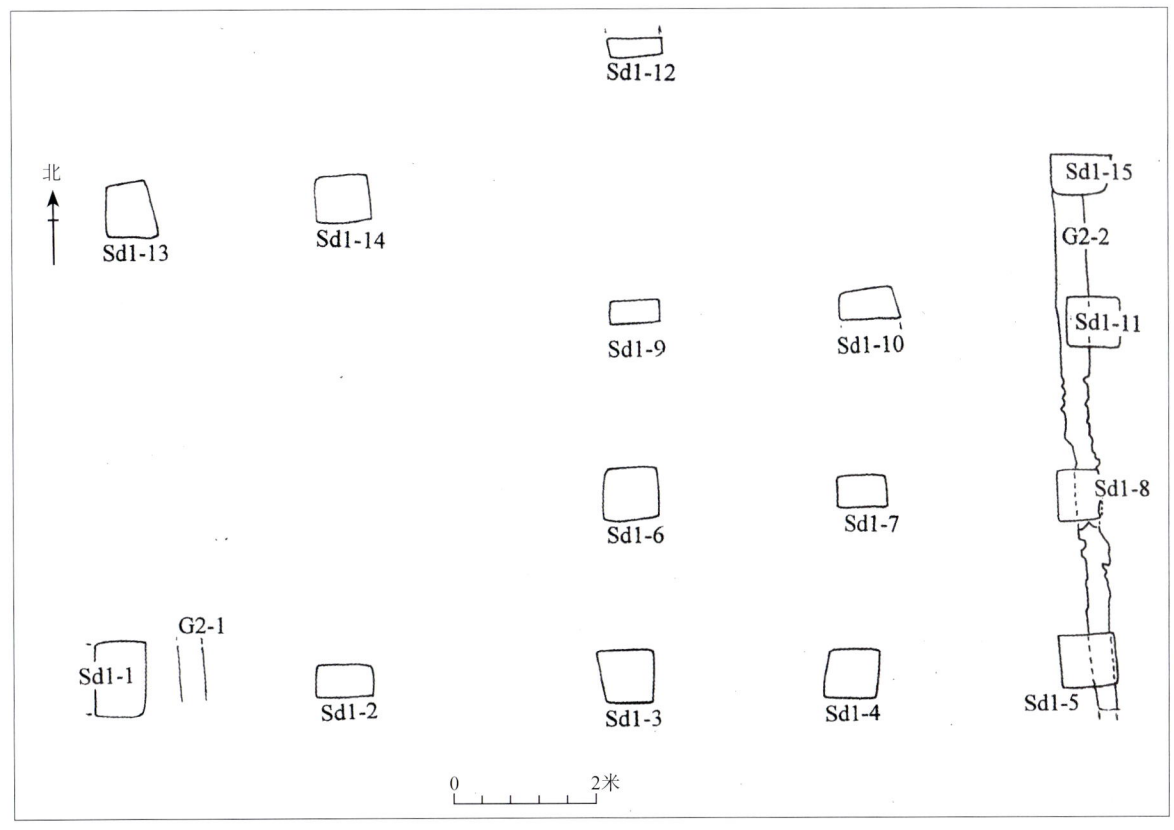

图84-4 光孝寺遗址第三、四期建筑基址平面图

图84-5 光孝寺遗址出土陶香炉

图84-6 光孝寺遗址出土莲花纹瓦当

图84-7 光孝寺遗址出土建筑构件

图84-8 光孝寺遗址出土建筑构件

资料来源

［1］广东省文物考古研究所：《广州光孝寺五代两宋建筑基址》，《华南考古1》，文物出版社，2004年，第265～285页。
［2］中国考古学会：《中国考古学年鉴·1991》，文物出版社，1992年，第259、260页。
［3］粤博：《广州光孝寺》，《文物》1982年第4期。

85. 梅州水车窑

工作时间：1984年1月
工作单位：广东省博物馆、梅县博物馆

水车窑位于梅州市梅县区水车镇，主要分布于瓦坑口、罗屋坑及南口镇的崇芳山等。20世纪80年代初发现，后进行过多次调查。1984年1月对水车镇瓦坑口窑进行了发掘。瓦坑口窑位于杉山南坡，南临梅江，其余三面环山，面积约40米×20米。

发掘揭露了窑炉2座。两窑并排分布，相距1.5米；结构基本相同，都为椭圆形馒头窑。窑炉由土夯筑，分火膛、窑室、烟道三部分，前低后高。火膛为半圆形，底部经平整，前端设长方形火口，与窑室相接处砌有一排匣钵；窑室前宽后窄，室底为斜坡状；后壁略向内倾斜。1号窑全长5.3米，窑室长3.4、最宽处2.06、最窄处1.6米。2号窑略小（图85-1）。

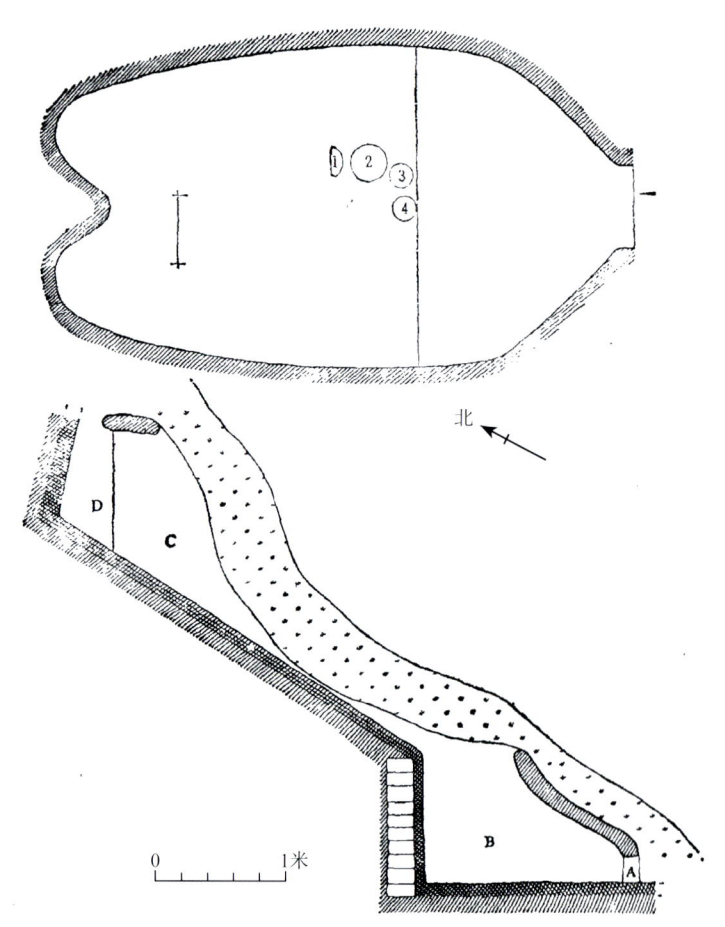

图85-1　水车窑址Y2平、剖面图
A.火口　B.火膛　C.窑床　D.烟道　1~4.匣钵

出土器物共85件。瓷器有碗、盘壶、枕、器盖、碾轮等,瓷器胎质较厚,呈青灰色;多素面;施满釉,釉色青绿或青灰,较晶莹;釉层较为均匀,有冰裂。瓷碗为主,多为葵瓣形口,内壁有四棱,器底除饼足外,还有璧足与圈足。窑具有匣钵、匣钵盖等,胎体夹砂,部分外施酱褐色(图85-2~图85-9)。

图85-2　水车窑址出土青釉双系罐　　　　　图85-3　水车窑址出土青釉四系罐

图85-4　水车窑址出土青釉瓜棱执壶　　　　图85-5　水车窑址出土青釉长把壶

图85-6　水车窑址出土青釉葵瓣口碗　　　　图85-7　水车窑址出土青釉箕形砚

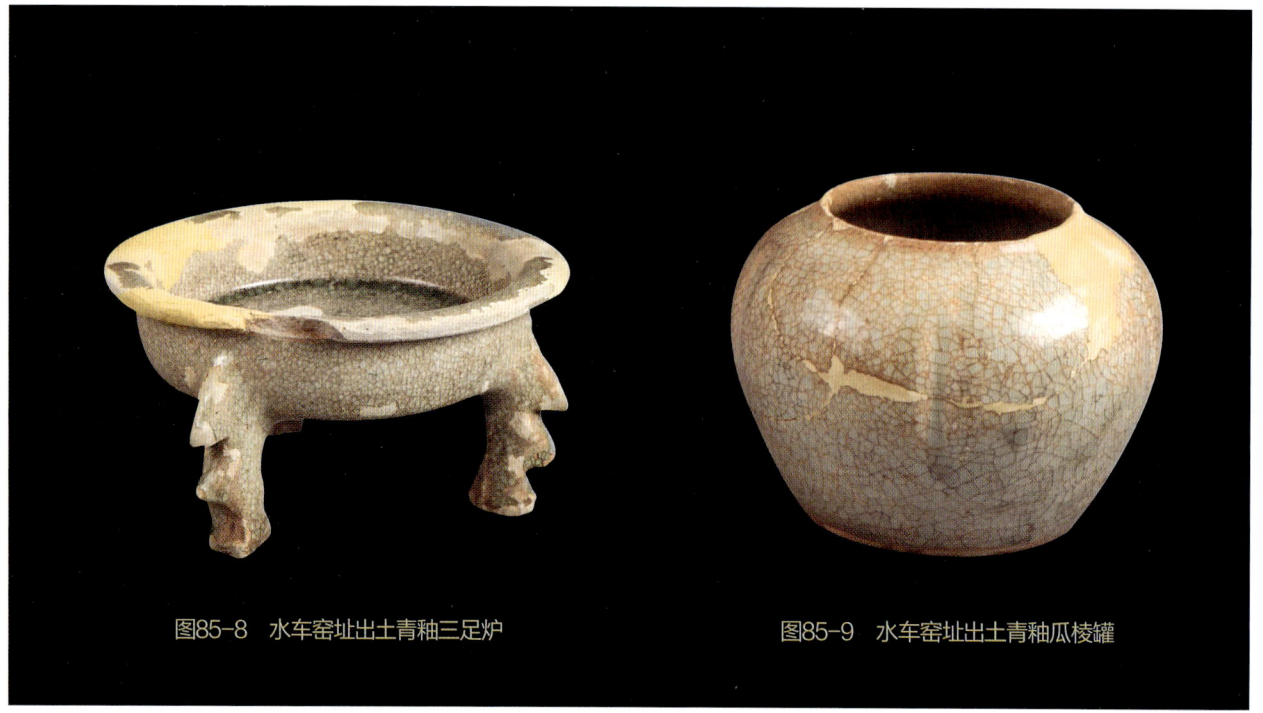

图85-8　水车窑址出土青釉三足炉　　　　　图85-9　水车窑址出土青釉瓜棱罐

　　水车窑年代约为唐代中晚期。其窑址分布范围较大，瓷器釉色晶莹，器形美观，质量较高，烧造工艺与器物风格受到浙江越窑的影响。水车窑青瓷质量上乘，器物造型具有地方特色，是唐代广东生产质量最好的一处窑场。其产品除发现于龙川、惠州和广州等地外，在泰国等东南亚国家和地区也屡见不鲜，是广东唐代外销瓷的主要品种。水车窑的发掘研究尚较薄弱，保护利用尚待加强。

资料来源

［1］广东省博物馆等：《梅州市水车晚唐窑址》，《中国考古学年鉴·1986》，文物出版社，1988年，第187页。
［2］杨少祥等：《广东唐至元陶瓷窑址新发现》，《广东省博物馆馆刊》1988年第1期。
［3］杨少祥：《广东梅县市唐宋窑址》，《考古》1994年第3期。
［4］广东省文物局：《广东文化遗产：海上丝绸之路史迹》，中山大学出版社，2016年，第142页。

86. 新会官冲窑址

工作时间：1961年7～8月、1997年5月、1998年4月
工作时间：广东省文物考古研究所、新会市博物馆

官冲窑址位于江门市新会市古井镇官冲管理区以南约1千米的瓦片岩与碗碟山。瓦片岩又称碗碟埔，是一个独立的山冈，地势低矮平缓，周围均为农田。碗碟山位于瓦片岩以南约100米，地势相对稍高，山顶平缓。1957年发现，1961年进行了小面积的发掘，发现唐宋时期窑炉1座。1997年5月及次年4月，又进行了两次发掘。

1997年、1998年的发掘分为两区，面积共300平方米。两区地层堆积接近，可分为3层，第3层遗物最丰富，有青瓷或黑瓷碗、罐、杯、器盖和盘等。

碗碟山北部发掘馒头窑4座。Y1与Y2结构接近，Y3与Y4相近。Y1保存相对较好，除窑顶坍塌、窑门破坏外，结构基本完整。

Y1设窑门、火膛、窑床和烟道，窑壁、底以白色耐火土夯打而成，内壁呈红褐色，火膛存厚25厘米的植物灰层与碎木炭，窑底铺厚约5厘米的细砂，后壁设3个烟道，残长5.6、宽2.54～3.14、后壁残高1.5～1.82米。窑内出土青瓷碗、罐和盘等（图86-1～图86-3）。

图86-1　官冲窑址97Y1

出土遗物种类多样，多为瓷器，器类以碗、罐、盘、盆为主，还有豆、杯、执壶、砚台、窑具、人物塑像和动物模型，温壶、提梁壶和鸡首壶等较有特色。瓷器有青釉、素烧与酱黑釉三种，前两种占95%以上。青瓷胎质致密，胎色为白色，部分泛灰；蘸釉，内外上釉较厚，大部分釉不及底；釉层厚薄不均匀，釉色淡青带黄，釉光泽不强；器物肩、足常见刻划符号与文字；垫块叠烧，未见匣钵。青瓷碗基本为饼足，青黄釉，有裂纹，易脱落，一般近底处与足部露胎（图86-4～图86-10）。

官冲窑烧造年代为中晚唐至宋初，其产量较大，部分产品用于外销。目前，珠江口外伶仃岛、南海西沙群岛及部分东南亚国家都有官冲窑产品发现。官冲窑是研究广东唐代制瓷手工业及海外贸易的重要遗存。2015年，被公布为广东省文物保护单位。

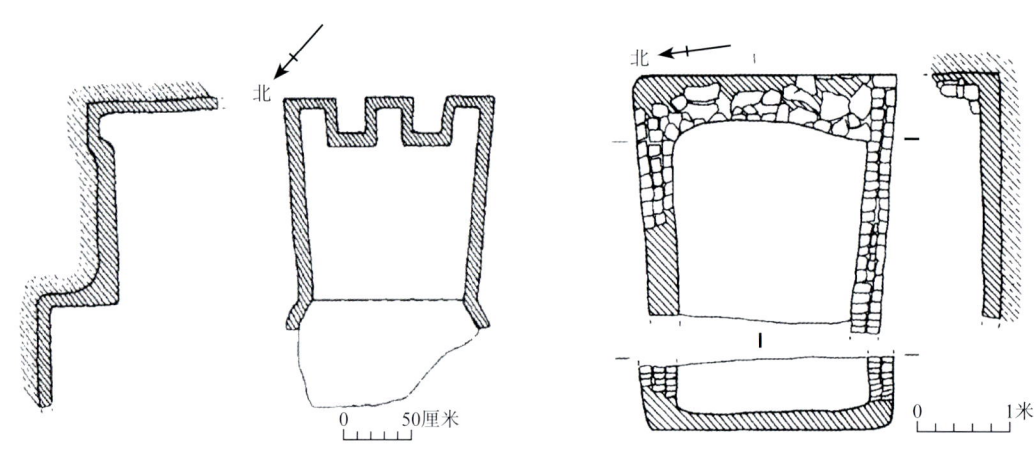

图86-2　官冲窑址97Y2平、剖面图　　　　图86-3　官冲窑址97Y4平、剖面图

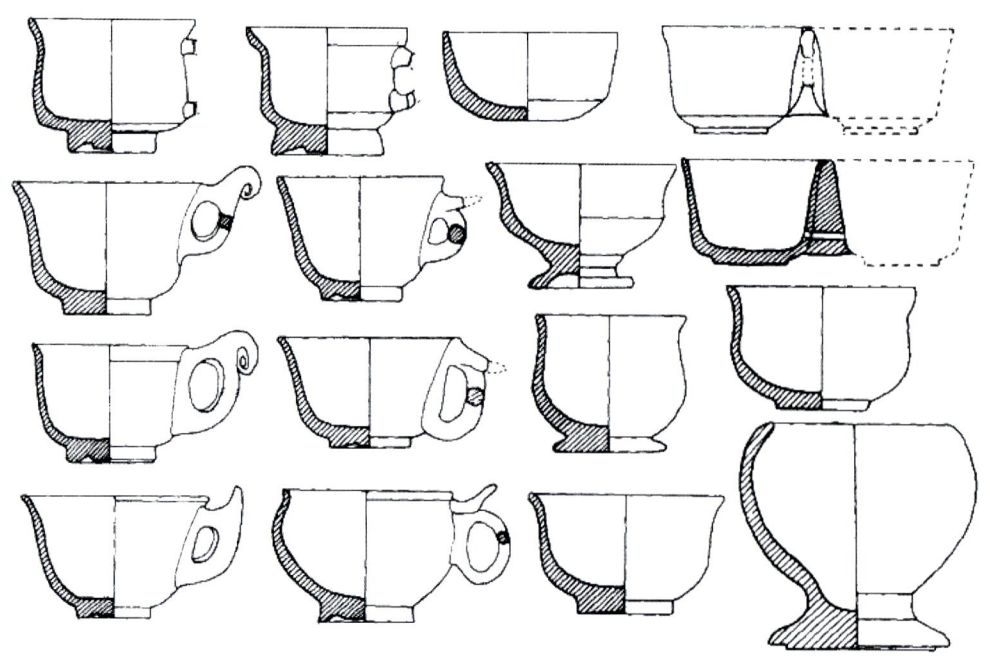

图86-4　官冲窑址出土青瓷杯

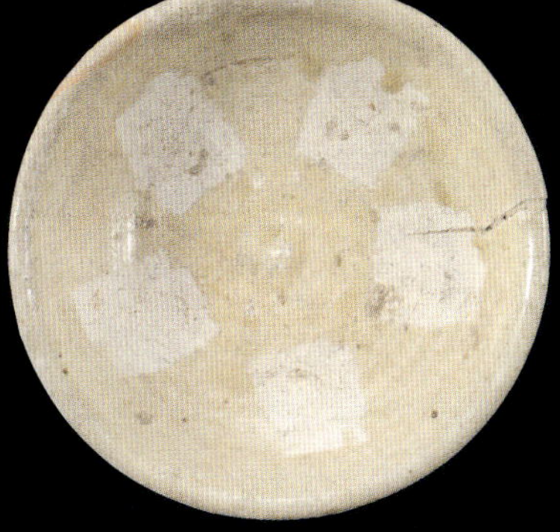

图86-5 官冲窑址出土青瓷碗 　　　　图86-6 官冲窑址出土青瓷执壶

图86-7 官冲窑址出土青瓷罐 　　　　图86-8 官冲窑址出土青瓷钵

图86-9 官冲窑址出土其他手工艺品

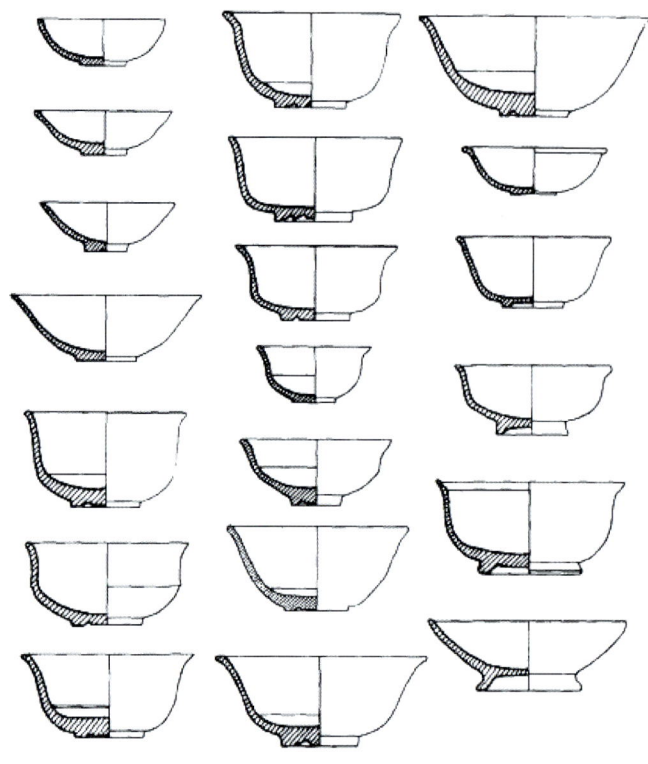

图86-10 官冲窑址出土青瓷碗

资料来源

［1］广东省文物管理委员会、广东师范学院历史系：《广东新会官冲古代窑址》，《考古》1963年第4期。
［2］广东省文物考古研究所、新会市博物馆：《广东新会官冲古窑址》，《文物》2000年第6期。
［3］刘成基、吴海贵：《新会市官冲唐代窑址》，《中国考古学年鉴·1998》，文物出版社，2000年，第202页。
［4］陈显求、陈士萍：《唐新会官冲窑》，中国古陶瓷科学技术国际讨论会论文，1992年。
［5］广东省文物局：《广东文化遗产：海上丝绸之路史迹》，中山大学出版社，2016年，第174页。

87. 潮州笔架山窑址

工作时间：1972年10～11月、1980年8月、1986年1～2月、2012～2013年、
　　　　　2016年9～11月、2018年11月～2019年1月
工作单位：广东省博物馆、广东省文物考古研究所

笔架山窑址位于潮州市湘桥区笔架山，西临韩江。笔架山又名韩山或双旌山。

1922年，潮州西郊羊皮岗发现4件带有北宋"治平""熙宁"纪年的释迦牟尼瓷像和1件莲瓣纹瓷香炉，这是近代笔架山窑产品的首次发现。笔架山窑址经过多次调查和发掘：1953年，发现龙窑4座；1958年，发掘龙窑3座；1972年，发掘龙窑3座（图87-1）；1980年8月，发掘龙窑3座；1986年，发掘龙窑1座。2012～2013年、2016年9～11月、2018年11月～2019年1月，广东省考古研究所对窑址进行了3次考古调查勘探，发现了龙窑遗迹1处，出土青白釉瓷碗、盘、瓶、壶、炉与陶匣钵等器物（图87-2～图87-5）。

已发掘的12座窑炉均为龙窑，有单室龙窑、分室龙窑与阶梯式龙窑三种。一号窑为阶梯式龙窑，全长约30米，由窑门、火膛、窑床与烟道四部分组成，窑墙以砖砌筑，火膛与烟道砌双隅墙，窑顶倒塌。全窑可分八段，第一段为凸字形火膛；第二至第八段为窑床，共五级；第八段为烟道，设三个烟门；窑底以黄褐色土夯实，其上铺厚约10厘米的砂层。窑床上发现匣钵、垫环、瓷片等遗物。火膛与窑门发现炭灰与草木灰。十号窑结构与一号窑相似，残长87米，共17段（图87-6、图87-7）。

出土遗物众多。瓷器以青白釉为主，光润晶莹，多开细冰裂纹片，白釉光亮润泽，一般不开片，另有青釉、黄釉、酱褐色釉；胎质以灰白色为主，细致纯净，质地坚硬，火候高；装饰方式以划花为主，次为雕刻、镂空，印花较为少见，划花线条流畅，多为弦纹、卷草纹、花草纹等；器形多日常用品，有碗、盏、盆、钵、盘、碟、瓶、壶、罐等，壶、炉最常见；窑具数

图87-1　笔架山窑址1972年发掘场景

图87-2 笔架山窑址2016年度Y1窑址局部

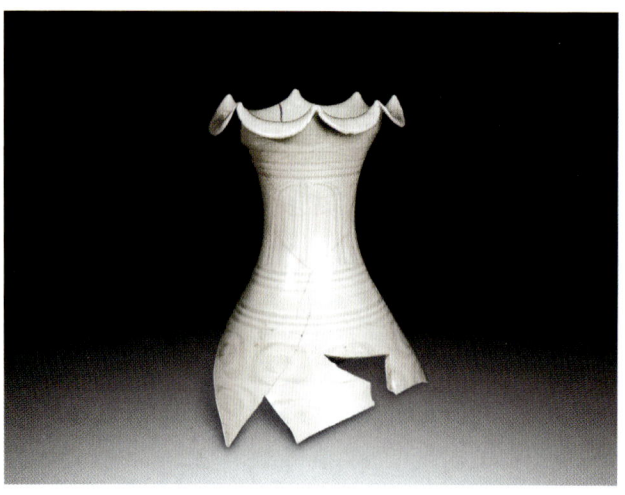

图87-3 笔架山窑址2018年度出土青白釉瓷瓶

图87-4 笔架山窑址2018年度出土青白釉瓷盘

图87-5 笔架山窑址2018年度出土匣钵与瓷碗

量极多,主要有匣钵、垫座、渣饼、垫环、陶轮、辘轳与印模。匣钵装烧,渣饼、垫环相隔(图87-8～图87-14)。

笔架山窑创烧于唐,北宋时期最为鼎盛,其窑址分布范围广、延烧时间长、窑炉数量多、规模大,产品种类丰富,制瓷工艺进步,烧造水平较高。青白釉瓷是其主要产品,具有鲜明特色,洋人造像等品种专供外销。笔架山窑是宋代广东最为著名的窑场,其产品在海南、西沙群岛及东南亚、中亚、西亚及非洲东岸等都有发现,为研究我国古代陶瓷史、宋代海外贸易和文化交流等,提供了十分重要的资料。笔架山窑址2001年被公布为全国重点文物保护单位,2013年被列入国家大遗址保护十二五专项规划。

图87-6 笔架山窑址十号窑远景

图87-7 笔架山窑址十号窑内部

图87-8 笔架山窑址出土青白釉执壶

图87-9 笔架山窑址出土青白釉盘

图87-10 笔架山窑址出土青白釉盖盒

图87-11 笔架山窑址出土青白釉碗

87. 潮州笔架山窑址　251

图87-12 笔架山窑址出土青白釉小碟　　图87-13 笔架山窑址出土青白釉褐彩佛像　　图87-14 笔架山窑址出土青白釉麻姑进酒壶

资料来源

[1] 陈万里：《从几件瓷造像谈到广东潮州窑》，《文物参考资料》1957年第3期；曾广亿：《广东潮安北郊唐代窑址》，《考古》1964年第4期。
[2] 广东省博物馆：《潮州笔架山宋代窑址发掘报告》，文物出版社，1981年。
[3] 黄玉质、杨少祥：《潮州笔架山宋代窑址》，《考古》1983年第6期。
[4] 杨少祥：《潮州市笔架山北宋窑》，《中国考古学年鉴·1987》，文物出版社，1988年，第228页。
[5] 周继生：《省考古队在潮州发掘北宋古窑》，《汕头文物》1986年第12期。
[6] 广东省文物局：《广东文化遗产：海上丝绸之路史迹》，中山大学出版社，2016年，第164页。

88. 广州西村窑址

工作时间：1956年9月~1957年3月
工作单位：广州市文物管理委员会

西村窑位于广州市西村增埗河东岸皇帝岗，西距珠江支流增埗河约500米。遗址周围分布有大小不一的冈丘，其南为农田与池塘。1952年发现，1956年进行了发掘（图88-1）。

发掘点分为3处，以皇帝岗为主。皇帝岗堆积厚约7米，大致可分为2层，发现残龙窑1座；其次为皇帝岗以北约300米的叉鸡岗；另一处在皇帝岗西北部约100米处，堆积最厚处约1米。

发现龙窑1座。龙窑位于皇帝岗东南角，保存不理想，残长36.8米，坡度约13°，残存火膛、火门、窑床等，窑顶及窑尾无存。火膛狭窄，长1、宽1.5~1.8米；窑室残长32.8米；窑壁残毁严重，西壁设窑门；窑床铺4层细砂，砂层之间有瓷片、窑具等遗物，窑床应经过三次修整（图88-2、图88-3）。

此外，还发现汉唐墓葬、南朝水井等遗迹。

出土遗物有日常用品和窑具，数量庞大（图88-4~图88-9）。日常用品多为瓷器，可分为粗瓷与精瓷两大类。粗瓷数量多、种类齐全；胎土稍粗，多灰白色；胎釉结合不甚好；有青釉、黑酱釉与绿釉等，以青釉为主；装饰方式有刻划花、印花、彩绘、点彩与镂刻；器类有碗、碟、盆、凤头壶、军持、唾壶、净瓶、熏炉、枕、动物模型、雀食盅、碾轮、漏斗和埙，有仿耀州窑风格的团菊和缠枝菊纹碗、盏和大盆。

图88-1 西村窑址发掘现场

图88-2 西村窑址龙窑局部

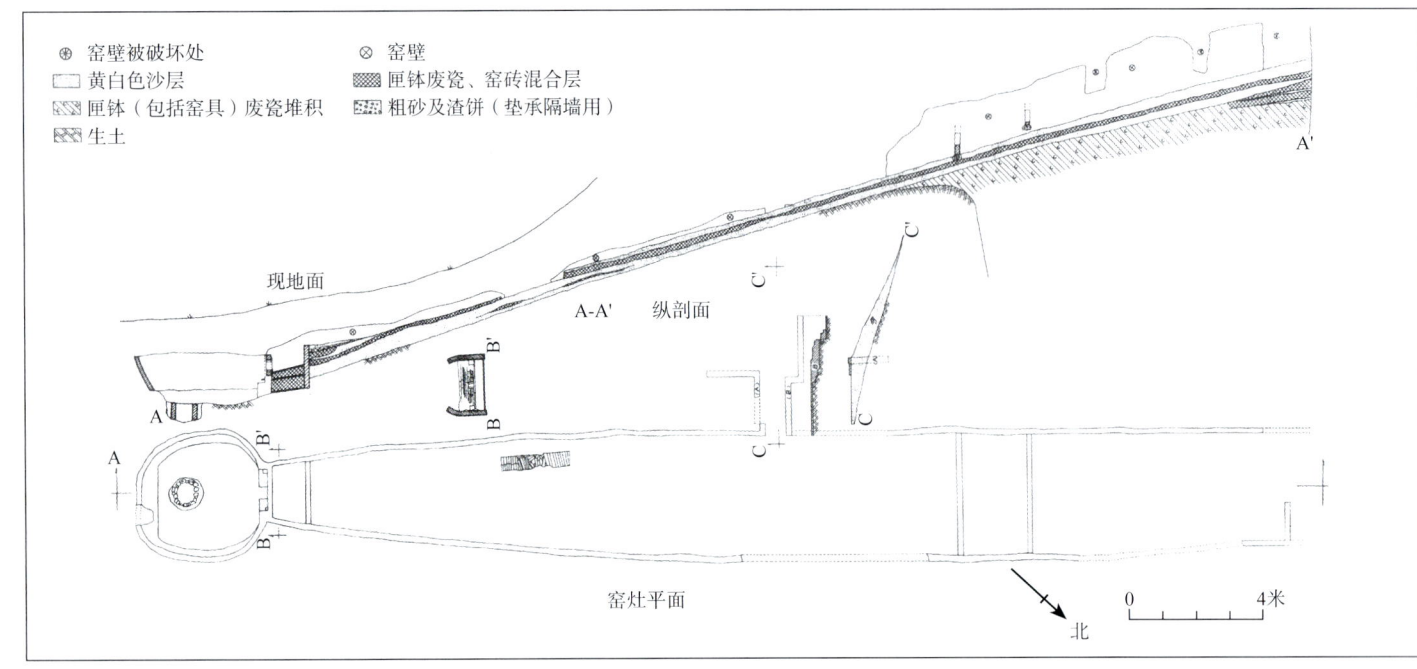

图88-3 西村窑址龙窑平、剖面图

图88-4 西村窑址出土青瓷凤尾壶

图88-5 西村窑址出土青瓷军持

图88-6 西村窑址出土褐彩大盘

图88-7 西村窑址出土瓷枕

图88-8 西村窑址出土各类陶瓷器

图88-9 西村窑址出土各类陶瓷器

精瓷数量较少，瓷胎细腻，胎土洁白；胎釉结合好，烧制温度高；釉色为青白或影青；器类有碗、碟、盏、盆、执壶等。青白釉刻划花碗、盏和碟受到景德镇窑的影响。

窑具有筒形和漏斗形匣钵、渣饼和垫片。

西村窑始烧于晚唐，盛于北宋，是北宋广东最著名的窑场之一，其产品在国内及我国西沙群岛，以及菲律宾、印度尼西亚、马来西亚等东南亚国家均有发现，对研究宋代岭南陶瓷手工业的历史和宋代广州的海外贸易，具有重要价值。

资料来源

［1］广州市文物管理委员会：《广州西村古窑遗址》，文物出版社，1958年。
［2］广州市文物管理委员会、香港中文大学文物馆：《广州西村窑》，香港中文大学中国考古艺术研究中心，1987年。
［3］麦英豪、黄淼章：《西村窑与宋代广州的对外贸易》，《广州研究》1982年第1期。

89. 湛江雷州窑

工作时间：1986年10~11月
工作单位：广东省博物馆、海康县博物馆（今雷州市博物馆）

雷州窑位于湛江市雷州市、遂溪县等地，主要分布于在雷州半岛中部南渡河中上游、通明河两岸以及半岛东西两侧的滨海地带。雷州半岛的古窑始于唐代，而供以外销的瓷窑则多为南宋至元代，并统称为雷州窑。经调查，发现宋元时期窑址多处，其中公益墟、调乃家、旧洋、土塘墟、符处、西园等处窑址较为重要。

1986年10~11月，广东省博物馆、海康县博物馆对雷州纪家镇公益墟和杨家镇土塘墟两处窑址进行了发掘，清理龙窑2座。

公益墟龙窑依山而建，由火膛、窑室、隔墙等组成，窑顶倒塌，窑尾毁坏，残长18.7、宽1.2~1.88、残高0.26~0.92米。火膛与窑室相接处设1道挡火墙，墙上分布两排18眼火孔。窑壁

图89-1　雷州窑址出土瓷盘

以长形窑砖砌筑，可见修补痕迹，中部窑壁两重。窑底铺砂。土塘墟龙窑形制与公益墟龙窑接近，长22.7、宽1.2~2、残高0.1~0.45米。

出土器物逾千件，瓷器以青瓷为主，其次为酱褐釉瓷与釉下褐彩瓷器。青瓷色泽光亮，部分开细片；器类有罐、钵、壶、瓶、盘、碟、盏、盂、杯、炉、枕、器盖等，碗数量最多；器物底部多内凹；碗为敞口、深腹、饼凹足，通体施釉；盘为敞口、平唇、浅腹；瓶为敞口、鼓腹、S形耳。多为素面，少量印花或施褐色彩绘。印花一般在碗、盘内底，纹饰为菊花、莲花等；彩绘一般在碗口沿绘褐色点彩，在敛口钵口沿绘卷草纹，在枕面施褐彩，或在罐身分多层绘褐彩（图89-1~图89-6）。

窑具有匣钵、石碾槽、压锤、垫环、印花磨具等，装烧方式有两个匣钵对扣、器物以垫饼叠放于匣钵内等，碗、碟等内底有垫饼痕迹。

雷州窑创烧于唐代，兴盛于宋元，终烧于明清时期，年代跨度大、分布范围广，窑炉数量众多，产量庞大。雷州窑釉下褐彩瓷器是其最有特色的产品，其彩绘题材多样，有花鸟、人

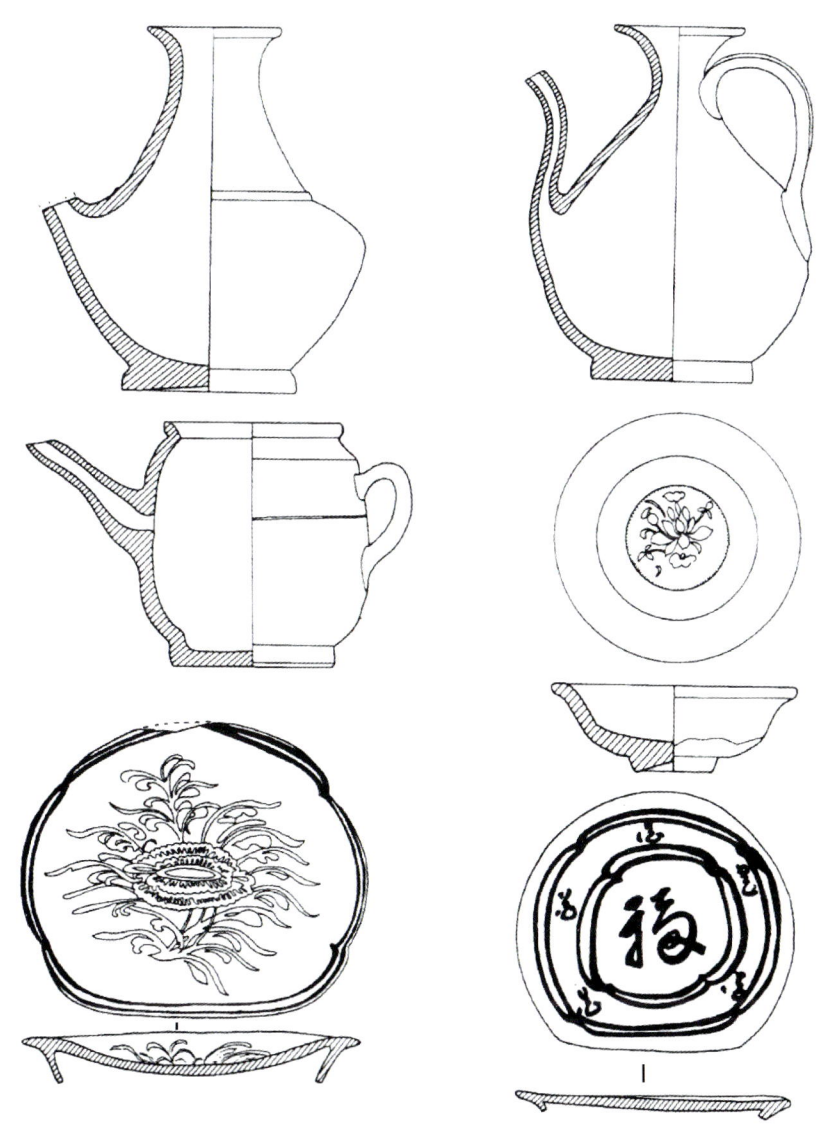

图89-2　雷州窑址出土瓷壶、盏、彩绘枕

图89-3 雷州窑址出土瓷执壶

图89-4 雷州窑址出土瓷碗

图89-5 雷州窑址出土瓷碗

图89-6 雷州窑址出土瓷盘

物、诗词、吉祥用语等，彩绘风格受到磁州窑或吉州窑的影响。宋元时期的雷州窑产品常用于外销，其制瓷技术也辐射至东南亚地区。雷州窑是我国宋元时期重要的釉下彩绘瓷产地，在我国宋元陶瓷手工业发展和陶瓷海外贸易史中，居于十分重要的地位。

雷州窑的多个窑址现已成为文物保护单位。其中，雷州市余下村、旧洋、吉斗村窑址2015年被公布为广东省文物保护单位，遂溪县下山井、新埠窑址1991年被公布为湛江市文物保护单位，雷州市公益、茂胆窑址1992年被公布为雷州市文物保护单位。

资料来源

[1] 杨少祥：《海康县工益村、土圹村宋元窑址》，《中国考古学年鉴·1987》，文物出版社，1988年，第228页。
[2] 广东省文物局：《广东文化遗产：海上丝绸之路史迹》，中山大学出版社，2016年，第150～155页。
[3] 湛江市博物馆、雷州市文化局、广东省文物考古研究所：《雷州窑瓷器》，岭南美术出版社，2003年，第42～61页。
[4] 邓杰昌：《广东雷州市古窑址调查与探讨》，《中国古陶瓷研究（第4辑）》，紫禁城出版社，1997年。

90. 广州南汉二陵

工作时间：2003年6月～2004年10月
工作单位：广州市文物考古研究所

南汉二陵即南汉烈宗刘隐的德陵和南汉高祖刘䶮的康陵，位于广州市番禺区新造镇小谷围岛北亭村，德陵位于北亭村东侧的青岗北坡，康陵位于北亭村东南侧的大香山南坡，北距德陵约800米（图90-1）。

2003年3月起，为配合广州大学城建设，广州市文物考古研究所等对小谷围岛进行了文物考古调查，同年6月开始，相继对德陵与康陵进行了发掘。

德陵为带墓道的长方形多重券顶砖室墓，坐北朝南，由墓道、封门、前室、过道与后室组成。墓圹长26.8、宽3.4～5.8、深0.15～1.87米。封门砖石结构，墓室分前后室，均为四层券顶。前室呈长方形，长6.27、宽3.14、壁厚1.27～1.35米。东、西侧壁设两层壁龛，上层4个，下层5个。前室北端靠近封门处设方形青石板，应为祭台。前后室间为短过道。后室近方形，长3.48、宽3.77米，东、西壁厚0.93～1.23米，壁上各有5个壁龛。后壁被盗洞打破，残留壁龛2

图90-1　德陵墓室平、剖面图

个。墓室铺地砖因盗掘而被撬起，散乱堆放（图90-2）。由于多次被盗，随葬品发现较少，仅见前室石板附近的青釉陶屋残片。墓道底近封门处发现器物箱1个，由于封门阻隔得以保存，其内整齐摆放272件青瓷罐和釉陶罐（图90-3）。青瓷罐胎质坚硬，釉色晶莹剔透，是五代青瓷中的精品（图90-4）。

康陵顺大香山南坡的地势分布，坐北朝南，由地下玄宫及地上陵园建筑构成（图90-5）。

陵园呈长方形，长160、宽80米，面积1.28万平方米。陵园四周设墙垣，南墙正中开门，四隅有角阙，墙体残宽1.2～1.4、高约0.5米。陵门存12个磉墩，三行四列分布，推测其原为面阔三间的门楼建筑。门南有廊式建筑1处，发现三行十四列磉墩42个，概为陵前献殿或外侧陵门（图90-6）。

陵台位于陵园内中部偏北，建于地宫之上，为砖包土的方座圆丘结构，由阛壁封土台、方形基座、散水、台阶坡道等分层构成。方形基座边长11.4、高0.15～0.25米（图90-7）。

地宫位于陵台正下方，为带墓道的长方形多重券顶砖室墓，坐北朝南，由封门、甬道、前室、过道、中室与后室组成，发现盗洞7个。

图90-2　德陵墓室

图90-4　德陵出土瓷盖罐

图90-3　德陵墓道内器物箱

图90-5 康陵发掘现场

图90-6 康陵封土坛全貌

图90-7 康陵陵台

墓道为斜坡式，填土经夯实。封门两重，外封门为3块大石板叠放，内封门为砖墙。墓室内长9.84、宽3.16、高3.28米，四重券拱。前室短浅，长1.34、宽3.16、高3.3米，当门横立石哀册文一通。前室与中室间设长方形过道，后室、中室以矮砖墙隔开。后室长5、宽3.16米，中部有砖砌棺床（图90-8～图90-10）。

出土遗物分为陵园建筑构件及地宫随葬品两类。建筑构件有陶质筒瓦、板瓦、瓦当脊头瓦、垂兽、脊兽瓦等，另有少量石构件。因被盗，墓内随葬品残碎稀少，但哀册文碑保存完好，至为重要（图90-11）。

哀册文碑"其形如碑，无座，碑侧刻有缠枝蔓草纹。高115、宽154、厚0.2米。志文楷书，首题'高祖天皇大帝哀册文'，38行，满行35字，共1062字"（图90-12）。

德陵营建年代可能为917年左右，南汉高祖刘䶮则葬于南汉光天元年（942年）九月。南汉二陵是我国五代十国考古的重大发现，对研究南汉国史具有重要意义。"康陵哀册文碑的发现，不仅明确了墓主人的身份和下葬年代，还更正了《蕃禺县志》等文献史志对德陵和康陵的错误记述，解决了历史悬案。康陵是迄今为止所发现的这一时期唯一布局完整的陵园，围垣四隅双角阙和陵前设廊式建筑的建制也与历代陵寝制度有所不同。将为研究我国古代陵寝制度的发展，提供新的材料。"

图90-8 康陵墓室内全景

图90-9 康陵墓室内景

南汉二陵被评为2004年度全国十大考古新发现，2006年被公布为全国重点文物保护单位，2011年7月列入广东省首批重要大遗址名单。

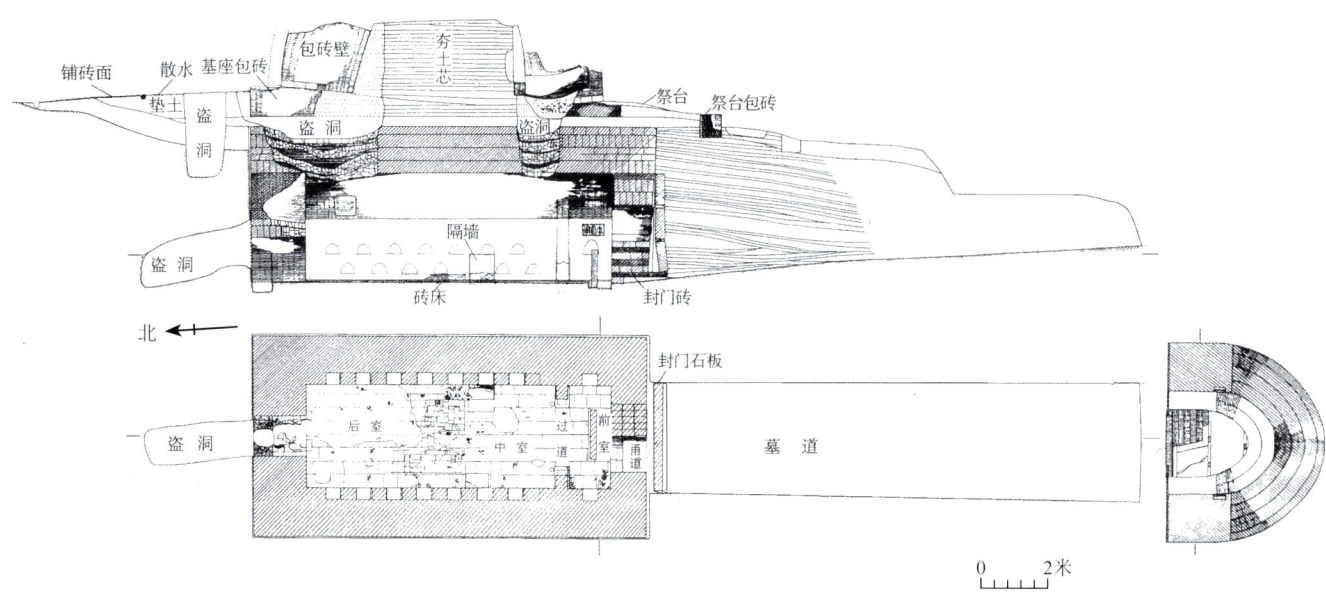

图90-10　康陵陵台平、剖面图与地宫平、剖面图

图90-11　康陵墓道前器物箱

图90-12　康陵哀册文碑拓本

资料来源

[1] 广州市文物考古研究所：《南汉帝陵》，《中国考古学年鉴·2004》，文物出版社，2005年，第303、304页。
[2] 广州市文物考古研究所：《广州南汉德陵、康陵发掘简报》，《文物》2006年第7期。
[3] 中国文物报社、中国考古学会：《中国年度十大考古新发现（2004年卷）》，生活·读书·新知三联书店，2006年。

91. 阳春铁屎径（石望）铸钱遗址

工作时间：1982年9月
工作单位：广东省博物馆

铁屎径铸钱遗址位于阳江市阳春市石望圩小峒铁屎径村（图91-1～图91-3）。1982年秋，阳春县文物普查组在铁屎径村发现十几枚石质钱范，广东省博物馆随即进行了调查和试掘。

试掘共布设3条探沟，面积15平方米。探沟T2地层堆积可分为3层：第1层为表土层，厚0.3米；第2层为炉渣堆积，厚0.15米；第3层为灰黑色土，土质疏松，夹杂红烧土块、炭块与少量炉渣、炉壁。

H1开口于第3层下，南北长1.4、东西残宽0.43、深0.5米，出土阴文钱范、青釉碗、罐以及板瓦等残片。

出土遗物中以3枚石质钱范最为重要。其他遗物有青釉矮圈足或玉璧底瓷碗、罐、瓜棱形执壶等，器身施半釉，釉色青黄，胎釉结合不好。

此外，还采集到石质钱范与铅锭各2件。钱范分别残长14、宽9、厚2.3厘米和残长10、宽8.5、厚2厘米，两范上有两行十枚钱模，阴刻"乾亨重宝"，穿孔较大，肉薄，有周郭，宽缘（图91-4、图91-5）。

图91-1 铁屎径遗址远景

图91-2 铁屎径遗址断面炉渣堆积

图91-3 铁屎径遗址地表采集炉渣

图91-4 铁屎径遗址出土铸钱石范

图91-5 铁屎径遗址出土"乾亨重宝"铅钱

铁屎径遗址的年代约在南汉乾亨二年（918年）至南汉灭国（971年）之间。发掘者认为其为南汉在广州之外设置的又一处铸造铅钱的地方。遗址炉渣分布范围广，堆积厚，首次发现"乾亨重宝"铸钱石范，对研究南汉国史和中国货币史等具有重要意义。2019年，铁屎径遗址被公布为全国重点文物保护单位。

资料来源

［1］广东省博物馆：《广东阳春县发现南汉钱范》，《考古》1984年第4期。

［2］阮应祺、刘鸿健：《广东阳春县发现南汉"乾亨重宝"钱范》，《文物》1984年第12期。

92. 番禺小陵山家族墓地

工作时间：2004年4～5月
工作单位：广州市文物考古研究所

小陵山家族墓地位于广州市番禺区新造镇小谷围岛北亭村东南。小陵山地势较缓，海拔23.9米，南汉康陵位于其西北的大香山上。2004年，为配合广州大学城项目建设，广州市文物考古研究所对其进行了发掘。

发掘墓葬4座。墓葬排列方向一致，结构形制相似，属于同一家族墓地（图92-1～图92-7）。

M1规模最大，坐北朝南，虽遭破坏，但仍结构清晰（图92-1）。墓室为长方形竖穴土圹，长3.6、宽1.9、深1.98～2.06米。墓圹内以长方形石板砌筑椁室，椁内置木棺，棺椁间以石灰填充。其外为一圈坟茔砖墙，坟茔圈向南开口，其外为神道，神道与坟茔相接处存石狮座1对。因被盗，墓内仅存铁棺钉，墓外发现魂瓶1对（图92-2）。

M2位于M1西南，规模稍小，结构简单（图92-3），墓室长2.54、宽0.94、深1.56米，残存棺灰和枕木沟痕迹，随葬青瓷瓶2件（图92-4），宋元通宝、太平通宝铜钱17枚。

小陵山家族墓地年代为北宋，墓葬排列整齐，形制接近，是广东地区少有的宋代家族墓地，为珠三角地区宋代墓葬研究提供了重要资料。

图92-1　小陵山墓地M1

图92-2　小陵山墓地M1随葬青瓷魂瓶

图92-3　小陵山墓地M2

图92-4　小陵山墓地M2随葬青瓷魂瓶

图92-5　小陵山墓地M4地表石棺

图92-6　小陵山墓地M4随葬铜镜

图92-7　小陵山墓地M3地表结构

资料来源

[1] 广州市文物考古研究所：《番禺小谷围岛小陵山宋代家族墓》，《羊城考古发现与研究（一）》，文物出版社，2005年。

93. 大埔余里窑址

工作时间：1986年、2013~2014年
工作单位：广东省博物馆、广东省文物考古研究所、大埔县博物馆等

余里窑址位于梅州市大埔县三河镇余里村东北，1986年进行过发掘；2013~2014年，再次进行发掘。

探方文化层堆积较厚，可分为6层，其中第3层为窑渣堆积，厚度近3米，出土匣钵、瓷片、垫饼等。

清理龙窑4座，Y3保存相对完好。Y3为阶梯式龙窑，共5个窑室，残长14.86、宽2~3米，整体坡度19°，窑壁厚约0.4米。此外，还发现房基、土灶、辘轳坑、灰坑、灰沟等作坊相关遗存和其他遗迹（图93-1）。

出土器物以青瓷为主，常见碗、碟和盘，另有灯盏、高足器、炉、烛台、钵、玉壶春瓶、

图93-1 余里窑址Y3（近）Y4（远）景

盅、砚台等。器物内底戳印花纹或字款,戳印花纹以月华纹居多,次为菊花纹、十字花纹、海兽波涛纹等,字款则以"福"字最多,次为"寿""宁"。窑具有火照、陶印、荡箍、陶范、匣钵、垫饼和垫圈等(图93-2～图93-9)。

图93-2 余里窑址出土青釉菊瓣碗

图93-3 余里窑址出土敞口宽沿瓷盘

图93-4 余里窑址出土弧腹圈足瓷碟

图93-5 余里窑址出土青釉高足杯

图93-6 余里窑址出土青釉炉

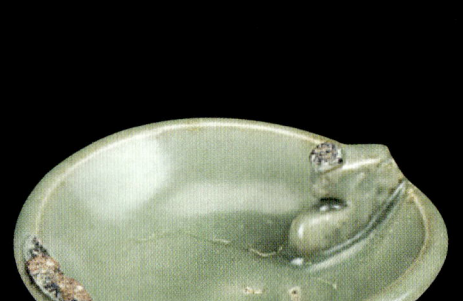

图93-7 余里窑址出土青釉灯盏

图93-8 余里窑址出土青釉S形耳瓶

图93-9 余里窑址出土瓷盘内底戳花与字款

余里窑是广东明代著名窑场，是广东明代主要的外销陶瓷品种，其产品以仿龙泉青瓷为特色，釉色晶莹，造型精美，个性鲜明，代表着广东明代陶瓷手工业的高超水平。2013年，余里窑址被公布为大埔县文物保护单位。

资料来源

［1］杨少祥：《大埔县明清窑址》，《中国考古学年鉴·1988》，文物出版社，1989年，第226页。
［2］广东省文物考古研究所、中国客家博物馆、大埔县文化广电新闻出版局等：《广东大埔余里明代窑址2013～2014年发掘简报》，《文物》2019年第10期。
［3］肖达顺：《广东仿龙泉青瓷窑业产销的初步研究》，《中国港口》2019年第S1期。
［4］广东省文物局：《广东文化遗产：海上丝绸之路史迹》，中山大学出版社，2016年，第173页。

94. 惠东白马窑址

工作时间：1955年、1960年、2011年、2019年7~11月
工作单位：广东省文物管理委员会、广东省博物馆、广东省文物考古研究所等

白马窑址位于惠州市惠东县白盆珠镇白马村委田心村西南，1955年发现，1960年进行了调查和首次发掘，2011年再次进行了发掘。2019年7~11月，广东省文物考古研究所对窑址进行了区域系统调查，复查窑址18处，新发现烂屋仔、石鼓岭、圆墩背等窑址10处（图94-1~图94-4）。

白马窑已知窑炉类型有分室龙窑和馒头窑。分室龙窑结构先进，装烧量大，窑炉技术先进。

1960年在烂麻坑、三官肚、埔顶各发掘窑炉1座。烂麻坑与三官肚窑址保存相对完整，结构接近。烂麻坑窑由柴坑、火膛、窑门、窑床、烟门、烟道等部分组成，窑炉长5.23、宽4米，火膛底部有草木灰及炭粒，窑床填土包含匣钵、垫环、渣饼、陶片及青釉瓷片，设烟门和拱形烟道，窑壁以生坯砖砌成，窑床底部有烧结面。

图94-1　白马窑址三官肚Y2局部

图94-2
白马窑址三官肚地表遗物堆积

图94-3
白马窑址石鼓岭Y1窑壁断面

图94-4
白马窑址下营Y1窑壁局部

94.惠东白马窑址 273

图94-5 白马窑址三官肚采集青瓷盘

图94-6 白马窑址三官肚采集青瓷深腹碗

图94-7 白马窑址三官肚采集青瓷碗

图94-8 白马窑址下营采集青瓷碗（内底"福"字款）

图94-9 白马窑址三官肚采集匣钵

图94-10 白马窑址石鼓岭采集碗（叠烧粘结）

2019年度对烂屋仔、石鼓岭、黄竹塘、三官肚等窑址进行了勘探。三官肚发现龙窑5条，其中Y2为分室龙窑，已揭露部分长2.6、宽2.45、残高0.63米，窑床坡度约10°，窑底残存8排匣钵。

出土及采集遗物可分为生活用具及窑具两类。生活用具以瓷器为主，胎质坚硬细密，烧结良好；釉玻化极好，开细小冰裂；以青釉为主，呈色多样，有青绿、青灰、青黄、天青、灰黄、酱褐、墨绿等；胎釉结合紧密；除素面外，另见刻划菊瓣纹、刻划莲瓣纹、水波纹、如意纹、麒麟过海纹等；器物内底有"福""清""寿""溪""公正""正""禄""寿""通"等款识；器类有碗、盘、碟、杯、盏、灯、洗、器盖、砚台等（图94-5～图94-8）。瓷器多轮制成形，蘸釉或荡釉，使用"M"形匣钵单件装烧（图94-9、图94-10）。

窑具有匣钵、垫饼和印模等。

白马窑创烧不早于明代早期，以明代中晚期最为兴盛，是广东考古发现规模最大的窑场。白马窑瓷土丰富，交通便捷，产量巨大，其产品以仿龙泉青瓷为特色，品质优良，是明代广东重要的外销窑场。2015年被公布为广东省文物保护单位。

资料来源

［1］曾广亿：《广东惠阳白马山古瓷窑调查记》，《考古》1962年第8期。
［2］广东省文物管理委员会、华南师范学院历史系：《广东惠阳新庵三村古瓷窑发掘简报》，《考古》1964年第4期。
［3］广东省文物考古研究所：《惠东县白马窑址调查与研究项目工作报告》，广东省文物考古研究所内部资料，2020年。

95. 台山大洲湾遗址

工作时间：2016年8～10月
工作单位：广东省文物考古研究所

大洲湾遗址位于江门市台山市川岛镇上川岛西北部大洲湾。大洲湾又称为花碗坪。1965年发现，2014年进行了考古调查，2016年进行了抢救性考古发掘（图95-1、图95-2）。

发掘石构建筑、碎石层活动面及瓷片堆积等遗迹。

发掘区堆积第1层为表土层；第2层为石构建筑F1废弃后堆积；第3、4层均包含青花瓷片；第5层为碎石堆积层，未见遗物。

F1东西长约7.45、南北宽约5.5、墙基厚约0.4米，东墙被H1打破，F1墙体为碎石块砌筑。房内地面经局部解剖，可分为3层（图95-3～图95-5）。

遗物可复原者不多，以青花瓷为主，另有红绿彩瓷、青花红绿彩瓷、白瓷、酱釉瓷和青

图95-1 大洲湾遗址远景

图95-2 大洲湾遗址发掘现场

图95-3 大洲湾遗址石构建筑F1航拍

黄釉瓷等。青花瓷胎质白净，细腻坚硬，釉质薄均，纹样主要有十字交叉锦地纹、花卉纹与动物纹等（图95-6、图95-7）。青花红绿彩瓷纹样与青花瓷相似，但多有菱形开光。红绿彩瓷以璎珞纹、人物纹及花卉纹为多（图95-8、图95-9）。青花瓷有"大明年造""宣德年制"等年款和"长命富贵""永保长春""攸""寿"等文字及符号。青花红绿彩瓷则见"北""玉""福"等字。器形主要为碗、盘、瓶、杯、罐等。

大洲湾遗址年代为明代嘉靖年间，与葡萄牙人在该地从事的中转贸易有关，为研究葡萄牙在华早期贸易、中西方经济文化交流等提供了宝贵资料。2015年被公布为广东省文物保护单位。

图95-4 大洲湾遗址发掘区以东断壁典型碎石层

图95-5 大洲湾遗址清理断面及碎石层堆积

图95-6　大洲湾遗址出土青花碗外底

图95-7　大洲湾遗址出土青花碗内底

图95-8　大洲湾遗址出土红绿彩盘外底

图95-9　大洲湾遗址出土红绿彩盘内底

资料来源

[1] 林梅村：《澳门开埠以前葡萄牙人的东方贸易——15～16世纪景德镇青花瓷外销调查之二》，《文物》2011年第12期。

[2] 黄薇、黄清华：《广东台山上川岛花碗坪遗址出土瓷器及相关问题》，《文物》2007年第5期。

[3] 肖达顺：《上川岛大洲湾明清遗址》，《中国考古学年鉴·2016》，文物出版社，2017年，第379页。

[4] 广东省文物考古研究所：《广东台山上川岛大洲湾遗址2016年发掘简报》，《文物》2018年第2期。

[5] 广东省文物局：《广东文化遗产：海上丝绸之路史迹》，中山大学出版社，2016年，第33页。

96. "南海Ⅰ号"南宋沉船

工作时间：2013年至今
工作单位：广东省文物考古研究所、国家文物局水下文化遗产保护中心

"南海Ⅰ号"沉船1987年发现于广东省台山、阳江交界海域，国家先后组织开展过多次水下搜寻、物理探测、水下考古调查与发掘等工作。2007年在多次水下考古工作基础上，以整体打捞方式平稳移入专门为之建造的广东海上丝绸之路博物馆内（图96-1、图96-2）。

2012年通过建设发掘平台、架设机械运载天车和光源稳定可控的平行光源灯阵，采用精确测绘技术和三维模型等数据采集模式，配置文物保护实验室等，完成发掘准备工作（图96-3）。2013年底"南海Ⅰ号"保护发掘工作全面启动，2015年完成沉船本体及船货以上的堆积清理（图96-4、图96-5）。

图96-1　2007年"南海Ⅰ号"整体打捞出水一刻

图96-2
"南海Ⅰ号"沉船浮出海面
（2007年12月）

图96-3
广东海上丝绸之路博物馆内
现代化考古实验室发掘

图96-4
2015年底暴露的"南海Ⅰ号"
沉船基本轮廓及各船舱货物

96."南海Ⅰ号"南宋沉船　281

图96-5　中部沉积层关键柱

图96-6　2019年"南海Ⅰ号"船货清理完成再后期处理去掉支护沉箱和船体的钢梁、钢管后的正摄影像

　　经过发掘,"南海Ⅰ号"沉船表面轮廓基本暴露,船体结构较为完整,船型扁肥,船艏平头微起翘,两侧船舷略弧曲,艏艉部弧收,具有一定的型深,但艏艉部分受损残缺,舵楼等上部建筑、日用生活物品和舵杆、桅杆等断裂散落,右后部微倾斜下沉。残长约21.91、最大船宽约9.87米。已发现14道木质隔舱板,舱壁板上部残损,下部保存较好,共13道横向隔舱(图96-6)。隔舱间存在以舵、桅为中心左右对称的两道首尾纵向小隔舱和货物隔板。沉船部分隔舱间保留有舺板痕迹,还有保存较好的桅座(图96-7)以及厚重的桅面梁(图96-8)、舵孔(图96-9)等结构,沉船属于我国古代三大船型的"福船"类型。

　　发掘提取的文物种类丰富,主要有瓷器、铜铁器、金银器、漆木器、钱币、朱砂、动植物残骸、植物果核以及海洋生物残骸等。

图96-7 "南海Ⅰ号"桅座

图96-8 "南海Ⅰ号"桅面梁

图96-9 "南海Ⅰ号"舵孔

共出土文物近18万件（套），其中瓷器约16万件（套），各舱货物品种分布及装载具有一定规律。瓷器主要产自江西、福建和浙江。此外，具有浓郁异域风格的金饰品（图96-10、图96-11）和剔犀、剔红漆器（图96-12～图96-18）、刻花螺壳（图96-19～图96-21）等都非常精美。

"南海Ⅰ号"沉船发现铜钱以南宋孝宗时期的淳熙元宝（图96-22）为最晚，据相关金页（图96-23）、银铤（图96-24）及瓷器推测，沉船年代应为南宋中晚期。从发现的1件德化窑瓷罐有"癸卯"墨书分析（图96-25），"南海Ⅰ号"的出航时间，极有可能为南宋淳熙癸卯年（1183年）。

96. "南海Ⅰ号"南宋沉船　283

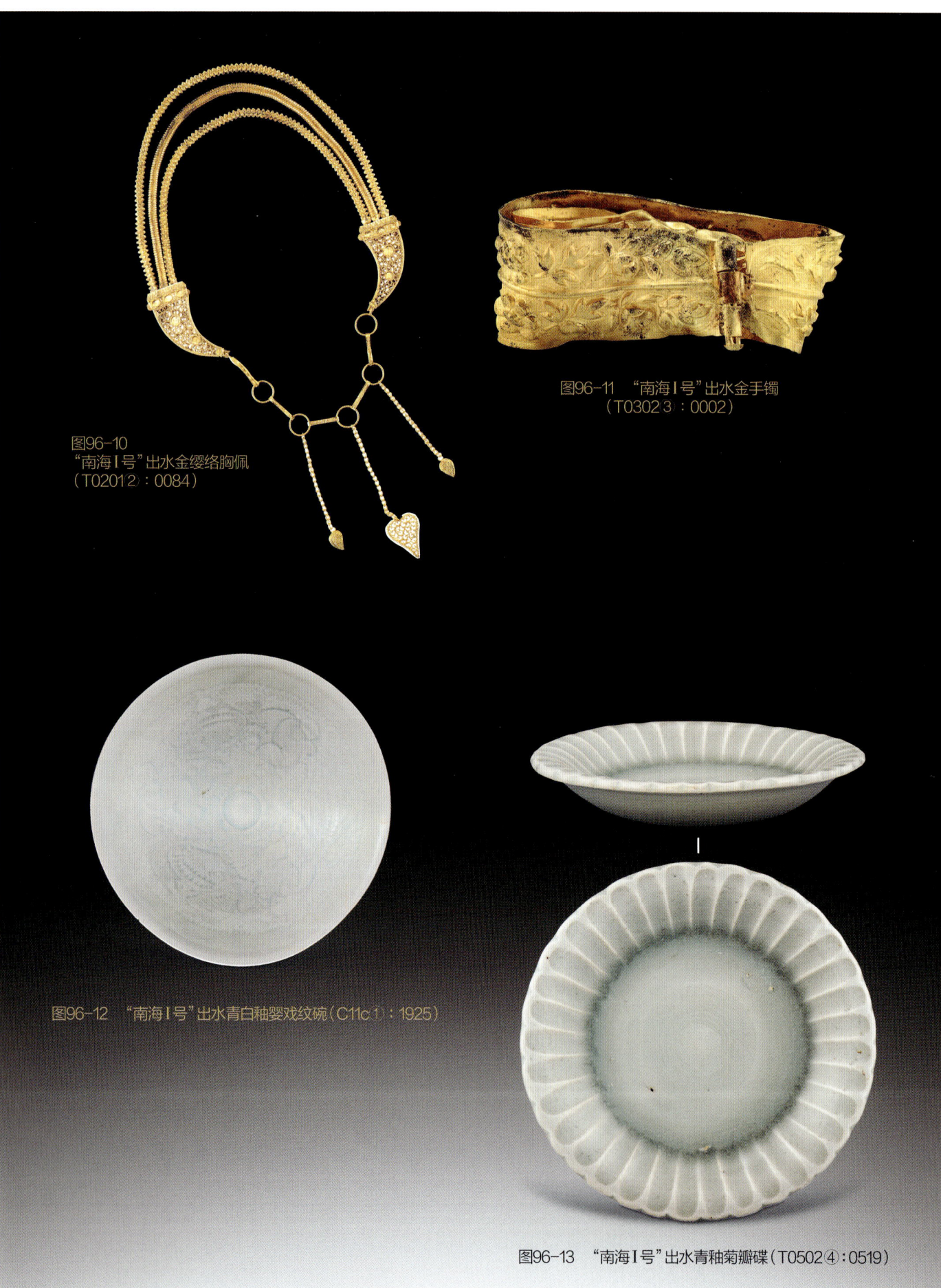

图96-10 "南海I号"出水金缨络胸佩(T0201②:0084)

图96-11 "南海I号"出水金手镯(T0302③:0002)

图96-12 "南海I号"出水青白釉婴戏纹碗(C11c①:1925)

图96-13 "南海I号"出水青釉菊瓣碟(T0502④:0519)

图96-14 "南海Ⅰ号"出水白釉印花仰莲纹军持

图96-15 "南海Ⅰ号"出水绿釉褐彩长颈瓶

图96-16 "南海Ⅰ号"出水白釉印花罐及内装喇叭口瓶

图96-17 "南海Ⅰ号"出水绿釉印花碟

图96-18 "南海Ⅰ号"出水漆盘（T0501③:0012）

96. "南海Ⅰ号"南宋沉船

图96-19 "南海Ⅰ号"出水刻花螺壳（T05014C：0484）

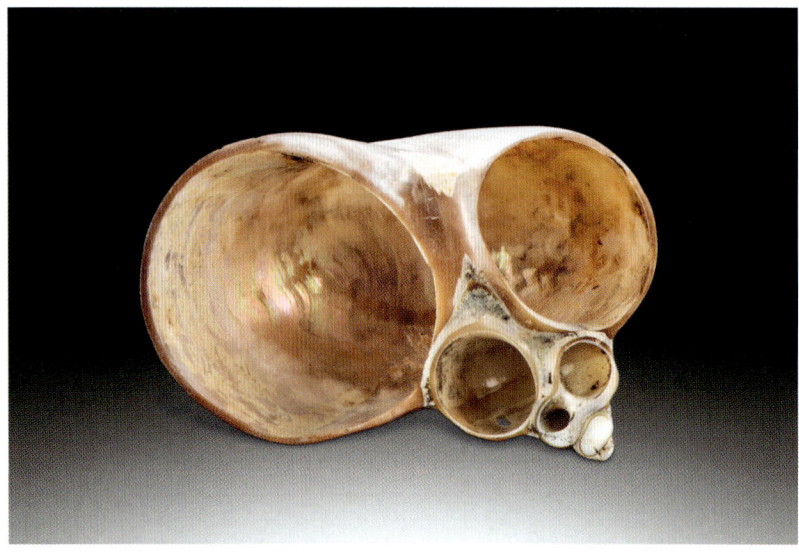

图96-20 "南海Ⅰ号"出水刻花螺壳

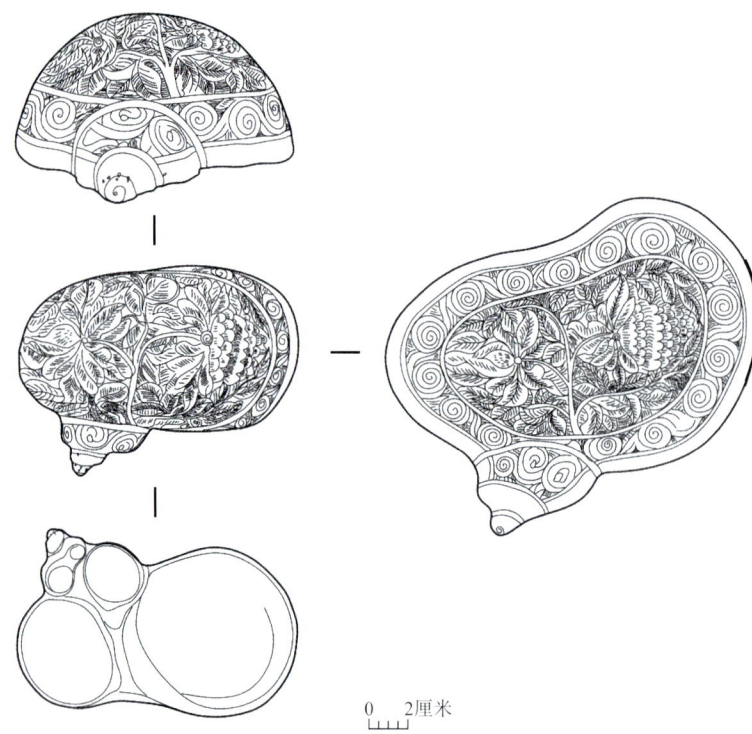

图96-21 "南海Ⅰ号"出水刻花螺壳（T05014C：0484）

286 溯本求源——广东重要考古发现概览

图96-22 "南海Ⅰ号"出水淳熙元宝铜钱　　图96-23 "南海Ⅰ号"出水"韩四郎"金页

图96-24 "南海Ⅰ号"出水银铤　　图96-25 "南海Ⅰ号"出水"癸卯"纪年青白釉印花双系罐底墨书

"南海Ⅰ号"作为一个相对独立而又结构完整的水下遗存，其蕴藏的信息总量极为庞大。其发现、打捞和发掘工作前后历经近30年，也是我国水下文化遗产保护发展的一个缩影，见证了我国从无到有，再到成熟壮大的水下考古学科领域的发展历程。有学者认为，"南海Ⅰ号"为中国水下考古树立了一个典范，对中国水下考古的开创性意义或可与殷墟对中国陆地考古的开创性意义相媲美。"南海Ⅰ号"被评为2019年度全国十大考古新发现。

资料来源

[1] 南海Ⅰ号考古队最新发掘成果。
[2] 国家文物局水下文化遗产保护中心、广东省文物考古研究所等：《南海Ⅰ号沉船考古报告之一——1989～2004年调查》，文物出版社，2017年；《南海Ⅰ号沉船考古报告之二——2014～2015年发掘》，文物出版社，2018年。

97. "南澳Ⅰ号"明代沉船

工作时间：2007～2012年
工作单位：广东省文物考古研究所、国家文物局水下文化遗产保护中心、广东省博物馆

"南澳Ⅰ号"沉船位于汕头市南澳岛东南三点金海域，距离南澳岛最近约2海里，水深约26米。

"南澳Ⅰ号"发现于2007年，同年，广东省文物考古研究所在广州打捞局协助下，对沉船进行了前期调查和外围采集，初步判断"南澳Ⅰ号"是一艘主要装载青花瓷器的明代晚期木质货船（图97-1）。

2009年10月开始对沉船进行发掘（图97-2），到2010年，东西两侧船舷板、桅座、铜钱舱位（图97-3）陆续被发现，出水文物数量逾万件（图97-4、图97-5）。

经过2011～2012年的水下发掘（图97-6～图97-10），"南澳Ⅰ号"船货基本清理完毕，船体主体结构基本清晰。发掘结束后，借助水下框架（图97-11）和焊接保护金属网格框，对

图97-1 "南澳Ⅰ号"沉船侧舷板

图97-2 "南澳Ⅰ号"沉船水下考古工作

图97-3 "南澳Ⅰ号"八号舱东侧船舷外散落的铜钱

图97-4 "南澳Ⅰ号"现场清点出水文物

图97-5 "南澳Ⅰ号"2010年出水文物

图97-6 "南澳Ⅰ号"起吊文物

图97-7 "南澳Ⅰ号"水下抽泥

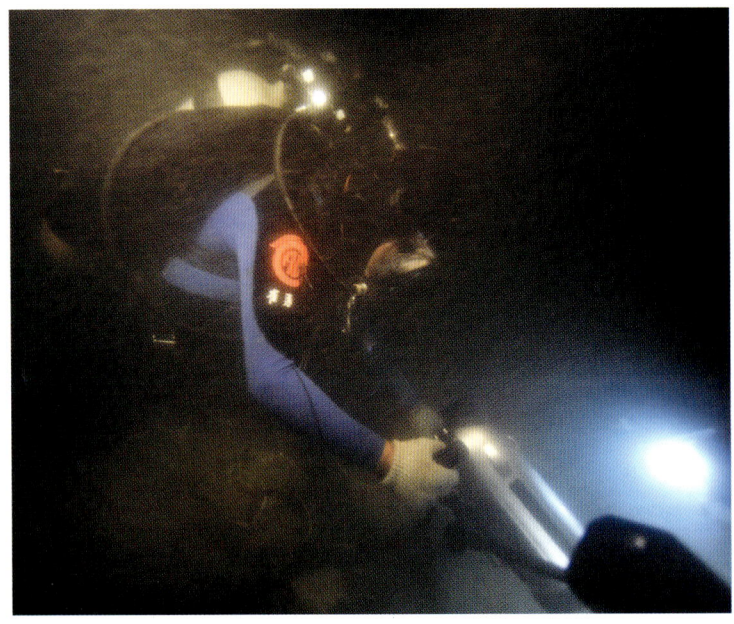

图97-8 "南澳Ⅰ号"水下录像

图97-9 "南澳Ⅰ号"水下潜水钟

"南澳Ⅰ号"实施了全覆盖保护。

"南澳Ⅰ号"沉船的船体在海底基本呈南北走向，船长约24、最大宽约7.5米，共发现25个隔舱，北10号舱内发现了凹凸榫头的船体构件和疑似桅座构件，北16号舱和南2号舱内发现了用于摆放货物的货架板，北13号和北14号舱内发现了弧面船底板，北13号舱和南2号舱内发现了龙骨。

出水文物约3万件，包括瓷器、陶器、金属器、石器、骨器、漆木器、有机物遗存和铜钱2万余枚。

出水文物以瓷器为主，品种繁多（图97-12、图97-13）。瓷器以青花瓷为主，另有五彩瓷、青瓷和白瓷等。主要器类有盘、碗、罐、杯、碟、盒、钵、瓶等（图97-14～图97-23）。青花纹样有山水纹、人物纹、动物纹、花卉纹、八宝纹等，文字款有"福""禄""寿""万福攸同""富贵佳器""大明年造""大明宣德年制""大明嘉靖年制"等。五彩瓷器仅见碗和盒。霁蓝釉瓷器仅有碗，外壁施霁蓝釉，内壁及碗底仍为青花图案，外底为青花"富贵佳器"文字款。白釉瓷器有缠枝菊纹暗花碗，外底有青花"大明年造"文字款。瓷器主要来自福建省漳州窑和江西省景德镇窑。后者产品数量相对较少，器物尺寸也相对较小。

陶器胎体厚重，胎质较粗，胎色多为灰白色，施酱釉或黑釉，施釉不及底。陶器器类有罐、瓮、壶、器盖等，纹饰有刻划龙纹、水波纹、花卉纹，贴塑龙纹、凤纹、兽面纹、花卉纹等，均为闽粤地区民窑产品。

"南澳Ⅰ号"沉船的年代为明代万历时期。

"南澳Ⅰ号"沉船较为完整的船体结构、丰富多样的器物组合以及船货的装载方式等，是我国陶瓷史、海外贸易史、海

图97-10 "南澳Ⅰ号"潜水钟内交流

图97-11 "南澳Ⅰ号"吊装水下框架

97."南澳Ⅰ号"明代沉船 291

图97-12 "南澳I号"海底南5号船舱内文物码放状况

图97-13 "南澳I号"海底船舱内景德镇窑青花瓷器状况

图97-14 "南澳Ⅰ号"出水漳州窑系青花瓷大盘

图97-15 "南澳Ⅰ号"出水景德镇窑系青花五彩瓷碗

图97-16 "南澳Ⅰ号"出水景德镇窑系青花五彩瓷四开光花卉纹碗

图97-17 "南澳Ⅰ号"出水景德镇窑系霁蓝釉青花瓷缠枝牡丹纹碗(外底)

图97-18 "南澳Ⅰ号"出水青花瓷缠枝花卉纹大罐

图97-19 "南澳Ⅰ号"出水酱釉贴塑龙纹六系陶瓷

图97-20 "南澳Ⅰ号"出水青花五彩瓷四开光花卉纹盖盒

图97-21 "南澳Ⅰ号"出水青花花卉、八宝纹套装盖盒

图97-22 "南澳Ⅰ号"出水青花瓷魁星点斗纹器盖

图97-23 "南澳Ⅰ号"出水景德镇窑系青花瓷盘

上交通史和古船史研究的重要资料。"南澳Ⅰ号"被评为2010年中国六大考古发现及2010年度全国十大考古新发现。

资料来源

[1] 南澳Ⅰ号考古队多年发掘成果。
[2] 广东省文物考古研究所：《南澳Ⅰ号明代沉船2007年调查与试掘》，《文物》2011年第5期。
[3] 广东省文物考古研究所等：《广东汕头市"南澳Ⅰ号"明代沉船》，《考古》2011年第7期。
[4] 广东省文物考古研究所等：《孤帆遗珍·"南澳Ⅰ号"出水文物精品图录》，科学出版社，2016年。

98. 西樵山石燕岩古代采石场

工作时间：2015~2018年
工作单位：广东省文物考古研究所

西樵山位于广东省佛山市南海区三水盆地南端，是一座新生代火山，古称锦石山，曾是珠江三角洲最重要的石器制造场，出产的霏细岩是制作细石器的主要原料，是广东最古老、延续时间最长、最具代表性的石器原料采集和加工中心。

石燕岩就是其中一处古代大型采石场（图98-1）。2006年以来，广东省专业潜水人员先后多次潜入石燕岩内洞水下进行探险，发现水下部分的保存状况优于水面部分，随后广东省文物考古研究所对现场进行了调查。

图98-1　西樵山石燕岩洞口航拍

2015～2016年，完成了一次较为系统的水下调查测绘工作（图98-2～图98-6）。调查发现，古采石场水下部分未受破坏，内外大小洞室有序相连（图98-7～图98-9），保留着清晰的采石痕迹、完整的采石隔间和完善的步道系统。步道有直接开凿，有用石条或废石块垒砌，还有搭建木栈道等（图98-10）。洞室间过道、龛室等还可见大量堆放整齐的条状石材（图98-11），个别还可见圆形柱础（图98-12）等。采矿现场还遗留墙壁开凿的灯台，见灯盏和陶壶等（图98-13）。

图98-2　石燕岩出水洞口灯光布设

图98-3　准备潜水装备

图98-4　潜水计划讨论

图98-5　吊送装备后潜水员划船进洞着装下水

图98-6　水下测量石材

图98-7　石燕岩封存水下的开采痕迹与通道

图98-8　相连的洞室

图98-9　洞室间的过洞

98. 西樵山石燕岩古代采石场　297

图98-10　栈道梁木及木洞

图98-11　过道堆放的石材

图98-12　圆形柱础上方两米刻"千丈"二字

图98-13　水下现场发现油灯盏和陶壶残件

图98-14　水下队员研究装载声呐的推进器

图98-15　声呐测绘设备下水

　　石燕岩采石场是目前国内少有的保存完好的洞采石矿遗址，水淹封存后基本未有后世扰动，是少有的因突发事件定格的历史文化遗存。

　　西樵山采石场早在宋代已开始大规模露天开采，明代中期朝廷禁采后转成洞穴开采，石燕岩有可能就是明代早中期开始开采，至乾隆年间花岗岩在西樵山及周边普及后，粗面岩失去市场后停采。

　　西樵山古采石场水下考古调查和测绘是国内首个洞室水下考古调查测绘项目（图98-14～图98-17）。2019年，西樵山采石场遗址被公布为全国重点文物保护单位。

图98-16 石燕岩水下声学测绘作业

图98-17 石燕岩水下声学与水上光学数据结合成果

资料来源

[1] 西樵山石燕岩古代采石场水下考古调查队多年工作成果,资料尚未发表。

98.西樵山石燕岩古代采石场

附表　广东重大考古发现项目一览表

序号	名称	位置	年代	类型
1	郁南磨刀山遗址	云浮	旧石器时代早期	旷野遗址
2	南江旧石器地点群	云浮	旧石器时代早期至晚期	旷野遗址
3	曲江马坝人遗址	韶关	距今约13万年	洞穴遗址
4	英德青塘遗址	清远	距今2.5万～1万年	洞穴遗址
5	封开黄岩洞遗址	肇庆	距今约13万至新石器时代晚期	洞穴遗址
6	阳春独石仔遗址	阳江	旧—新石器过渡阶段	洞穴遗址
7	英德牛栏洞遗址	清远	旧—新石器过渡阶段	洞穴遗址
8	南澳象山遗址	汕头	距今约8000年	台地遗址
9	遂溪鲤鱼墩遗址	湛江	距今8000～4600年	贝丘遗址
10	潮安陈桥遗址	潮州	新石器时代中期	贝丘遗址
11	封开箪竹口遗址	肇庆	新石器时代中期	台地遗址
12	深圳咸头岭遗址	深圳	距今7000～6000年	沙丘遗址
13	增城金兰寺遗址	广州	新石器时代中期、晚期、战国至汉时期	台地遗址
14	高要蚬壳洲遗址	肇庆	新石器时代中期	贝丘遗址
15	吴川梧山岭贝丘遗址	湛江	距今6000～5000年	贝丘遗址
16	东莞蚝岗遗址	东莞	距今6000～4000年	贝丘遗址
17	深圳大梅沙遗址	深圳	新石器时代中期及两周之际	沙丘遗址
18	高明古椰遗址	佛山	距今5800～5500年	贝丘遗址
19	南海西樵山遗址	佛山	新石器时代至商周时期	台地遗址
20	台山新村遗址	江门	新石器时代晚期、商、汉及明清	沙丘遗址
21	珠海宝镜湾遗址	珠海	新石器时代晚期至青铜时代	台地遗址
22	珠海史前、先秦沙丘遗址	珠海	新石器时代晚期至商周之际	沙丘遗址
23	英德史佬墩遗址	清远	新石器时代中期至青铜时代	台地遗址
24	曲江石峡遗址	韶关	新石器时代晚期至春秋时期	台地遗址
25	和平上正村古遗址群	河源	新石器时代晚期至战国	台地遗址
26	连平黄潭寺遗址	河源	新石器时代晚期	台地遗址
27	封开乌骚岭墓葬群	肇庆	距今4600～3900年	墓地
28	黄埔茶岭遗址	广州	距今4500～4200年	台地遗址
29	从化横岭遗址	广州	距今约4000年	台地遗址
30	普宁虎头埔遗址	揭阳	新石器时代晚期	台地遗址
31	龙川荷树排遗址	河源	新石器时代晚期后段及西周、春秋时期	台地遗址
32	三水银洲遗址	佛山	新石器时代晚期至早商	贝丘遗址
33	南海鱿鱼岗遗址	佛山	新石器时代晚期至夏商之际	贝丘遗址
34	高要茅岗遗址	肇庆	新石器时代晚期或战国至秦汉时期	台地遗址
35	佛山河宕遗址	佛山	距今4300～3500年	贝丘遗址
36	增城浮扶岭墓地	广州	新石器时代晚期至南越国时期	墓地
37	增城围岭遗址	广州	新石器时代晚期至春秋时期、东汉	台地遗址

续表

序号	名称	位置	年代	类型
38	珠海棠下环遗址	珠海	夏商时期	沙丘遗址
39	东源龙尾排遗址	河源	夏商时期	台地遗址
40	东莞村头遗址	东莞	商时期	台地遗址
41	深圳屋背岭遗址	深圳	商、战国时期	台地遗址
42	普宁后山遗址	揭阳	距今3500～3000年	台地遗址
43	普宁牛伯公山遗址	揭阳	距今3500～2900年	台地遗址
44	南海灶岗遗址	佛山	商代	贝丘遗址
45	和平甲子岗遗址	河源	商周时期	台地遗址
46	饶平浮滨文化遗址群	潮州	商时期	台地遗址
47	增城墨依山遗址	广州	商时期	台地遗址
48	南澳东坑仔遗址	汕头	商时期	台地遗址
49	东源大顶山墓地	河源	商中期至西周早期	墓地
50	揭东面头岭遗址	揭阳	商至战国时期	台地遗址
51	平远水口西周陶窑	梅州	西周	窑址
52	博罗横岭山墓地	惠州	商周之际至春秋时期	墓地
53	乐昌对面山墓葬	韶关	东周秦汉	墓地
54	博罗曾屋岭遗址	惠州	春秋中晚期	墓地
55	博罗梅花墩窑址	惠州	春秋时期	窑址
56	博罗银岗遗址	惠州	西周、春秋至战国	台地遗址
57	深圳叠石山遗址	深圳	战国中期	台地遗址
58	清远马头岗墓葬	清远	春秋时期	墓地
59	罗定背夫山墓葬	云浮	战国早期	墓葬
60	四会鸟旦山战国墓	肇庆	战国早期或略晚	墓葬
61	肇庆北岭松山墓	肇庆	战国晚期	墓葬
62	封开利羊墩墓葬群	肇庆	战国两汉、南朝隋唐、明清	墓地
63	增城西瓜岭遗址	广州	战国早中期	窑址
64	广宁龙嘴岗墓地	肇庆	新石器时代晚期、战国至西汉早期	墓地
65	广宁铜鼓岗遗址	肇庆	战国中期至晚期	墓地
66	博罗公庄编钟窖藏	惠州	春秋时期	窖藏
67	兴宁古树窝编钟窖藏	梅州	战国时期	窖藏
68	五华狮雄山遗址	梅州	新石器时代、商—西周、春秋—战国、秦汉、唐宋、明清	台地遗址
69	广州秦代造船工场遗址	广州	秦统一岭南到南越国立国二十九年之间	建筑遗址
70	广州南越王墓	广州	西汉初年	墓葬
71	广州南越国宫署遗址	广州	秦、汉、晋、南朝、隋、唐、南汉、宋、元、明、清	宫苑
72	澄海龟山遗址	汕头	西汉前期至东汉	城邑

续表

序号	名称	位置	年代	类型
73	徐闻二桥遗址	湛江	汉代	建筑遗址
74	广州黄花岗汉唐墓地	广州	汉代至唐代	墓地
75	深圳铁仔山墓地	深圳	汉、晋、南朝、宋、明清时期	墓地
76	肇庆康乐中路墓地	肇庆	汉至明代	墓地
77	广州西湖路三国钱币窖藏和唐代铸币遗址	广州	三国、唐代	窖藏和铸币遗址
78	乳源泽桥山墓地	韶关	六朝隋唐	墓地
79	乳源莱山墓地	韶关	六朝隋唐	墓地
80	韶关小茶山墓地	韶关	晋至宋代	墓地
81	连州六朝隋唐墓葬群	清远	东晋至宋代	墓地
82	粤西六朝隋唐俚人遗存	茂名、湛江、阳江等地	六朝隋唐时期	台地遗址
83	隋谯国夫人冼氏墓	茂名	唐宋时期	墓园
84	广州光孝寺建筑遗址	广州	六朝隋唐至宋元时期	建筑
85	梅州水车窑	梅州	唐代中晚期	窑址
86	新会官冲窑址	江门	中晚唐至宋初	窑址
87	潮州笔架山窑址	潮州	唐宋时期	窑址
88	广州西村窑址	广州	唐宋时期	窑址
89	湛江雷州窑	湛江	唐至明清	窑址
90	广州南汉二陵	广州	五代十国	墓葬
91	阳春铁屎径（石望）铸钱遗址	阳江	南汉	铸钱遗址
92	番禺小陵山家族墓地	广州	北宋	墓地
93	大埔余里窑址	梅州	明代	窑址
94	惠东白马窑址	惠州	明代	窑址
95	台山大洲湾遗址	江门	明代	台地遗址
96	"南海Ⅰ号"南宋沉船	阳江	南宋	沉船
97	"南澳Ⅰ号"明代沉船	汕头	明代	沉船
98	西樵山石燕岩古代采石场	佛山	明清时期	采石场

后　记

　　本书由广东省文物局、广东省文物考古研究所编写。编写工作得到广东省文化和旅游厅、广东省博物馆、广州市文物考古研究院、深圳市文物考古鉴定所、珠海市博物馆及相关市（县）博物馆的大力支持和协助，广东省文物考古研究所信息和文物保护中心、科学出版社雷英女士等也为本书出版付出了辛勤劳动，在此，谨对上述单位、部门和个人致以诚挚谢意。

　　本书旨在介绍1949年以来广东省内的重大考古发现，通过遴选出的近百项发现，对广东省自中华人民共和国成立70余年文物考古工作成果做概括总结。本书力求言简意赅、图文并茂，可供相关行政单位、文物考古科研机构、高校从业者以及社会公众阅读参考。

　　本书由曹劲主编。编写人员包括邓宏文、刘锁强、王欢、唐博豪、李博、柏宇亮、朱柯和肖达顺，全书由邓宏文统稿。

　　本书的编写主要依据公开发表的考古报告、简报和年鉴等资料。个别存在学术分歧者，皆保留发掘和研究者的意见，编者未敢擅自校改。由于水平有限，加之部分考古发现年代较早、资料有所欠缺，错漏难免，恳请读者批评指正。

编者

2021年11月